全国外经贸高等院校核心教材

基 础 会 计

（2015年版）

主　编　初国清
副主编　崔　莉　房　静

中国商务出版社

图书在版编目（CIP）数据

基础会计：2015 年版 / 初国清主编. —北京：中国商务出版社，2015.6（2017.1 重印）

全国外经贸高等院校核心教材

ISBN 978-7-5103-1320-2

Ⅰ.①基… Ⅱ.①初… Ⅲ.①会计学—高等学校—教材 Ⅳ.①F230

中国版本图书馆 CIP 数据核字（2015）第 130917 号

全国外经贸高等院校核心教材

基础会计（2015 年版）

JICHU KUAIJI

主 编 初国清

副主编 崔 莉 房 静

出 版：中国商务出版社
发 行：北京中商图出版物发行有限责任公司
社 址：北京市东城区安定门外大街东后巷 28 号
邮 编：100710
电 话：010-64269744 64218072（编辑一室）
     010-64266119（发行部）
     010-64263201（零售、邮购）
网 址：http://www.cctpress.com
网 店：http://cctpress.taobao.com
邮 箱：cctp@cctpress.com bjys@cctpress.com
照 排：北京开和文化传播中心
印 刷：廊坊市蓝海德彩印有限公司
开 本：787 毫米×1092 毫米 1/16
印 张：15 字 数：356 千字
版 次：2015 年 8 月第 1 版 2017 年 1 月第 2 次印刷
书 号：ISBN 978-7-5103-1320-2
定 价：35.00 元

前　言

　　"基础会计"课程是高等院校会计学、财务管理等专业的基础课,同时也是高等院校经济类、管理类专业的必修课。准确把握本门课程的内容,将为后续课程的学习奠定良好的基础。

　　本书是根据 2006 年财政部制定的《企业会计准则》和《企业会计准则——应用指南》编写的,用通俗易懂的语言全面系统地阐述了会计的基本理论和基本方法,注重理论和实例相结合,通过培养读者的兴趣,引导他们轻松、牢固地掌握会计的基本原理和方法。本书的特色主要体现在以下几个方面:

　　1. 依据会计教学规律和会计初学者的特点,由浅入深、层层递进地安排总体结构和各章内容。

　　2. 本书在每章之前,明确列出了该章的知识目标和能力目标,使初学者在学习该章内容之前能够抓住学习的重点,并在学习之后按照能力目标的要求对自己进行检验,从而正确评价自己的学习效果。

　　3. 为增加初学者的兴趣,配合内容的需要,本书穿插了一些小专栏,如知识链接、知识加油站、小贴士等。

　　4. 为了适应会计教学以及学生掌握所学知识的需要,本书在每一章后面附有配套的自测题,为学生多思多练、自我提高创造了条件。

　　本书由辽宁对外经贸学院会计学院初国清副教授主编,崔莉教授和房静副教授担任副主编。本书共分为十章,各章的编写分工如下:第一、二章由初国清副教授负责编写;第三章由会计师李莉负责编写;第四、五章由崔莉教授负责编写;第六、七章由房静副教授负责编写;第八、九章由李露教授负责编写;第十章由姜以尊讲师负责编写。

　　由于水平有限,书中内容安排和语言表述可能还存在缺点或错误,恳请读者批评指正,以便修正不足之处。

编　者

2015 年 1 月

目　　录

第一章

总 论

 知识目标

1. 了解会计的产生和发展过程；
2. 掌握会计的基本概念和职能；
3. 熟悉会计的核算方法；
4. 理解会计的目标和任务；
5. 掌握会计信息的八项质量要求。

 能力目标

1. 能够解释会计是什么；
2. 能够说明会计的基本职能及两者关系；
3. 能够描述会计所运用的方法体系；
4. 能够阐述会计目标和会计信息的各项质量要求。

第一节 什么是会计？——会计的概念

什么是会计？这是学习者首先应该了解的问题。会计的概念是会计学的基本概念和核心概念，它随着社会环境的发展变化、会计实践和理论的发展而不断发展和完善。所以，了解会计的概念，需要追寻会计的踪迹，先了解会计是怎样产生和发展的。

一、会计的产生和发展

（一）会计的产生

会计是应生产实践活动的客观需要而产生的。人们为了生存和发展，就必须满足衣、食、住、行等方面的需要。为了满足这些需要，人们就必须进行生产活动，以取得满足这些需要的物质资料。用尽可能少的劳动耗费创造出尽可能多的劳动成果，是生产活动的客观要求。人们为了达到这一生产目的，就必须对生产活动中发生的生产耗费和生产出的生产成果进行记录、计量，以便用生产耗费和生产成果进行比较，计算出经济效益，从而使人们对生产过程进行有计划、有目的的控制和管理，提高经济效益。这种对生产过程发生的生产耗费和生产成果的记录、计量的需要，促使了会计的产生。

（二）会计的发展

会计不但是应生产实践活动的客观需要而产生的，而且随着生产从简单到复杂的发展过程，会计也经历了一个从低级到高级的发展过程。

远在原始社会，就有简单的"结绳"、"堆石"、"刻石"等记数和计量行为。它们用于记录日常生活、生产活动的内容和事项，其目的是为了分配劳动成果，以求共同生活。这时的会计不但记录方法简单，而且还不是一项独立的工作，只是生产职能的附带部分，是生产者凭头脑或简单的记录方法，在生产时间之外附带地进行记录。这种只有简单记录行为的阶段，在会计发展史上被称作"原始记录与计量阶段"或"会计的萌芽阶段"。随着生产的发展，生产规模的扩大和生产的复杂化，需要记录的内容越来越多，生产者已不能够同时兼顾记录工作，就从中分离出一部分人专门从事记录工作。会计也就从生产职能中分离出来，成为一种特殊的、专门委托当事人的独立的职能。

以商品交换为特征的商品生产出现以后，货币成为衡量和计算一切商品价值的尺度，会计也从早期以实物计量单位为主的记录，发展到以货币计量单位为主的记录。这样会计不仅仅是一种记录行为，而且还可以对生产耗费和生产成果进行比较，计算出经济效益。人们也就有了用来综合反映生产过程的价值指标，如成本、利润、收入、费用等。与此同时，会计的记账方法也随着生产的发展而得到发展，如在我国唐宋时期的"四柱清册"、明清时期的"龙门账"及"天地合账"。特别是1494年意大利数学家卢卡·帕乔利所著的《算术、几何、比及比例概要》一书问世，对借贷记账法这一复式记账法作了系统的理论说明，为复式记账法在全世界的广泛应用奠定了基础，使得会计由简单和粗略的记录，发展到不但可以全面、系统地记录各项经济业务，而且还便于检查记录的结果是否正确，从而逐步建立起一套严密的会计核算体系。

知识链接

"四柱清册"：唐宋初期，社会生产力发展迅速，社会财富不断增加，从而促使会计核算的方法又有了较大的发展。宋朝初期，出现了"四柱清册"。"四柱"的内容包括："旧管"（期初结存）、"新收"（本期增加）、"开除"（本期减少）、"实在"（本期结存）。四柱之间的结算关系可以用以下等式表示：旧管+新收-开除＝实在。在四柱中，每一柱都反映着经济活动的一个方面，各柱相互衔接，形成整体，不但彼此之间有相互核对的作用，而且可以总括表现某一特定会计核算内容的增减变动和结余情况。"四柱清册"一般用于不计盈亏的政府（官厅）会计。"四柱清册"的创建和运用，是我国会计史上的一大成就，为我国通行多年的收付记账法奠定了理论基础。

> "龙门账"：产生于明末清初，是把全部账目划分为"进"、"缴"、"存"、"该"四大类。其中，"进"指全部收入，"缴"指全部支出，"存"指全部资产（包括债权），"该"指全部负债（包括业主投资）。"进"、"缴"、"存"、"该"四者之间的关系可用下面的等式表示：进−缴＝存−该或进＋该＝存＋缴。
>
> 年终结算，按照上式，从两方面计算盈亏：进−缴＝盈亏；存−该＝盈亏，两式计算相符，成为"合龙门"。"龙门账"可适用于需要计算盈亏的商业企业。

工业革命以后，生产力大幅度提高，企业的规模不断扩大。特别是进入 20 世纪以来，市场竞争越来越激烈。企业为了增强竞争能力，要运用会计加强企业管理。因此，对会计也就提出了更高的要求。不仅要求会计事后的记账、算账，而且还要求会计进行事前的预测，参与决策，进行生产经营过程的控制和考核。因此，在会计中也就分离出了管理会计这一部分，而把传统的会计称为财务会计。会计分化为财务会计和管理会计两大分支，标志着现代会计的确立。

股份公司的出现，使企业所有权与经营权分离，产生了查核经理人员履行职责的需要。银行信贷业务的开展，又促使审阅企业偿债能力成为必然，于是出现了以查账为职业的注册会计师。

同时，这一时期各国的法律不断完善，也促进了会计的发展。成本会计、会计报表分析和审计等新的内容相继出现，使会计实务领域得到了拓宽。另外，为了使会计工作规范化，提高会计报表的真实性和可比性，世界各国先后研究和制定了会计准则。我国自 1993 年颁布了基本会计准则后，至今已颁布了若干个具体会计准则。1973 年国际会计准则委员会成立，并制定和发布了一系列的国际会计准则，以协调各个国家的会计实务，提高会计信息在国际间的可比性。这样使得会计在理论方面也大为丰富起来，从而会计由一门应用技术发展成为一门管理科学。

在当代科学技术迅速发展的情况下，会计工作中广泛应用了计算机，使会计的核算手段和工具发生了新的变化，减少了会计人员取得核算资料的烦琐手续，提高了会计资料的准确性，缩短了会计提供核算资料的时间，会计工作由人工手写的操作系统变成了计算机处理的信息系统。

综上所述，会计是应生产实践活动的客观需要而产生的，并随着生产实践活动的发展而不断发展和完善。同时，会计反过来也影响社会生产和社会经济的发展。实践证明，经济越发展，会计越重要。

二、会计的概念与特点

（一）会计的概念

从历史角度考察，会计概念的内涵不是一成不变的。它是随着生产活动的不断发展、会计实践工作经验的不断总结以及会计理论研究的不断丰富而不断完善，处于一种动态变化之中的。根据史料记载，在我国，"会计"一词最早出现在《周礼》一书。《周礼·天官·司会下》讲到，"司会掌邦之六典、八法、八则之贰……而听其会计"。清代学者焦循在其所著的《孟子正义》一书中说到，"零星算之为计，总合算之为会"。其意思是，岁末的总合计算与日常的零星计算，合起来即称作"会计"。

目前，会计的概念应如何表述，学术界的观点不一。我们认为会计概念的如下表述是比较全面的：会计是以货币为主要计量单位，运用一系列专门的方法，对企事业单位和其他组织的经济业务进行连续、系统、全面的核算和监督，以提供会计信息的一种经济管理活动。

随着现代社会的发展，信息越来越重要，而计算机和互联网技术的日益发展和在各个领域的深入应用，使得会计成为一个大的信息系统。若从这个角度理解会计，会计学的定义可以有另外一个阐述：会计是为提高单位的经济效益，加强经济管理而建立的一个以提供会计信息为主的信息系统。

这就是所谓的"会计管理活动论"和"会计信息系统论"。我们采用的是前者的说法。其实两种理论并不矛盾。会计是一种经济管理活动，它是通过搜集、提供会计信息，并对这些信息进行分析处理，来参与企业的预决策，进而参与企业的经济管理活动。

（二）会计的特点

会计的概念还阐明了会计的特点，具有连续性、系统性和全面性。连续性是指会计对经济活动中所发生的经济业务（也称会计事项）要按照发生的时间顺序不间断地进行记录；系统性是指对会计对象要按科学的方法进行分类、汇总，进行系统地加工整理，以便提供经济管理所必需的会计信息和数据资料；全面性是指凡是属于会计对象的全部经济业务都要不能遗漏地进行核算和监督。

知识加油站
- 中国第一部会计法是北洋政府在 1914 年 10 月 2 日（民国三年）颁布的，共九章三十六条。
- 我国第一位会计师是谢霖，他于 1918 年取得北洋政府农商部核发的第一号会计师证书。
- 我国第一家会计师事务所是正则会计师事务所，由谢霖、秦开等人于 1918 年创办。
- 我国第一本全国性的会计月刊是 1951 年 1 月创办的《新会计》。
- 1973 年，美、英、法等九国最早发起成立了国际会计标准委员会。

第二节　会计能做什么？——会计的职能

一、会计的职能

会计能做什么？会计具有什么职能？会计的职能是指会计在管理活动中所具有的功

能。会计是一种经济管理活动，决定了会计在管理活动中具有核算和监督两个基本职能，以及分析预测、参与经营决策等职能。我国《会计法》规定，会计机构、会计人员依照本法规定进行会计核算，实行会计监督。

（一）核算（反映）职能

会计的核算职能，又称为反映职能，是指会计利用其特有的方式和方法对企业发生的经济业务进行确认、计量、记录和报告，为管理活动提供所需的会计信息。在再生产过程中，为了不断提高经济效益，要求会计提供正确、完整、系统的会计信息。这对任何一个单位组织进行有条不紊、合理的管理生产和提高经济效益都是必不可少的客观需要。

按照我国《会计法》的规定，下列经济业务事项应当办理会计手续，进行会计核算：

（1）款项和有价证券的收付；

（2）财物的收发、增减和使用；

（3）债权债务的发生和结算；

（4）资本、基金的增减；

（5）收入、支出、费用、成本的计算；

（6）财务成果的计算和处理；

（7）需要办理会计手续、进行会计核算的其他事项。

核算职能是会计的基本职能，是整个会计工作的基础。

（二）监督（控制）职能

会计的监督职能，是指会计对经济业务的合法性、合理性进行审查与控制，使其达到预期的目标。合法性审查是指保证企业的各项经济业务符合国家有关法律规范，遵守财经纪律，执行国家有关方针政策，杜绝违法乱纪行为；合理性审查是指检查各项财务收支是否符合特定主体的财务收支计划，是否有利于预算目标的实现，是否有违背企业各项规章制度要求等现象，为企业的正常运行和提高经济效益把关。这种监督不仅针对已经完成的经济业务，而且还要针对正在发生的和尚未发生的经济业务。因此，会计监督包括事前、事中、事后的监督。

事前监督主要是根据上期实际情况、经济活动现状以及将要采取的措施对今后发展的资金、成本、利润等目标进行测算，制订出计划预算，并参与有关决策，是对未来的经济活动的合理性、可行性、合法性的审查与控制。

事中监督主要是在日常的会计工作和管理活动中对经济活动的审查，对随时发现的管理问题提出建议，促使有关部门和人员及时采取改进措施，是对经济活动的日常管理和控制。

事后监督主要是以事先制定的目标和法规、准则等规定为标准，利用核算取得的资料，对已进行的经济活动的合理性、合法性、有效性以及会计资料的真实性、正确性、完整性进行审查，并对其结果进行分析，比较目标的实际完成情况，找出差距，查明原因，做出评价，提出措施。

会计核算职能和监督职能相辅相成、缺一不可。会计核算是提供会计信息的过程，会计监督是保证会计信息真实可靠、内容完整的过程。会计核算是会计监督的基础，会计监督是会计核算质量的保障。

（三）分析预测、参与经营决策职能

会计的核算职能和监督职能是会计具有的两大基本职能。会计的分析预测、参与经营决策职能，是随着会计的发展，在核算和监督职能基础上发展而来的职能，是会计基本职能的延伸。

会计的分析预测、参与经营决策职能是指通过会计的核算职能提供的信息资料，对企业未来的经济活动方案进行比较、分析判断，以帮助企业领导层正确地进行经济决策。

经济决策是指确定企业如何开展经济活动的一种行为。经济决策首先要拟订若干种经营方案；其次，收集有关的以会计信息为主的信息，进行分析，衡量各个经营方案的优劣和得失；最后，选择最优的经营方案。在经济决策的一系列工作中，会计人员始终参与其中，并发挥着重要的作用。随着企业的经济活动日益繁多，会计在企业中的作用越来越重要，会计的分析预测、参与经营决策的职能正是这种特征的体现。

二、会计的作用

会计的作用是指会计职能在会计工作中运用所产生的客观效果，或者说是指会计职能在实践中所产生的社会效果。会计的作用可以概括为以下几个方面。

（一）真实客观的会计，是实现资源合理配置的重要依据

资源的优化配置是市场经济的重要法则。我国要实现经济的快速发展，必须充分重视并做好资源的合理配置，把有限的资源配置到产出高、效益好的行业和产品上面。哪些行业和产品成本低、产出高，哪些企业风险低、效益好，都需要依赖会计提供基础信息来加以判断。会计工作通过真实地反映企业的财务状况、经营成果和现金流量，为生产者进行经营决策、为投资者做出投资决策、为政府部门制定宏观经济管理政策提供依据。

（二）加强会计工作，能够有效地防范和化解金融风险

随着社会主义市场经济的发展，金融市场和金融机制在我国经济生活中发挥越来越大的作用。防范和化解金融风险成为经济管理工作中的一项十分重要的任务。在防范和化解金融风险的诸多措施和方法中，一个重要的方面就是加强财务会计监管，实现会计的充分披露和单位内部财务会计的严格监控。会计系统对于防范和化解金融风险将起到有效的预警作用。

（三）发挥会计工作在经济管理中的作用，有助于建立现代企业制度

建立以"产权清晰、权责明确、政企分开、管理科学"为特征的现代企业制度，是国有企业改革的目标。会计工作通过真实地反映企业权益结构，为处理企业与各方面的经济关系、考核企业管理人员的经营业绩、落实企业内部管理责任奠定了基础。如果没有几年来的会计制度改革，现代企业制度就无法顺利地推进。同样，如果不能进一步推进会计改革和加强会计工作，现代企业制度的完善也将遇到障碍。

（四）会计工作是加强经济监督、规范经济秩序的重要手段

会计监督是经济监督体系中的一个重要内容，企业会计实施的内部监督与注册会计师实施的外部监督相互配合，能够有效地规范经济工作秩序。企业会计是对企业经济活动全面系统的反映，渗透到经济活动的各环节、各阶段。通过建立内部控制制度，实施内部会计监督，能够有效地制止经济舞弊和违法犯罪活动。同时，企业会计又为注册会计师的外

部监督与政府部门的行政监督提供线索，从而使建立严密的经济监督体系成为可能。

（五）　与国际趋同，有利于更好地参与国际竞争

纵观当今世界，经济一体化已成为世界经济发展的重要趋势。贸易自由化程度越来越高，资本、劳务等生产要素在全球范围内自由流通更加便捷，推动着经济领域中包括会计标准在内的各种标准、制度的国际趋同；信息资源正在被更广泛的区域、更多的群体所分享，日益成为一种世界性的公共产品。会计信息作为公共信息资源和国际通用商业语言，其相互可比、真实公允，对各国经济与世界经济的融合发展，起着不可或缺的作用。在这个背景下，国际财务报告准则的国际趋同化已成为一种必然趋势。

知识加油站　　　　　会计学及会计学科体系

会计学是一门研究会计理论和会计方法体系的经济管理科学。现代会计学是经济管理学的一个分支学科，经济学是建立现代会计学的理论支柱，管理学与数学是建立现代会计学的方法支柱。

在 20 世纪 50 年代以后，会计开始与管理直接结合。会计在原来以提供财务信息为主的传统会计（即财务会计）的基础上，分离出在企业成本、资金、利润、价格方面提供预测、决策、分析、考核等管理服务的管理会计。管理会计的出现是现代会计学产生的主要标志。财务会计和管理会计构成现代会计学的两大分支。信息论、控制论、现代数学、行为科学等被引入会计领域，更丰富了会计学的内容。

按照会计研究的内容划分，现代会计学体系的课程主要有：基础会计、财务会计、成本会计、电算化会计、财务管理、管理会计和审计学等。

第三节　会计怎么做？——会计的方法

会计的方法是用来核算和监督会计对象、完成会计任务的手段。会计的方法随着生产的发展、科学技术的进步和经济管理要求的提高，也在不断地发展和改进。会计的方法由会计核算、预测、控制、分析和检查等方法组成。这几种方法具有相对独立性，但它们又是互相配合、密切联系的。本节主要说明会计核算的方法。

一、会计核算的方法

会计核算的方法，是对会计对象进行连续、系统、全面的记录、计算、反映和日常监督所应用的方法。会计对象具体内容的多样性，企业生产经营过程的连续性，以及会计应该完成的任务，决定了会计核算必须应用一系列的专门方法。主要包括以下几种：

（一）　设置会计科目和账户

设置会计科目和账户是对会计对象的具体内容分类核算和监督的一种专门方法。会计对象的内容是复杂多样的，要对它们进行系统核算和经常监督，就必须进行科学的分类，以便取得各种不同性质的核算指标。因此，会计对会计要素的增减变化，都要分别设置一定的科目和账户进行归类记录，循序地汇集起来，以便为经营管理提供各方面的会计信息资料。

（二）复式记账

复式记账是通过两个或两个以上相互对应的账户，双重平衡地记录每一项经济业务发生的一种专门方法。任何一项经济业务的发生，都要引起会计对象中至少两个项目的变化。由于复式记账要求对每项经济业务至少要在两个账户相互对应平衡地登记，因此能够全面、系统地反映各项经济业务的来龙去脉以及它们之间的相互联系，也便于对各种经济活动进行日常的监督。

（三）填制和审核凭证

填制和审核凭证是为了保证会计记录的完整性和可靠性、审核经济业务是否合理合法而采用的一种专门方法。对于企业已经发生的经济业务，首先要由经办人员或有关单位、部门填制凭证，并签名盖章，以证明经济业务的完成情况，明确经济责任。然后根据有关的法令、制度、计划、预算，由会计人员或有关人员进行凭证的审核和严格的监督。只有经过审核确认无误的凭证，才能作为记账的依据。

（四）登记账簿

登记账簿是根据审核无误的凭证，在账簿上连续、系统、完整地记录经济业务的一种方法。登记账簿时，必须以凭证为依据，应用账户和复式记账方法，把已发生的经济业务分门别类、相互联系地记录下来，从而提供完整而系统的会计指标数据。在账簿中，对经济业务既要分类反映，又要序时反映；既要提供总括指标，又要提供明细指标；同时，要及时对账和结账，以保证账簿记录的准确性和完整性。

（五）成本计算

成本计算是按一定对象归集各个经营过程中所发生的费用，借以确定每一成本计算对象的总成本和单位成本的一种方法。如在制造业企业的供应过程中，要计算每一种材料的采购成本；在生产过程中，要计算每一种产品的制造成本。通过成本计算，会计人员可以核算经营过程中所发生的各种费用是否符合节约原则和经济核算的要求，以便挖掘增加产量、节约费用、降低成本、提高效益的潜力。

（六）财产清查

财产清查是通过盘点实物，核对往来款项，以查明资产和负债的实有数，并与账面数相核对，检查账实是否相符的一种方法。为了加强会计记录的准确性，保证账实相符，必须定期或不定期地对各项财产物资、往来款项进行清查、盘点和核对。如果发现账实不符，应分析原因明确责任，并调整账面记录，使账实相符。因此，财产清查对于保证账簿记录准确完整、改进财产管理、挖掘物资潜力、加速资金周转有着十分重要的作用。

（七）编制会计报表

编制会计报表是利用表格形式，定期总括地反映企业的财务状况、经营成果以及现金流量情况的一种专门方法。会计报表主要是以账簿记录为依据，经过加工整理而产生一套完整的指标体系的书面报告。会计报表所提供的各项指标，不仅是分析、检查和编制计划（预算）的依据，满足企业管理的需要，同时也是企业投资者、债权人及有关综合性管理部门，了解企业的生产经营和财务状况进行决策和国家进行宏观调控的依据。

二、会计核算方法的相互关系

会计核算的七种方法是一个完整的方法体系。这些方法运用的先后顺序以及相互关系构成了会计核算的基本程序。会计核算的基本程序可分为以下三个阶段。

（一）原始记录转换阶段

企业发生的任何一项经济业务，都要取得和填制原始证明文件，即原始凭证，以证明各项经济业务的执行或完成情况。原始凭证是汇集会计数据的来源。所有的原始凭证经过审核后，要通过账户分析、归类，并应用复式记账方法，把原始凭证所反映的经济业务转换为账簿所能够接受的会计语言，其表现形式就是会计分录，也就是表明该项业务应登记的对应账户的名称、增加或减少的金额，记录在会计专用的记账凭证上，以便连续、系统地登记在账簿中。把已发生经济业务的原始记录转换为会计分录，是日常重复性的大量的核算工作，是会计资料收集与核算的开始阶段，也是会计核算的基础。

（二）资料储存、计算阶段

在第一阶段把经济业务通过会计分录转换成会计语言后，就要按照账户分门别类地、连续地记入账簿。账簿就像一台储存器，根据账户的名称、编号和数量，开设许多个储存单元，分类归集反映各种经济业务的核算资料，既有总括资料，也有明细资料。账簿上的每个账户都要定期地进行结账，计算出每个账户的本期增加、减少和结余情况，并且还根据一定的计算对象归集费用，计算出各对象的总成本和单位成本。账簿记录是否符合实际情况，还要通过财产清查的方法来检查，使其账实相符，为定期编制会计报表提供正确、系统、完整的核算资料。

（三）核算资料报出阶段

企业为定期总括地反映经济活动，分析经营情况，考核计划、预算的执行结果，对账簿系统储存的核算数据，还要进一步地加工整理，编制出一套完整的指标体系，并通过会计报表报告出来，以满足各方面的需要。

在上述会计核算的基本程序中，每个阶段都要应用不同的会计方法。会计核算的程序和七种会计核算方法的相互关系见图1-1。

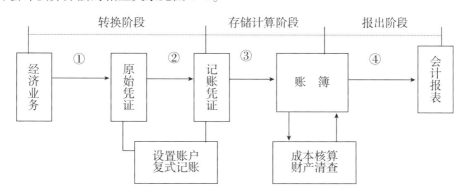

图1-1 企业会计核算程序与方法的相互关系

注：① 填制或取得原始凭证；② 转换、编制记账凭证；
③ 输入登记账簿；④ 输出编制会计报表。

第四节　会计的目标和任务

一、会计的目标

目标是个人、部门或整个组织所期望的成果。对企业和组织来说，目标是指企业或组织所指向的终点。会计的目标是什么呢？按我国《企业会计准则》的表述是："财务会计报告的目标是向财务会计报告使用者提供与企业财务状况、经营成果和现金流量等有关的会计信息，反映企业受托责任的履行情况，有助于财务会计报告使用者做出经济决策。"通过上述表述可以看出，会计的目标是：向财务报告使用者提供决策有用的财务信息。

会计的目标决定了会计报表要素（即提供哪些信息）、要素的确认和计量（如何提供这些信息）、会计信息的质量特征要求（这些信息具备什么样的品质特征）。明确了会计目标，整个会计理论体系和会计实务就有了建立的基础。会计目标指明了会计实践活动的目的和方向，是会计理论最基础的内容。

二、会计信息的使用者

哪些人想要了解某个企业的财务信息呢？通常是企业的利益相关者，即其利益与企业的财务状况和经营成果相关的个人或组织。一般包括：投资者、经营者、企业员工、债权人和政府有关部门等。他们的职责和目标不同，在利用会计信息方面也各有侧重。

（一）投资者（股东）

企业投资者即股东、企业所有者。股东将资金投入到企业，股东就是企业的投资者，也是企业最终利益的拥有者，要求自己的资本能够保值、增值。因此，企业经营成败与股东所获得的经济利益息息相关。能否从企业分得利润？转让投资时能否收回更多的经济利益？只有企业盈利，才有可能分得利润，其投资的总体价值才能逐渐增加。

尤其在现代企业制度下，投资者通常不是企业经营者，所谓的"两权分离"，投资者及时了解企业相关财务信息的欲望更加的强烈。股东最关心的是企业能否持续经营、财产是否能够保值和增值、公司是否盈利、能否向投资者分配收益等。股东要想全面了解企业的财务状况、经营成果等方面的信息，保护自身的利益，就需要通过企业管理者提供的财务信息，一方面对企业管理者的经营业绩做出评价，另一方面对是否继续持有该公司股份做出决定。因此，股东是企业会计信息的最主要使用者之一。

另外，还有一些潜在的投资者，包括企业和个人，希望了解企业的会计信息，做出投资决策。在市场经济条件下，企业间的并购活动日益频繁。企业在做出并购决策前，需要对被并购方现有的规模、盈利能力、风险状况、发展趋势等做出全面的评价，以决定是否投资或并购该企业。如果是个人投资者，在投资购买公司股票时，则需要掌握公司的财务状况、收益情况、盈利能力等方面的信息，以便对被投资企业的投资风险和收益进行评估，从而决定是否进行投资。

（二）经营者

股东将资金投入企业后，就成为企业的所有者，他们需要聘请有关人员来组织管理企业的财产，这些人就成为企业的经营管理者。如上所述，现代企业突出的特征是所有权与经营权两权分离，经营管理者（受托方）是所有者（委托方）授权其经营管理企业的个人或组织。经营者根据企业的经营业绩得到回报，同时经营业绩的好坏也是考核和评价经营者的依据，甚至能决定经营管理者的去和留。

（三）企业员工

员工是企业雇用的劳动者，他们向企业提供劳务获得工资和其他福利回报，获取劳动经验。员工关心的是，企业业绩好不好，能否有更好的待遇和更长远的发展，所以都会对企业的财务信息非常关注。

（四）债权人

这里的债权人通常是指为企业提供贷款的银行或其他金融机构。通过企业提供的会计资料和信息，债权人可以了解企业信贷资金的运营情况，了解企业是否遵守信贷纪律，评价企业的获利能力、偿债能力，预测企业的发展前景，以此作为判断投资决策的前提和重要依据，用于保障信贷资金的安全和效益。

（五）政府有关部门

政府有关部门，如企业主管部门、财政部门和税务部门等，都是会计信息的主要使用者。各级政府是国家的经济管理部门，其财政支出主要来自于各种税收。通过税收取之于民、用之于民，行使国家职能，维护国民经济的正常运转。企业的经营业绩越好，国家收到的税金就越多。企业对一个国家的意义不仅如此，企业发展得好，还可以解决就业问题，维护社会安定。政府的税务部门、工商部门等在各自的职责范围内关注企业的财务信息。

同时，政府也需要根据会计提供的资料和信息进行宏观调控。各个会计主体提供的会计信息经过逐级汇总提炼之后的资料，可以从宏观上反映国民经济发展变化的状况，国家可以据此预测国民经济的发展趋势，正确进行国民经济的宏观控制，保证国民经济平衡发展。

除此之外，企业的会计信息需求者还包括：顾客、供应商、会计师事务所和社会公众等。

三、会计的任务

会计的任务是指根据会计职能的规定，会计工作应达到的目的和完成目标所应遵守的准则和要求。由于会计是整个经济管理的重要组成部分，因此，会计的目标取决于经济管理的要求。

我国《企业会计准则》中对会计的目标作了如下的阐述："会计信息应当符合国家宏观经济管理的要求，满足有关各方面了解企业财务状况和经营成果的需要，满足企业加强内部经营管理的需要。"为了实现这样一个目标，会计应完成以下基本任务。

（一）真实、准确、完整地记录各项经济业务

会计提供真实可靠的数据资料，是进行经济管理，分析、考核经济活动情况的重要依据，也是国家进行宏观管理的信息来源。如果会计提供的信息不准确、不完整，反映的情况不真实、不及时，不仅不能正确地考核企业的财务状况和经营成果，而且还会给国民经

济的宏观管理和决策带来不利的影响，甚至失误。为了保证会计资料信息的真实性、可靠性，企业所记录的经济业务，必须以审核无误的合法凭证为依据，绝不允许弄虚作假，假账真算。

（二）贯彻执行国家的财经政策、法令、制度和纪律

国家根据宏观经济发展的要求和经济体制改革的需要，制定了各项方针、政策和制度。这些方针、政策和制度，集中体现广大人民群众的根本利益，也是企业进行经济活动的准则，各企业单位必须认真贯彻执行。由于企业的各项经济活动都要直接或间接地通过会计这个"关口"，因而会计人员肩负着既要维护本单位利益又要维护国家利益的双重任务。所以，会计部门和会计人员对企业发生的每项经济业务都要进行认真的审核，以保证企业的经营活动的合理性、合法性，切实做到遵守财经制度，维护财经纪律，正确处理国家、企业、个人之间的经济关系。

（三）保证企业的财产安全、完整、保值、增值

企业的财产是企业乃至整个社会再生产的物质基础。每个企业必须妥善保管、合理使用，并对其安全、完整负责。为此，会计必须对各种财产物资的进出、货币资金的收支变化情况进行核算，并同财产物资使用和管理部门密切配合，对财产物资的购入、使用情况加以监督，并定期进行清查盘点，查明账实是否相符，保证财产的安全、完整。对再生产过程中消耗和报废的财产要及时进行价值补偿，以保证财产保值、增值，维护投资者权益，满足扩大再生产的需要。

（四）参与经营决策，注重经济效益，提高经营管理水平

为了应对激烈的市场竞争，企业必须搞好市场预测，注重经济效益，提高经营管理水平，以适应市场的变化。所以，企业必须借助会计对发展生产所需要的资金投入、资金耗费以及经济效果进行测算，并制订出相应的计划、预算，确立经营目标；对生产过程的实际耗费进行控制，并对其完成情况进行分析和检查；为挖掘增收减支潜力，提高经营管理水平寻找途径，指明方向。

第五节　会计信息的质量要求

会计信息的质量关系到投资者决策、完善资本市场以及市场经济秩序等重大问题。会计信息的质量要求是对企业财务报告中所提供高质量会计信息的基本规范。高质量的会计信息应具备的基本特征包括：可靠性、相关性、可理解性、可比性、实质重于形式、重要性、谨慎性和及时性等。其中，可靠性、相关性、可理解性和可比性是会计信息的首要质量要求，是企业财务报告中所提供会计信息应具备的基本质量特征；实质重于形式、重要性、谨慎性和及时性是会计信息的次级质量要求，是对可靠性、相关性、可理解性和可比性等首要质量要求的补充和完善，尤其是在对某些特殊交易或者事项进行处理时，需要根据这些质量要求来把握其会计处理原则。另外，及时性还是会计信息相关性和可靠性的制约因素。企业需要在相关性和可靠性之间寻求一种平衡，以确定信息及时披露的时间。

一、可靠性

可靠性要求企业应当以实际发生的交易或者事项为依据进行确认、计量和报告，如实反映符合确认和计量要求的各项会计要素及其他相关信息，保证会计信息真实可靠、内容完整。可靠性是高质量会计信息的重要基础和关键所在。如果企业以虚假的经济业务进行确认、计量、报告，不仅会严重损害会计信息的质量，而且会误导投资者，干扰资本市场，导致会计秩序混乱。为了贯彻可靠性要求，企业应当做到：

1. 以实际发生的交易或者事项为依据，进行确认、计量，将符合会计要素定义及其确认条件的资产、负债、所有者权益、收入、费用和利润等如实反映在财务报表中，不得根据虚构的、没有发生的或者尚未发生的交易或者事项进行确认、计量和报告。

2. 在符合重要性和成本效益原则的前提下，保证会计信息的完整性，其中包括应当编报的报表及其附注内容等应当保持完整，不能随意遗漏或者减少应予披露的信息，与会计信息使用者决策相关的有用信息都应当充分披露。

3. 在财务报告中的会计信息应当是中立的、无偏的。如果企业在财务报告中为了达到事先设定的结果或效果，通过选择或列示有关会计信息以影响决策和判断的，这样的会计信息就不是中立的。

二、相关性

相关性要求企业提供的会计信息应当与投资者等会计信息使用者的经济决策需要相关，有助于投资者等使用者对企业过去、现在或者未来的情况做出评价或者预测。

会计信息是否有用、是否具有价值，关键是看其与使用者的决策需要是否相关，是否有助于决策或者提高决策水平。相关的会计信息应当能够有助于使用者评价企业过去的决策，证实或者修正过去的有关预测，因而具有反馈价值。相关的会计信息还应当具有预测价值，有助于使用者根据财务报告所提供的会计信息预测企业未来的财务状况、经营成果和现金流量。

会计信息质量的相关性，是以可靠性为基础的，两者之间是统一的，并不矛盾，不应将两者对立起来。也就是说，会计信息在可靠性前提下，尽可能地做到相关性，以满足投资者等财务报告使用者的决策需要。

三、可理解性

可理解性要求企业提供的会计信息应当清晰明了，便于投资者等财务报告使用者理解和使用。

企业编制财务报告、提供会计信息的目的在于使用，而要使使用者有效使用会计信息，应当能让其了解会计信息的内涵，弄懂会计信息的内容，这就要求财务报告所提供的会计信息应当清晰明了，易于理解。只有这样，才能提高会计信息的有用性，实现财务报告的目标，满足向投资者等财务报告使用者提供决策有用信息的要求。投资者等财务报告使用者通过阅读、分析、使用财务报告信息，能够了解企业的过去和现状，以及企业净资产或企业价值的变化过程，预测未来发展趋势，从而做出科学决策。

会计信息是一种专业性较强的信息产品，在强调会计信息的可理解性要求的同时，还应假定使用者具有一定的有关企业经营活动和会计方面的知识，并且愿意付出努力去研究这些信息。对于某些复杂的信息，如交易本身较为复杂或者会计处理较为复杂，但其与使用者的经济决策相关，企业就应当在财务报告中予以充分披露。

四、可比性

可比性要求企业提供的会计信息应当相互可比，这主要包括两层含义：

1. 同一企业不同时期可比。为了便于投资者等会计信息使用者了解企业财务状况、经营成果和现金流量的变化趋势，比较企业在不同时期的财务报告信息，全面、客观地评价过去、预测未来、做出决策，会计信息质量的可比性要求同一企业不同时期发生的相同或者相似的交易或者事项，应当采用一致的会计政策，不得随意变更。但是，满足会计信息可比性要求，并非表明企业不得变更会计政策，如果按照规定或者在会计政策变更后可以提供更可靠、更相关的会计信息，可以变更会计政策。有关会计政策变更的情况，应当在附注中予以说明。

2. 不同企业相同会计期间可比。为了便于投资者等财务报告使用者评价不同企业的财务状况、经营成果和现金流量及其变动情况，会计信息质量的可比性要求不同企业同一会计期间发生的相同或者相似的交易或者事项，应当采用统一规定的会计政策，确保会计信息口径一致、相互可比，以使不同企业按照一致的确认、计量和报告要求提供有关会计信息。

五、实质重于形式

实质重于形式要求企业应当按照交易或者事项的经济实质进行会计确认、计量和报告，不仅仅以交易或者事项的法律形式为依据。

企业发生的交易或事项在多数情况下其经济实质和法律形式是一致的，但在有些情况下也会出现不一致。例如，企业按照销售合同销售商品，但又签订了售后回购协议，虽然从法律形式上看实现了收入，但如果企业没有将商品所有权上的主要风险和报酬转移给购货方，没有满足收入确认的各项条件，即使签订了商品销售合同或者已将商品交付给购货方，也不应当确认销售收入。

又如，融资租入的固定资产。其业务在形式上是租赁，该项租入的固定资产在租期未满之前，从法律形式上讲，所有权没有转移给承租人；但从经济实质上讲，与该资产相关的收益与风险已经转移给承租人，承租人实际上已经能行使对该资产的控制，即在租赁期间承租企业有权支配资产并从中受益。因此，承租人应该将其视为自有的固定资产进行会计核算。

类似上述业务，如果企业仅仅按照其业务的表面形式进行会计核算，显然没有反映出其业务的真实实质，这样的会计信息会误导信息使用者做出决策。

六、重要性

重要性要求企业提供的会计信息应当反映与企业财务状况、经营成果和现金流量有关的所有重要交易或者事项。

财务报告中提供的会计信息的省略或者错报会影响投资者等使用者据此做出决策的，该信息就具有重要性。重要性的应用需要依赖职业判断，企业应当根据其所处环境和实际情况，从项目的性质和金额大小两方面加以判断。例如，企业发生的某些支出，金额较小的，从支出受益期来看，可能需要在若干会计期间进行分摊，但根据重要性要求，可以一次计入当期损益。

七、谨慎性

谨慎性要求企业对交易或者事项进行会计确认、计量和报告时保持应有的谨慎，不应高估资产或者收益、低估负债或者费用。

在市场经济环境下，企业的生产经营活动面临着许多风险和不确定性，如应收款项的可收回性、固定资产的使用寿命、无形资产的使用寿命、售出存货可能发生的退货或者返修等。会计信息质量的谨慎性要求，需要企业在面临不确定性因素的情况下做出职业判断时，应当保持应有的谨慎，充分估计到各种风险和损失。既不高估资产或者收益，也不低估负债或者费用。例如，对于企业发生的或有事项，通常不能确认或有资产，只有当相关经济利益基本确定能够流入企业时，才能作为资产予以确认；相反，相关的经济利益很可能流出企业而且构成现时义务时，应当及时确认为预计负债，就体现了会计信息质量的谨慎性要求。

谨慎性的应用不允许企业设置秘密账簿，如果企业故意低估资产或者收入，或者故意高估负债或者费用，将不符合会计信息的可靠性和相关性要求，会损害会计信息质量，扭曲企业实际的财务状况和经营成果，从而对使用者的决策产生误导，这是不符合会计准则要求的。

八、及时性

及时性要求企业对于已经发生的交易或者事项，应当及时进行确认、计量和报告，不得提前或者延后。

会计信息的价值在于帮助所有者或者其他经营方做出经济决策，具有时效性。即使是可靠的、相关的会计信息，如果不及时提供，就失去了时效性，对于使用者的效用就大大降低，甚至不再具有实际意义。在会计确认、计量和报告过程中贯彻及时性，一是要求及时收集会计信息，即在经济交易或者事项发生后，及时收集整理各种原始单据或者凭证；二是要求及时处理会计信息，即按照会计准则的规定，及时对经济交易或者事项进行确认或者计量，并编制财务报告；三是要求及时传递会计信息，即按照国家规定的有关时限，及时地将编制的财务报告传递给财务报告使用者，便于其及时使用和决策。

我国会计类资格考试介绍

我国会计类考试共有三种：会计从业资格（上岗证）考试、会计专业技术资格考试、注册会计师考试。

其中，会计从业资格（上岗证）考试是进入会计岗位获得的"准入证"所设立的从业资格考试，取得上岗证是从事会计工作必须具备的基本最低要求和前提条件。

会计专业技术资格考试（即会计师考试）分初级资格和中级资格考试，在国家机关、社会团体、企业、事业单位和其他组织中从事会计工作，并符合报名条件的人员，均可报考。证书在全国范围内有效。用人单位可根据工作需要和德才兼备的原则，从获得会计专业技术资格的会计人员中择优聘任。

注册会计师考试（也称CPA考试）是根据《中华人民共和国注册会计师法》设立的执业资格考试，是目前取得中国注册会计师执业资格的必备条件。

自 测 题

一、单选题

1. 会计的基本职能是（　　）。

A. 控制与监督　　　B. 反映与监督　　　C. 反映与核算　　　D. 反映与分析

2. 下列不属于会计核算方法的是（　　）。

A. 成本核算与复式记账　　　　　　B. 错账更正与评估预测

C. 设置账户与填制审核会计凭证　　D. 编制报表与登记账簿

3. 会计在反映各单位经济活动时主要使用（　　）。

A. 劳动量度　　　B. 实物量度　　　C. 货币量度　　　D. 其他量度

4. （　　）要求会计核算以实际发生的交易或事项为依据，如实反映企业的财务状况、经营成果和现金流量。

A. 可靠性　　　B. 及时性　　　C. 谨慎性　　　D. 重要性

5. 会计本质上是一种（　　）。

A. 理财活动　　　　　　　　　　B. 经济活动

C. 财务管理活动　　　　　　　　D. 经济管理活动

6. 企业的会计核算方法前后各期应当保持一致，不得随意变更，属于（　　）要求。

A. 可理解性　　　B. 可比性　　　C. 相关性　　　D. 及时性

7. 谨慎性原则要求在会计核算中，（　　）。

A. 各项资产计价时从低

B. 各项资产按取得时的实际成本计量

C. 不得多计资产或收益，不得少计负债或费用

D. 企业的会计核算方法前后各期保持一致，不得随便变更

二、多选题

1. 会计两大基本职能包括（　　　）。

A. 会计监督　　　　B. 会计核算　　　　C. 会计决策　　　　D. 会计预测

E. 会计分析

2. 会计核算的方法包括（　　　）。

A. 成本计算与财产清查　　　　　　B. 设置会计科目与复式记账

C. 填制与审核会计凭证　　　　　　D. 登记账簿与编制会计报表

E. 试算平衡

3. 会计核算的具体内容包括（　　　）。

A. 款项和有价证券的收付　　　　　B. 财物的收付、增减和使用

C. 资本的增减　　　　　　　　　　D. 收入的增加

E. 债权、债务的发生和结算

4. 有关会计基本职能的关系，正确说法的有（　　　）。

A. 反映职能是监督职能的基础

B. 监督职能是反映职能的保证

C. 没有反映职能提供可靠的信息，监督职能就没有客观依据

D. 没有监督职能进行控制，也不可能提供真实可靠的会计信息

E. 反映职能亦称核算职能

5. 我国会计准则规定的会计信息质量要求包括（　　　）。

A. 可靠性　　　　B. 相关性　　　　C. 重要性　　　　D. 完整性

E. 可比性

三、判断题

1. 会计核算方法彼此是相互独立没有关联的。　　　　　　　　　　　（　　　）

2. 监督是基础，没有会计监督，会计反映便失去了存在的意义。　　（　　　）

3. 狭义的会计方法是指会计核算方法。　　　　　　　　　　　　　　（　　　）

4. 会计信息只要真实就好。　　　　　　　　　　　　　　　　　　　（　　　）

5. 为了全面地反映经济活动，所有的经济活动都应进行会计核算和监督。（　　　）

第二章

会计要素与会计等式

 知识目标

1. 理解会计对象的含义及层次；
2. 理解和熟练掌握会计要素的定义和分类的具体内容；
3. 掌握会计要素之间的关系，即会计等式；
4. 掌握会计科目的含义及分类；
5. 熟悉制造业企业的主要会计科目。

 能力目标

1. 能够解释会计对象是什么；
2. 能够区分六大会计要素，并说明其内容；
3. 能够分析会计事项对会计等式的影响；
4. 能够举例说明会计科目的分类。

第一节 会计研究什么？——会计对象

会计对象是指会计核算和监督的内容，即会计的客体。讨论会计的研究对象，其目的是明确会计在经济管理活动中的范围，从而确定会计的任务，建立和发展会计的方法体系。

一、会计的一般对象

各个企业、事业单位、行政机关为了从事社会再生产活动，必须拥有一定的财产物资作为从事各种业务活动的物质基础。在商品经济条件下，这些财产物资可以用货币形式来表现，也就是这些单位的资金。随着这些单位在社会再生产的各个环节不断地从事各种活动，财产物资也在不断地变化与运动，作为财产物资货币表现的资金也在不断地变化与运动。我们把在再生产过程中能以货币表现的经济活动统称为"资金运动"。

由于会计需要以货币为主要计量单位，因而会计只能核算和监督社会再生产过程中能够用货币表现的各项经济活动，而并不能核算和监督所有的经济活动。概括地讲，会计的研究对象是指社会再生产过程中能以货币表现的资金及其资金运动。

二、会计的具体对象

社会再生产过程是由企业、事业、行政单位等这些构成社会再生产的基层单位的经济活动组成的。这些单位的工作性质和任务不同，其经济活动的内容也就不同，因而会计的具体研究对象也不同。下面以制造业企业为例来说明会计的具体研究对象的内容。

制造业企业是从事产品生产和销售经营活动的经济组织。制造业企业的资金，随着企业的生产经营活动的不断运行而不停地运动着。制造业企业的生产经营过程包括供应、生产、销售三个过程。

1. 供应过程。企业用货币购买各种材料物资，支付货款和采购费用，并将采购的材料物资存放于仓库。这时企业的资金就由货币资金形态转化为储备资金形态。

2. 生产过程。为了生产产品领用各种材料物资、燃料等，发生了材料费用；使用机器设备等固定资产加工产品，发生了固定资产的折旧费用；同时，还要支付职工的工资，发生了工资费用以及其他费用等。这时企业的资金就由储备资金形态及部分的固定资金和货币资金形态转化为生产资金形态（形成在产品）。随着产品的完工入库，生产资金形态则转化为成品资金形态（生产出产成品）。

3. 销售过程。企业将生产的产品销售出去实现销售收入，收回货款，这时的资金又由成品资金形态转化为货币资金形态。同时，企业要用取得的产品销售收入补偿生产产品的成本以及在生产经营过程中发生的各项期间费用和销售税金，从而计算出营业利润。

从以上内容我们可以看出，企业的资金随着企业生产经营活动的进行，资金形态也在不断地发生变化。我们把从货币资金形态开始，依次转化为储备资金、生产资金、成品资金，最后又回到货币资金形态的过程称为资金循环。周而复始、不断重复的资金循环称为资金周转。资金的这种运动，称为资金的循环与周转运动。其运动过程见图 2-1。

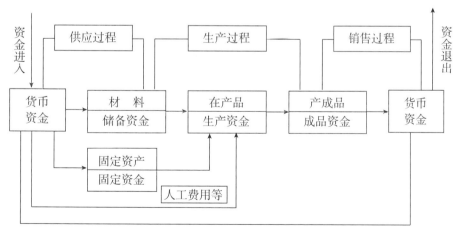

图 2-1 制造业企业资金的循环与周转

通过上述资金运动过程的分析可知，由于会计研究对象涉及面广，而且十分复杂，因此，有必要将会计研究对象按一定的经济特征分类，即会计要素。会计研究的具体对象即是会计要素。

第二节　会计要素

会计要素，是对会计对象按其经济特征所作的最基本的分类，是会计核算和监督的具体对象和内容。划分会计要素有利于科学地、分门别类地对企业的经济活动进行核算和监督，是设置会计科目和账户的基本依据，并为会计报表的设计奠定了基础。

我国《企业会计准则——基本准则》将会计要素划分为资产、负债、所有者权益、收入、费用和利润六大类。其中，资产、负债和所有者权益三项要素是组成资产负债表的会计要素，也称为资产负债表要素。资产是资金的占用形态，负债和所有者权益是与资产相对应的取得途径，它们是反映企业财务状况的静态要素。收入、费用和利润三项要素是组成利润表的会计要素，也称为利润表要素。收入是经济活动中经济利益的总流入，费用是经济活动中经济利益的总流出，收入与费用相配比，即形成经济活动的利润，利润是资金运用的成果，它们是反映企业经营成果的动态要素。

一、反映财务状况的要素

（一）资产

资产是指企业过去的交易或者事项形成的、由企业拥有或者控制的、预期会给企业带来经济利益的资源。根据资产的定义，资产具有以下特征：

1. 资产应为企业拥有或者控制的资源

资产作为一项资源，应当由企业拥有或者控制，具体是指企业享有某项资源的所有权，或者虽然不享有某项资源的所有权，但该资源能被企业所控制。

企业享有资产的所有权，通常表明企业能够排他性地从资产中获取经济利益。一般而言，在判断资产是否存在时，所有权是考虑的首要因素。有些情况下，资产虽然不为企业所拥有，即企业并不享有其所有权，但企业控制了这些资产，同样表明企业能够从资产中获取经济利益，符合会计上对资产的定义。例如，某企业以融资租赁方式租入一项固定资产，尽管企业并不拥有其所有权，但是如果租赁合同规定的租赁期相当长，接近于该资产的使用寿命，表明企业控制了该资产的使用及其所能带来的经济利益，应当将其作为企业资产予以确认、计量和报告。

2. 资产预期会给企业带来经济利益

资产预期会给企业带来经济利益，是指资产具有直接或者间接导致现金和现金等价物流入企业的潜力。这种潜力可以来自企业日常的生产经营活动，也可以来自非日常活动；带来经济利益的形式可以是现金或者现金等价物形式，也可以是能转化为现金或者现金等价物的形式，或者是可以减少现金或者现金等价物流出的形式。

资产预期能否会为企业带来经济利益是资产的重要特征。例如，企业采购的原材料、购置的固定资产等可以用于生产经营过程，制造商品或者提供劳务，对外出售后收回货款，货款即为企业所获得的经济利益。如果某一项目预期不能给企业带来经济利益，那么就不能将其确认为企业的资产。前期已经确认为资产的项目，如果不能再为企业带来经济利益，也不能再确认为企业的资产。例如，待处理财产损失以及某些财务挂账等，由于不符合资产定义，均不应当确认为资产。

3. 资产是由企业过去的交易或者事项形成的

资产应当由企业过去的交易或者事项所形成，过去的交易或者事项包括购买、生产、建造行为或者其他交易或事项。换句话说，只有过去的交易或者事项才能产生资产，企业预期在未来发生的交易或者事项不形成资产。例如，企业有购买某存货的意愿或者计划，但是购买行为尚未发生，就不符合资产的定义，不能因此而确认存货资产。

企业的资产应按其流动性，分为流动资产和非流动资产。

1. 流动资产，是指可以在一年内（或者超过一年的一个营业周期内）变现或耗用的资产。主要包括货币资金、交易性金融资产、应收及预付款项和存货等。

（1）货币资金，是指存在于货币形态用于购买材料物资、支付工资及各种开支的现款，包括库存现金、银行存款和其他货币资金。

（2）交易性金融资产，是指利用闲置资金购买的、各种能够随时变现并且持有时间不准备超过 1 年（含 1 年）的投资，包括股票、债券、基金等。

（3）应收及预付款项，是指企业在日常生产经营过程中发生的各项债权，包括：应收款项（应收票据、应收账款、其他应收款）和预付账款等。

（4）存货，是指企业在日常生产经营过程中持有以备出售，或者仍处在生产过程中，或者在生产或提供劳务过程中将消耗的材料或物资等，包括各种材料、在产品、半成品、产成品等。

2. 非流动资产

非流动资产，是指不能在一年内（或者超过一年的一个营业周期内）变现或耗用的资产。主要包括长期股权投资、固定资产和无形资产等。

（1）长期股权投资，是指持有的准备超过 1 年（不含 1 年）的、不能或不准备变现的各种股权性质的投资。企业持有长期股权投资通常是出于企业发展的战略考虑，对企业实施控制或影响。

（2）固定资产，是指企业使用期限超过一年的房屋、建筑物、机器、机械、运输工具以及其他与生产经营有关的设备、工具、器具等。不属于生产经营主要设备的物品，单位价值在 2 000 元以上的，并且使用年限超过 2 年的，也应该作为固定资产。

（3）无形资产，是指企业长期使用而没有实物形态的资产，包括专利权、非专利技术、商标权、著作权、土地使用权等。

（4）其他资产，是指除上述资产以外的其他资产，如长期待摊费用。长期待摊费用是指企业已经支出，但摊销期限在 1 年（不含 1 年）以上的各项费用，包括租入固定资产的改良支出等。

1. 资产与财产的区别

法律上的财产概念的核心是所有权，是权利人对有形物的所有权、对他人的债权以及对无形资产拥有的知识产权等。会计上的资产并不以所有权为要件，只要一种资源能够为特定会计主体所控制，能够给该会计主体带来未来的经济利益，它就成为该会计主体的资产。

2. 关于流动资产的划分

有些企业的经营活动比较特殊，其经营周期可能长于一年，如造船、大型机械制造，从购买材料到销售商品直到收回货款，周期比较长，往往超过一年。在这种情况下，就不能把"一年内变现"作为划分流动资产的标志，而是将经营周期作为划分流动资产的标志。

（二）负债

负债，是指过去的交易或事项形成的现时义务，履行该义务预期会导致经济利益流出企业。根据负债的定义，负债具有以下特征：

1. 负债是企业承担的现时义务

负债必须是企业承担的现时义务，这是负债的一个基本特征。其中，现时义务是指企业在现行条件下已承担的义务。未来发生的交易或者事项形成的义务，不属于现时义务，不应当确认为负债。

2. 负债预期会导致经济利益流出企业

预期会导致经济利益流出企业也是负债的一个本质特征，只有企业在履行义务时会导致经济利益流出企业的，才符合负债的定义。如果不会导致企业经济利益流出，就不符合负债的定义。在履行现时义务清偿负债时，导致经济利益流出企业的形式多种多样，例如用现金偿还或以实物资产形式偿还，以提供劳务形式偿还等。

3. 过去的交易或者事项形成的

负债应当由企业过去的交易或者事项所形成。换句话说，只有过去的交易或者事项才形成负债，企业将在未来发生的承诺、签订的合同等交易或者事项，不形成负债。

企业的负债应按其流动性，分为流动负债和非流动负债。

1. 流动负债

流动负债是指将在1年内（含1年）或者超过1年的一个营业周期内偿还的债务，包括短期借款、应付账款、应付票据、应付职工薪酬、应付利息、其他应付款、应交税费、预收账款等。

2. 非流动负债

非流动负债即长期负债，是指偿还期在1年或者超过1年的一个营业周期以上的债务，包括长期借款、应付债券、长期应付款等。

（三）所有者权益

所有者权益是指企业资产扣除负债后由所有者享有的剩余权益。公司的所有者权益又称为股东权益。所有者权益是所有者对企业资产的剩余索取权，它是企业资产中扣除债权人权益后应由所有者享有的部分。

所有者权益的来源包括所有者投入的资本、直接计入所有者权益的利得和损失、留存收益等，通常由实收资本、资本公积、盈余公积和未分配利润构成。

1. 实收资本，是指投资者实际投入企业的资本，包括国家资本、法人资本、个人资本、外商资本等。

2. 资本公积，包括两部分内容：一部分是投入资本超过注册资本或者股本部分的金额，即资本溢价或者股本溢价；另一部分是直接计入所有者权益的利得和损失，是指不应计入当期损益、会导致所有者权益发生增减变动的、与所有者投入资本或者向所有者分配利润无关的利得或者损失。

其中，利得是指由企业非日常活动所形成的、会导致所有者权益增加的、与所有者投入资本无关的经济利益的流入，利得包括直接计入所有者权益的利得和直接计入当期利润的利得。损失是指由企业非日常活动所发生的、会导致所有者权益减少的、与向所有者分配利润无关的经济利益的流出，损失包括直接计入所有者权益的损失和直接计入当期利润的损失。直接计入所有者权益的利得和损失主要包括可供出售金融资产的公允价值变动额等。

3. 留存收益，是企业历年实现的净利润留存于企业的部分，主要包括累计计提的盈余公积和未分配利润。

盈余公积，是指按照国家的有关规定，企业从税后净利润中提取出来留存于企业的收益，是投入资本的增值部分，包括法定盈余公积和任意盈余公积。根据《公司法》的规定，企业应按照税后利润的10%提取法定盈余公积；企业可视情况自行决定是否提取任意盈余公积，如要提取则需经股东大会或类似机构批准，按税后利润的一定比例提取。盈余公积可按规定的程序转增资本金，还可以弥补亏损，在特殊情况下还可以经批准发放股利。

未分配利润，是指企业留待以后年度分配的利润，也属于留存收益，也是投入资本的增值部分。

二、反映经营成果的要素

反映企业经营成果的要素包括：收入、费用和利润。通常在利润表上列示。

（一）收入

收入，是指企业在日常活动中所形成的、会导致所有者权益增加的、与所有者投入资本无关的经济利益的总流入。一般包括销售商品收入，提供劳务取得的收入及让渡资产使用权取得的收入等。

1. 收入是企业在日常活动中形成的

日常活动是指企业为完成其经营目标所从事的经常性活动以及与之相关的活动。例如，工业企业制造并销售产品、商业企业销售商品、软件企业为客户开发软件、安装公司提供安装服务、商业银行对外贷款等，均属于企业的日常活动。明确界定日常活动是为了将收入与利得相区分，日常活动是确认收入的重要判断标准。比如，处置固定资产属于非日常活动，所形成的净利益就不应确认为收入，而应当确认为利得。再如，无形资产出租所取得的租金收入属于日常活动所形成的，应当确认为收入，但是处置无形资产属于非日常活动，所形成的净利益，不应当确认为收入，而应当确认为利得。

2. 收入会导致所有者权益的增加

与收入相关的经济利益的流入应当会导致所有者权益的增加，不会导致所有者权益增加的经济利益的流入不符合收入的定义，不应确认为收入。例如，企业向银行借入款项，尽管也导致了企业经济利益的流入，但该流入并不导致所有者权益的增加，而使企业承担了一项现时义务，不应将其确认为收入，应当确认是一项负债。

3. 收入是与所有者投入资本无关的经济利益的总流入

收入将会导致经济利益的流入，从而导致资产的增加。例如，企业销售商品，应当收到现金或者在未来有权收到现金，才表明该交易符合收入的定义。但是，经济利益的流入有时是所有者投入资本的增加所致，所有者投入资本的增加不应当确认为收入，应当将其直接确认为所有者权益。

收入具体包括：主营业务收入、其他业务收入、投资收益等。收入只包括本企业经济利益的流入，不包括为第三方或客户代收的款项，如增值税、代收利息等。

（二）费用

费用，是指企业日产活动所发生的经济利益的会导致所有者权益减少的与向所有者分配利润无关的经济利益的流出。根据费用的定义，费用具有以下特征：

1. 费用是企业在日常活动中形成的

费用必须是企业在其日常活动中所形成的，这些日常活动的界定与收入定义中涉及的日常活动的界定相一致。因日常活动所产生的费用通常包括销售成本（主营业务成本、其他业务成本）、管理费用等。将费用界定为日常活动所形成的，目的是为了将其与损失相区分，企业非日常活动所形成的经济利益的流出不能确认为费用，而应当计入损失。

2. 费用会导致所有者权益的减少

与费用相关的经济利益的流出应当会导致所有者权益的减少，不会导致所有者权益减少的经济利益的流出不符合费用的定义，不应确认为费用。

3. 费用导致的经济利益总流出与向所有者分配利润无关

费用的发生应当会导致经济利益的流出，从而导致资产的减少或者负债的增加（最终也会导致资产的减少）。企业向所有者分配利润也会导致经济利益的流出，而该经济利益的流出属于投资者投资回报的分配，是所有者权益的直接抵减项目，不应确认为费用，应当将其排除在费用的定义之外。

以制造业为例，制造业企业的费用，按其用途可分为成本和费用，即计入产品成本的费用和不计入产品成本的费用。

1. 计入产品成本的费用——成本

成本是指企业为生产产品、提供劳务而发生的各种耗费，亦称产品制造成本，包括直接费用和间接费用。

（1）直接费用，是指直接为生产产品而发生的各项费用，包括直接材料费、直接人工费支出。

（2）间接费用，是指间接为生产而发生的各项费用，包括间接材料费、间接人工费和其他间接费用，即制造费用。制造费用是指企业的生产单位（分厂、车间）为组织和管理生产而发生的各项费用，如车间管理人员的工资、消耗的材料、修理、办公等发生的费用。

2. 不计入产品成本的费用——费用

不计入产品成本的费用，一般指企业为了维护企业的正常运转必须支付的各种款项。如各种应交税费、期间费用和发生的资产减值损失和所得税费用等。期间费用包括管理费用、财务费用和营业费用。这些费用直接计入当期损益。

（1）管理费用，是指企业为组织和管理企业生产和经营而发生的各项费用，主要包括：业务招待费、咨询费、诉讼费、开办费、管理人员薪酬、差旅费、办公费、管理设备折旧费、修理费、离退休职工的退休金等。

（2）财务费用，是指企业为筹集生产经营所需资金等理财活动所发生的各项费用，主要包括：作为期间费用的利息支出（减利息收入）、汇兑损失（减汇兑收益）以及相关的手续费等。

（3）销售费用，是指企业在销售商品过程中所发生的各项费用，主要包括保险费、包装费、展览费和广告费、商品维修费、预计产品质量保证损失、运输费、装卸费等以及为销售本企业商品而专设的销售机构（含销售网点、售后服务网点等）的职工薪酬、业务费、折旧费等经营费用。

成本与费用的主要区别是，成本是对象化的费用，其所针对的是一定的成本计算对象；费用则是针对一定的期间而言的。

（三）利润

利润，是指企业在一定会计期间的经营成果，包括营业利润、利润总额和净利润三个层次。

（1）营业利润，是指营业收入减去营业成本和税金及附加，加上其他业务利润，减去销售费用、管理费用、财务费用、资产减值损失并加上投资收益等后的余额。

（2）利润总额，是企业营业利润减去营业外收支净额后的余额。

（3）净利润，是企业的利润总额减去所得税费用后的余额。企业的净利润应按国家的相关规定进行分配。

第三节 会 计 等 式

会计等式，是指表明各会计要素之间基本关系的恒等式，又称会计方程式。会计等式运用数学公式的计算原理来描述会计对象具体内容，即会计要素相互之间的关系。

一、会计等式的基本内容

（一）静态会计等式

任何企业为了从事生产经营活动，实现企业的经营目标，都必须拥有一定数量的经济资源。这些经济资源在会计上总称为资产。企业的资产都是由有相应来源的资金形成的，即有一定的权益归属，或者说，企业的资产必然与有关各方对各项资产的要求权相对应，这在会计上称之为权益。这就是说，一个企业的全部资产，应当等于其所属有关各方面的权益总计，用公式表示为：

$$资产＝权益$$

资产和权益是同一事物的两个方面，一个反映的是资金的来源渠道（权益）；一个反映的是资金的实际占用形态（资产）。一个企业的资产总额，必然会等于其权益总额。企业的权益是由两部分构成的：一部分是债权人权益，是企业所承担的到期必须偿还的债务；另一部分，是投资人投入的，即所有者权益。这样，上述公式又可以演变为：

$$资产＝负债+所有者权益 \qquad （公式1）$$

公式1是会计基本等式，反映了企业在某一时点上的资产、负债、所有者权益的平衡关系，由于此等式是在某一特定时点（期末日）成立，所以称为"静态会计等式"。它是复式记账、试算平衡和编制资产负债表的理论依据，在会计核算体系中有着重要地位。

（二）动态会计等式

企业在生产经营过程中，为了取得收入，还要发生相应的费用，就产生了收入、费用这些要素。收入和费用相比较，其差额即为企业的经营成果。在企业的会计期间未到结账时，就有了下列等式：

$$收入-费用＝利润 \qquad （公式2）$$

公式2反映了企业在经营了一个会计期间后的最终成果，等式结果如为正数，则表示企业盈利；反之，则为亏损。此等式反映了收入、费用、利润三个要素之间的恒等关系，是动态地考查企业某一期间的利润，故我们称之为动态会计等式。此公式是编制利润表的理论依据。

（三）扩展的会计等式

在企业的日常生产经营活动中，会涉及资产、负债、所有者权益等要素，也会涉及收入、费用要素，进而涉及利润要素。当一个会计期间没有结束时，即尚未结账时，各要素之间的关系可以用公式3、公式4、公式5反映：

$$资产＝负债+所有者权益+(收入-费用) \qquad （公式3）$$

或
$$资产+费用＝负债+所有者权益+收入 \qquad （公式4）$$

进而得到公式5：

$$资产＝负债+所有者权益+利润 \qquad （公式5）$$

当一个会计期间结束时，企业结账，将已经实现的利润按规定的程序分配后，留存在企业的部分（盈余公积和未分配利润），转化为所有者权益的增加额，所以公式5最终又可归为：

$$资产＝负债+所有者权益$$

所以我们说，"资产＝负债+所有者权益"是基本会计等式。

二、经济业务的发生及对会计等式的影响

企业在从事经营活动过程中，会发生各种各样的经济业务。所谓"经济业务"是指，在企业的生产经营活动中发生的、能够用货币计量的、引起会计要素发生增减变化的经济事项。而每项经济业务的发生，因其会引起会计要素发生增减变化，从而也会影响会计等式的变化。但是，无论企业发生何种经济业务，都不会影响会计等式的平衡关系。企业的经济业务概括起来有以下几个方面。

1. 资金筹集业务

资金筹集业务，包括收到投资人投资和筹资过程中发生的债务等。当企业筹集资金时，会涉及会计等式两边的会计要素发生变化，一方面会使资产增加，同时另一方面也会使权益（负债、所有者权益）增加，两者增加的数额相等，不会破坏会计等式的平衡关系。

【例 2-1】 企业取得银行借款 100 000 元，收到投资者投资 500 000 元，款项存入银行。

依据公式 1，这项业务的发生使企业的资产（银行存款）增加 600 000 元，同时也使企业的负债（银行借款）增加 100 000 元，使所有者权益（实收资本）增加 500 000 元，会计等式左右两方各增加 600 000 元，会计等式仍保持平衡。

2. 资金的循环与周转业务

企业将筹集的资金投入生产经营后，顺次通过供应、生产、销售三个过程进行循环与周转。资金在循环周转过程中会有资产的耗费和负债的发生，形成各种费用；还会取得收入，以收入抵减费用，形成经营成果即利润；利润进行分配，又会引起资产的减少等。这些业务的发生，既可能涉及会计等式两边会计要素发生变化，也可能只涉及会计等式某一边会计要素发生变化，但都不会破坏会计等式的平衡关系。

（1）当涉及会计等式两边会计要素发生变化时，有两种情况：经济业务的发生，使资产增加或减少，同时也使权益（负债、所有者权益）增加或减少，增减的数额相等。

【例 2-2】 企业购买材料，价款 50 000 元，尚未支付。

这项业务使企业的资产（材料）增加 50 000 元，同时也使企业的负债（应付账款）增加 50 000 元。会计等式两边各增加 50 000 元，等式的平衡关系不变。

【例 2-3】 企业销售产品获得收入 200 000 元，存入银行。

这项业务使企业资产（银行存款）增加 200 000 元，同时也使企业的收入（主营业务收入）增加 200 000 元。依据公式 3，会计等式两边各增加 200 000 元，等式的平衡关系不变。

【例 2-4】 企业以银行存款 50 000 元归还前欠货款。

这项业务使企业资产（银行存款）减少 50 000 元，同时也使企业的负债（应付账款）减少 50 000 元。会计等式两边同时减少相同金额的数额，等式的平衡关系不变。

（2）当涉及会计等式某一边会计要素发生变化时，也有两种情况：一种是使会计等式左边会计要素同时发生增减变化，另一种是使会计等式右边会计要素同时发生增减变化，增减变化的金额相等。

【例 2-5】 企业生产产品领用材料价值 80 000 元。

依据公式 4，这项业务发生，使企业的费用（生产成本）增加 80 000 元，同时也使企业的资产（材料）减少 80 000 元。会计等式左边的两个要素一个增加，一个减少，增减的金额相等，等式的平衡关系不变。

【例 2-6】 企业接到某一债权人的通知，将该企业原欠的 40 000 元转为向该企业投资。

这项业务发生，使企业的负债（应付账款）减少 40 000 元，同时也使所有者权益（实收资本）增加 40 000 元。会计等式右边两个要素一个增加，一个减少，增减的金额相等，等式的平衡关系不变。

3. 资金退出企业

资金退出企业，主要包括退回投资和偿还债务等。当企业发生资金退出业务时，会影响会计等式两边会计要素发生变化。一方面会使资产减少，同时也会使权益（负债、所有者权益）减少，两者减少的数额相等，会计等式仍保持平衡。

【例 2-7】 企业归还银行贷款 300 000 元。

这项业务发生，会使企业资产（银行存款）减少 300 000 元，同时也使负债减少 300 000 元。会计等式两边的要素同时减少相同的金额，会计等式的平衡关系不变。

通过上述说明，可以看到企业在生产经营活动中，会发生各种各样的经济业务，所有经济业务归纳起来有四种类型：

第一种：经济业务的发生，使得会计等式两侧同时等额增加。

第二种：经济业务的发生，使得会计等式两侧同时等额减少。

第三种：经济业务的发生，使得会计等式左侧同时等额增减。

第四种：经济业务的发生，使得会计等式右侧同时等额增减。

从上述例题可以看出，经济业务的发生，无论引起会计等式中诸要素发生怎样的变化，会计等式两边的数额始终相等，不会破坏会计等式的平衡关系。

综上所述，会计等式这一平衡原理揭示了企业会计要素之间的规律性联系，因此，它是设置会计科目和账户、编制会计报表的理论依据，也是复式记账的基础。

第四节　会计科目

一、会计科目的含义

会计科目，是指对会计对象的具体内容（即会计要素）进行分类核算的项目。

会计要素是对会计对象的初次分类，也是最基本的分类，是对会计信息的比较总括的反映。但是会计信息的使用者为了决策和管理经济活动，除了需要上述的总括资料外，还需要详细的信息资料。如了解了企业拥有一定数量的资产之后，还需要了解具体都是什么资产等。于是，就需要在会计要素的基础上进行再分类，以分门别类地核算，提供所需要的会计信息。会计科目就是在将会计对象划分为会计要素的基础上，按照会计要素的具体内容进一步分类，为其确定一个通俗易懂的名称，并以此为依据设置账户。

设置会计科目和账户，是会计核算的专门方法之一。正确地设置和运用会计科目和账户，有利于正确地核算企业的各项经济活动，为企业及有关方面提供所需的经济信息。

二、会计科目的分类

1. 按其反映的经济内容分类

会计科目按其反映的经济内容不同，可以划分为资产类、负债类、所有者权益类、成本类和损益类五大类。其中，损益类科目包括收入和费用两部分。现将财政部统一制定的《企业会计制度——会计科目》列示，见表 2-1。

2. 会计科目按所提供信息的详细程度分类

会计科目按其提供信息的详细程度，可以分为两大类。

（1）总分类科目

总分类科目亦称一级科目或总账科目。它是对会计要素的具体内容进行总括分类的会计科目，是进行总分类核算的依据，所提供的是总括指标或信息。总分类科目原则上由财政部统一制定，以会计制度的形式颁布实施。

表 2-1   主要会计科目表（以制造业为例）

顺序号	编号	名称
		（一）资产类
1	1001	库存现金
2	1002	银行存款
5	1012	其他货币资金
	100901	银行汇票
	100902	银行本票
	100903	信用卡
	100904	信用证保证金
	100905	存入投资款
		外埠存款
8	1101	交易性金融资产
10	1121	应收票据
11	1122	应收账款
12	1123	预付账款
13	1131	应收股利
14	1132	应收利息

续 表

顺序号	编号	名　　称
18	1221	其他应收款
19	1231	坏账准备
26	1401	材料采购
27	1402	在途物资
28	1403	原材料
29	1404	材料成本差异
30	1405	库存商品
31	1406	发出商品
33	1408	委托加工物资
34	1411	周转材料
40	1471	存货跌价准备
41	1501	持有至到期投资
43	1503	可供出售金融资产
44	1511	长期股权投资
45	1512	长期股权投资减值准备
46	1521	投资性房地产
47	1531	未实现融资收益
50	1601	固定资产
51	1602	累计折旧
52	1603	固定资产减值准备
53	1604	在建工程
54	1605	工程物资
55	1606	固定资产清理
62	1701	无形资产
63	1702	累计摊销

顺序号	编号	名　　称
64	1703	无形资产减值准备
65	1711	商誉
66	1801	长期待摊费用
67	1811	递延所得税资产
69	1901	待处理财产损溢
		（二）负债类
70	2001	短期借款
79	2201	应付票据
80	2202	应付账款
81	2203	预收账款
82	2211	应付职工薪酬
83	2221	应交税费
	222101	应交增值税
	222102	应交消费税
	222103	应交资源税
	222104	应交所得税
	222105	应交土地增值税
	222106	应交城市维护建设税
	222107	应交房产税
	222108	应交土地使用税
	222109	应交车船使用税
	222110	应交个人所得税
84	2231	应付利息
85	2232	应付股利
86	2241	其他应付款
94	2501	长期借款

顺序号	编号	名 称
95	2502	应付债券
100	2701	长期应付款
101	2702	未确认融资费用
102	2711	专项应付款
103	2801	预计负债
104	2901	递延所得税负债
		（三）所有者权益类
110	4001	实收资本（股本）
111	4002	资本公积
	400201	资本（或股本）溢价
	400202	其他资本公积
	4003	其他综合收益
112	4101	盈余公积
	410101	法定盈余公积
	410102	任意盈余公积
114	4103	本年利润
115	4104	利润分配
	410401	提取法定盈余公积
	410402	提取任意盈余公积
	410403	应付现金股利或利润
	410404	转作股本的股利
	410405	盈余公积补亏
	410416	未分配利润
		（四）成本类
117	5001	生产成本
	500101	基本生产成本
	500102	辅助生产成本
118	5101	制造费用
119	5201	劳务成本

续 表

顺序号	编号	名 称
120	5301	研发支出
		（五）损益类
124	6001	主营业务收入
129	6051	其他业务收入
130	6061	汇兑损益
131	6101	公允价值变动损益
132	6111	投资收益
136	6301	营业外收入
137	6401	主营业务成本
138	6402	其他业务成本
139	6403	税金及附加
149	6601	销售费用
150	6602	管理费用
151	6603	财务费用
153	6701	资产减值损失
154	6711	营业外支出
155	6801	所得税费用
156	6901	以前年度损益调整

知识加油站　**为什么会计要素中有利润要素，而会计科目中就没有此类呢？**

这是因为，在会计核算时，需要将一定会计期间（如每月、每季、每年）的收入与费用加以配比，以计算每一期间的利润。而利润是企业资产的一个新的来源，在分配前，可被认为是所有者权益的增加；被分配出去的利润，可以理解为所有者权益减少及有关资产的减少；尚未分配的利润，则可以理解为所有者权益的增加。因此，有关利润类的科目，都被包括在所有者权益类之内了。

（2）明细分类科目

明细分类科目是对总分类科目所含内容再做详细分类的会计科目，它提供的是详细指标和信息。

为了提供详细的指标和信息，满足不同层次使用者对会计信息的需要，须在总分类科目下，再按具体内容设明细科目。如在"应付账款"总账科目下，按具体单位设明细科目，可以具体反映应付哪个单位的货款。

有时，为了适应管理工作的需要，可以在总分类科目和明细分类科目之间增设二级科目（也称子目），所提供的信息介于总分类科目和明细分类科目之间，以满足管理的需要。如"原材料"总账科目下，可以按材料的类别设置二级科目："原材料及主要材料"、"辅助材料"、"燃料"等二级科目。

综上所述，会计科目按提供信息的详细程度，一般可分为三级：

（总分类科目）　　　　　　（明细分类科目）

一级科目 ——————— 二级科目 ——————— 三级科目
　　　　　　　　　　　　（子目）　　　　　　　　（细目）

并不是所有的总分类科目都要设置明细分类科目，如库存现金等就不需要设置明细分类科目。总分类科目一般由财政部制定，明细分类科目除会计制度规定设置以外，可以由企业根据需要自行决定设置。但是，企业自行设置的会计科目应符合以下要求：

1. 名称要简明确切。

2. 每一科目原则上只反映一类经济内容，各科目之间界限分明。

自 测 题

一、单选题

1. 会计对象是企事业单位的（　　）。

A. 资金运动　　　　B. 经济活动　　　　C. 经济资源　　　　D. 劳动成果

2. 企业拥有的资产从财产权利归属看，一部分属于投资者，一部分属于（　　）。

A. 企业职工　　　　B. 债权人　　　　C. 债务人　　　　D. 企业法人

3. 某企业刚建立时，权益总额为 80 万元，现发生一笔以银行存款 10 万元偿还银行借款的经济业务，此时，该企业的资产总额为（　　）。

A. 80 万元　　　　B. 90 万元　　　　C. 100 万元　　　　D. 70 万元

4. 对会计对象进行具体的划分的是（　　）。

A. 会计科目　　　　B. 会计原则　　　　C. 会计要素　　　　D. 会计方法

5. 下列有关收入的说法中，正确的是（　　）。

A. 收入在扣除相关成本费用后，必然会导致企业所有者权益增加

B. 企业销售商品采用预收货款形式的，应于收到货款时确认收入

C. 收入与所有者投入资本无关

D. 企业出售行政领导的汽车产生的利润应该计入收入

6. 引起资产和权益同时减少的业务是（　　　）。

A. 用银行存款偿付应付账款　　　　　　B. 购买材料货款暂未支付

C. 向银行借款直接偿还应付账款　　　　D. 工资记入产品成本但暂未支付

7. 某企业资产总为 100 万元，当发生下列三笔经济业务后：① 向银行借款 20 万元存入银行；② 用银行存款偿还应付账款 5 万元；③ 收回应收账款 4 万元存入银行。其资产总额为（　　　）。

A. 115 万元　　　　　B. 119 万元　　　　　C. 111 万元　　　　　D. 71 万元

8. 下列费用中，不属于期间费用的是（　　　）。

A. 企业生产部门发生的保险费　　　　　B. 企业行政管理部门发生的办公费

C. 企业专设销售机构发生的各项经费　　D. 企业为筹集资金而发生的有关费用

9. （　　　）是指企业过去的交易或者事项形成的、由企业拥有或者控制的、预期会给企业带来经济利益的资源。

A. 收入　　　　　　B. 负债　　　　　　C. 利润　　　　　　D. 资产

10. 某企业月初资产总额为 300 万元，负债 100 万元，本月用银行存款偿还负债 50 万元后，又用银行存款购买设备 100 万元，月末企业的资产总额是（　　　）。

A. 350　　　　　　B. 150　　　　　　C. 200　　　　　　D. 250

11. 下列事项中属于资产减少的事项是（　　　）。

A. 生产领用原材料　　　　　　　　　　B. 支付的现金股利

C. 现金转存银行　　　　　　　　　　　D. 原材料验收入库

12. 下列内容中，不符合资金运动规律的有（　　　）。

A. 一项资产增加的同时另一项资产减少　B. 负债增加，所有者权益减少

C. 一项负债增加的同时另一项负债减少　D. 资产减少，负债增加

13. 企业 9 月末负债总额为 100 万元，10 月份收回应收账款 20 万元，用银行存款归还短期借款 10 万元，预付购货款 5 万元，到 10 月末的负债总额为（　　　）。

A. 110 万元　　　　　B. 105 万元　　　　　C. 90 万元　　　　　D. 80 万元

14. 反映企业财务状况的会计要素是（　　　）。

A. 收入、费用和利润　　　　　　　　　B. 资产、负债和所有者权益

C. 收入、资产和负债　　　　　　　　　D. 资产、负债和利润

15. 向银行借款 50 万元偿还前欠货款，属于（　　　）。

A. 一项负债增加，另一项负债减少　　　B. 一项资产和一项所有者权益同时增加

C. 一项资产和一项负债同时增加　　　　D. 一项资产增加，另一项资产减少

二、多选题

1. 下列等式中属于正确的会计等式的有（　　　）。

A. 资产＝权益　　　　　　　　　　　　B. 资产＝负债+所有者权益

C. 收入−费用＝利润　　　　　　　　　　D. 资产+负债−费用＝所有者权益+收入

E. 资产＝负债+所有者权益+（收入−费用）

2. 属于引起等式左右两边会计要素变动的经济业务有（　　　）。

A. 收到某单位前欠货款 20 000 存入银行

B. 以银行存款偿还银行借款

C. 收到某单位投来机器设备一台，价值 80 万元

D. 以银行存款偿还前欠货款 10 万元

E. 向开户银行交存现金 10 万元

3. 属于只引起会计等式左边会计要素变动的经济业务有（　　　）。

A. 购买材料 800 元，货款暂欠

B. 从银行提取现金 500 元

C. 购买机器设备一台，以存款支付 10 万元货款

D. 接受国家投资 200 万元

E. 债权人将债务 800 万元转成投资

4. 甲企业用银行存款向乙企业投资 100 万元，下列说法正确的是（　　　）。

A. 乙企业资产增加、所有者权益增加

B. 甲企业一项资产减少，另一项资产增加

C. 甲企业所有者权益增加，资产增加

D. 乙企业一项资产增加，另一项资产减少

E. 乙企业资产增加、所有者权益减少

5. 属于流动资产的内容有（　　　）。

A. 存放在银行里的存款　　　　　　　B. 存放在仓库里的材料

C. 厂房和机器　　　　　　　　　　　D. 企业的办公楼

E. 企业的办公用品

6. 反映企业经营成果的会计要素有（　　　）。

A. 资产　　　　　B. 所有者权益　　　C. 收入　　　　　D. 负债

E. 费用

7. 下列经济活动中，不属于会计核算事项的有（　　　）。

A. 产品工艺方案设计　　　　　　　　B. 人员调动升迁

C. 资产的收付　　　　　　　　　　　D. 债权债务的结算

E. 财产物资的耗费

8. 下列资产中，可能属于企业固定资产的是（　　　）。

A. 机器设备　　　B. 房屋建筑物　　　C. 运输工具　　　D. 银行存款

E. 库存现金

9. 下列经济业务中，可能会导致企业负债增减的有（　　　）。

A. 投资者投入资本　B. 公益性捐赠　　C. 承兑商业汇票　　D. 利润转增资本

E. 赊购材料

10. 下列业务中影响资金总额的有（　　　）。

A. 从银行借款存入银行　　　　　　　B. 用现金购买办公用品

C. 用银行存款购买设备　　　　　　　D. 用银行存款偿还应付账款

E. 用资本公积转增资本

三、判断题

1. 会计要素中，既有反映财务状况的要素，又有反映经营成果的要素。　　　　（　　）

2. 利润是企业在一定会计期间的经营成果，利润只包括收入减去费用后的净额。

（　　）

3. 与所有者权益相比，负债一般有规定的偿还期，而所有者权益没有。　（　　）

4. 资产包括固定资产和流动资产两部分。　　　　　　　　　　　　　　（　　）

5. 企业接收投资者投入的设备，该项经济业务会引起收入增加和权益增加。（　　）

6. 企业发生任何经济业务，会计等式左右两边金额永远不变，故永相等。（　　）

7. 收入包括为第三方或者客户代收的款项。　　　　　　　　　　　　　（　　）

四、业务题

（一）资料：华硕公司 2013 年 6 月 30 日的会计报表显示，该公司资产总计 407 000 元，负债总计 242 000 元，该公司 7 月份发生下列经济业务：

1. 用银行存款购入机器设备一台，价值 30 000 元。

2. 投资者投入原材料，价值 10 000 元。

3. 用现金支付办公用品费 800 元。

4. 以银行存款偿还所欠供应单位的货款 5 000 元。

5. 将一笔长期负债 50 000 元转为对企业的投资。

6. 用闲置资金购买某上市公司股票 80 000 元暂时持有。

7. 按规定将资本公积金 200 000 元转增资本金。

要求：（1）分析上述业务涉及何种会计要素及对会计等式有何影响？是否影响会计等式的平衡关系？

（2）计算 7 月末华硕公司的资产总额、负债总额及所有者权益总额。

（二）资料：某公司 2013 年 12 月 31 日有关账户的部分资料如下表：

某公司有关账户资料

单位：元

账户名称	期初余额	本期增加发生额	本期减少发生额	期末余额
银行存款	200 000	30 000	50 000	（　　）
应收账款	（　　）	60 000	100 000	40 000
固定资产	300 000	60 000	（　　）	310 000
生产成本	800 000	（　　）	1 200 000	650 000
短期借款	10 000	30 000	20 000	（　　）
应付账款	160 000	（　　）	140 000	140 000
实收资本	700 000	20 000	—	（　　）

要求：根据账户期初余额、本期发生额和期末余额的计算方法，计算并填列上表中括

号内的数字。

（三）资料：某企业某年 3 月 1 日有关资金的内容及金额如下表：

作 业 用 表   金额单位：元

项 目	金额	资产	负债	所有者权益	会计科目
1. 生产用厂房	190 000	190 000			固定资产
2. 库存产成品	450 000				
3. 仓库一栋	120 000				
4. 生产用材料	40 000				
5. 库存现金	2 000				
6. 货运汽车一辆	60 000				
7. 应收回的货款	50 000				
8. 银行存款	278 000				
9. 国家投入的资金	720 000				
10. 应付购料款	64 000				
11. 本年已实现利润	210 000				
12. 尚未缴纳的税金	10 000				
13. 银行借款	186 000				
合　计	—				—

要求：根据表中所给资料，说明每一项资金内容应属于资产、负债、所有者权益哪一类会计要素，具体应归属于哪一个会计科目。

第三章

会计核算基础

 **知识目标**

1. 掌握会计假设，即会计核算的基本前提；
2. 理解权责发生制和收付实现制的含义及两者的区别；
3. 了解会计要素确认的含义和会计的计量属性。

能力目标

1. 能够举例说明权责发生制与收付实现制的区别；
2. 能够阐述会计假设的内容，并解释其含义。

第一节 会 计 假 设

会计的游戏规则

假设你和别人合伙开一家公司，在记账时，你的合伙人把他家里的日常开支都记到公司账上，你会同意吗？答案是显而易见的。

"没有规矩，不成方圆"。作为一门应用学科，会计也有它的游戏规则。只有遵守这些"游戏规则"，会计才能起到它应有的作用。具体来说，会计的游戏规则主要表现为会计核算的四大假设和会计核算基础。

会计基本假设是企业会计确认、计量和报告的前提，是对会计核算所处时间、空间环境等所作的合理设定。会计基本假设包括会计主体、持续经营、会计分期和货币计量。

一、会计主体假设

会计主体，是指企业会计确认、计量和报告的空间范围。在会计主体假设下，企业应当对其本身发生的交易或者事项进行会计确认、计量和报告，反映企业本身所从事的各项生产经营活动。明确界定会计主体是开展会计确认、计量和报告工作的重要前提。

首先，明确会计主体，才能划定会计所要处理的各项交易或事项的范围。在会计实务中，只有那些影响主体本身经济利益的各项交易或事项才能加以确认、计量和报告，那些不影响主体本身经济利益的各项交易或事项则不能加以确认、计量和报告。通常所讲的资产、负债的确认，收入的实现，费用的发生等，都是针对特定会计主体而言的。

其次，明确会计主体，才能将会计主体的交易或者事项与会计主体所有者的交易或者事项以及其他会计主体的交易或者事项区分开来。例如，企业所有者的经济交易或者事项是属于企业所有者主体所发生的，不应纳入企业会计核算的范围，但是企业所有者投入到企业的资本或者企业向所有者分配的利润，则属于企业主体所发生的交易或者事项，应当纳入企业会计确认、计量和报告的内容。

需要明确的是，会计主体和企业法人这个法律主体是不同的，所有企业法人都可以是会计主体，但有些会计主体并非一定是企业法人。例如，在控股经营的情况下，母公司及其控制的子公司均为企业法人，但为了全面反映和考核整个企业集团的财务状况和经营成果，就必须将母公司与子公司作为一个会计主体，编制合并会计报表。在这种情况下，尽管企业集团不属于法律主体，但它却是会计主体。由此可见，会计主体的组织形式是多种多样的，如企业的分公司、分厂、联营公司、企业集团等。因此，会计主体的划分与选择基于需要而定。

知识加油站
企业法人：是指在政府部门登记注册，有独立的财产，能够独立承担民事责任、享有民事权利的法律实体。其特征为：独立的组织、独立的财产、独立的责任。《公司法》规定，公司法定代表人依照公司章程的规定，由董事长、执行董事或者经理担任，并依法登记。公司法定代表人变更，应当办理变更登记。公司设立的子公司具有法人资格，分公司不具有法人资格。我国法律规定，企业法人对他的法定代表人和其他工作人员的经营活动，承担民事责任，企业法定代表人代表企业法人进行诉讼活动。

二、持续经营假设

持续经营，是指当会计为某一个会计主体服务时，假设该会计主体的生产经营活动在可以预见的未来时间内，按照预定的方针和目标将持续不断地延续下去，不会停业，也不会大规模削减业务。

从主观愿望看，每一企业从开始营业起，都希望能永远正常经营下去，但在市场经济的激烈竞争中，每个企业都有被淘汰、停业破产的危险，而企业在持续经营和停业破产这两种情况下的会计处理的方法是完全不同的。在此种情况下，会计应如何进行核算呢？在一般情况下，持续经营的可能性要比停业清理大得多，所以我国《企业会计准则》规定：企业会计确认、计量和报告应当以持续经营为前提。

以持续经营为前提，明确了会计核算的时间范围，是对会计核算时间无限性的规定。在持续经营假设的基础上建立了会计核算的一系列专门方法，例如，折旧的方法。这使得企业在会计信息的收集和处理上所使用的方法能够保持稳定，企业的会计记录和会计报表才能真实、可靠，具有可比性。

三、会计分期假设

会计分期，是指将一个企业持续经营的生产经营活动划分为一个个连续的、长短相同的期间。会计分期的目的，在于通过会计期间的划分，将持续经营的生产经营活动划分成连续、相等的期间，据以结算盈亏、按期编报财务报告，从而及时地向财务报告使用者提供有关企业的会计信息。

根据持续经营假设，一个企业将按当前的规模和状态持续经营下去。但是，无论是企业的生产经营决策还是投资者、债权人等的决策都需要及时的信息，需要将企业持续的生产经营活动划分为一个个连续的、长短相同的期间，分期确认、计量和报告企业的财务状况、经营成果和现金流量。在会计分期假设下，企业应当划分会计期间，分期结算账目和编制财务报告。会计期间通常分为年度和中期。中期，是指短于一个完整的会计年度的报告期间，又可分为半年度、季度和月度。年度、半年度、季度和月度，均按公历起讫日期确定。

会计期间的划分，对于确定会计核算程序和方法具有极为重要的作用。正是会计分期，才产生了当期与以前期间、以后期间的差别，才使不同类型的会计主体有了记账的基准，进而出现了折旧、摊销等会计处理。

四、货币计量假设

货币计量，是指会计主体在会计确认、计量和报告时以货币作为计量尺度，反映会计主体的生产经营活动。

在会计的确认、计量和报告过程中之所以选择货币作为基础进行计量，是由货币的本身属性所决定的。货币是商品的一般等价物，是衡量一般商品价值的共同尺度。其他计量单位只能从一个侧面反映企业的生产经营情况，无法在量上进行汇总和比较，不便于会计计量和经营管理。只有选择货币这一共同尺度进行计量，才能全面反映企业的生产经营情况。

《会计法》规定，会计核算以人民币为记账本位币。记账本位币是指在一个单位的账户体系中统一采用的基准货币。业务收支以人民币以外的货币为主的单位，可以选定一种法定货币作为记账本位币，但是编报的财务会计报告应当折算为人民币。记账本位币是与外币相对而言的，凡是记账本位币以外的货币都是外币。在以货币作为主要计量单位的同时，有必要也应当以实物量度和劳动量度作为补充。

在有些情况下，统一采用货币计量是有缺陷的，①在市场经济的条件下，物价水平总是在不断地变动，货币币值的变动会影响会计计量信息的可靠性，因此货币计量假设是以币值不变为前提的，它要求用作计量单位货币的购买力是固定不变的。在现实中，通货膨胀和紧缩都会影响货币的购买力，对币值产生影响，从而使单位币值包含的价值量随着现行价格的波动而变化。这使得资产的价格不能反映其真实的价值，影响了会计信息的质量。②某些影响企业财务状况和经营成果的因素，如企业经营战略、研发能力、市场竞争力等，往往难以用货币进行计量，但这些信息对于使用者决策来讲也很重要。为此，企业可以在财务报告中补充披露有关非财务信息来弥补上述缺陷。

第二节　会计处理基础

按照会计分期假设，企业发生的各项经济业务在核算上就有了本期和非本期之分。

在实务中，企业有很多交易或事项的发生时间与有关货币收支时间是一致的，即应属于本期的收入，本期实际收到了款项；应属于本期负担的费用，本期也实际付出了款项。但是，企业也有很多交易或事项的发生时间与有关货币收支时间并不一致。例如，款项已经收到，但销售并没有实现；或者款项已经支付，但并不是为本期生产经营活动所发生等。像这样的收入或者费用到底该计入本期还是另外的会计期间呢？这是企业进行会计核算必须明确的处理基础问题。为了更加真实、公允地反映特定会计期间的财务状况和经营成果，我国《企业会计准则——基本准则》明确规定，企业在会计确认、计量和报告中应当以权责发生制为基础。

一、权责发生制

权责发生制是企业的一种账务处理基础，它是以收入的权利和支出的义务是否应该归属于本期为标准，来确认收入和费用是否计入本期账目的一种会计处理基础。企业应以应收应付为基础，而不是以款项是否实际收入和支付为标准来确定本期的收入和费用。通常涉及的是跨期收入和费用的确定问题。

权责发生制基础要求，凡是当期已经实现的收入和已经发生或应当负担的费用，无论款项是否收付，都应当作为当期的收入和费用，计入利润表；凡是不属于当期的收入和费用，即使款项已在当期收付，也不应当作为当期的收入和费用。

根据权责发生制进行收入与费用的核算，能够更加准确地反映特定期间真实的财务状况及经营成果，所以，其广泛地应用于企业单位。

【例3-1】企业于9月10日销售产品一批，10月8日收到货款存入银行。

分析：这笔货款虽然在10月收到，但属于9月份销售实现的收入，即使9月份没有收到货款，却有收取货款的权利。

按照权责发生制，此种情形属于应该计入9月的收入，即使本期没有实际收到款项，也应在本期（9月份）计入收入账户。

【例3-2】企业于9月20日购入办公用品一批，但款项在10月15日支付。

分析：这笔费用属于9月份负担的费用，尽管本月没有实际支付此笔款项，但按照权责发生制应计入9月份的费用账户。

此种情形属于应该计入本期的费用，即使本期没有实际付出款项，也应在本期（9月份）计入费用账户。

【例3-3】9月22日，企业通过银行账户预先收到某购货单位一笔购货款。（按合同规定，商品于10月底交付。）

分析：此笔款项于9月份收到，但按会计核算的相关规定，企业应于发出商品时确认收入入账。所以此笔款项只能作为预收款计入9月份账目。

按照权责发生制，此种情形属于不应该计入本期的收入，即使本期收到了款项，也不应在本期计入收入账户，而应在10月计入收入账户。

【例3-4】企业于9月底收到银行的利息支付凭证，支付第三季度银行贷款利息。

分析：虽然9月份支付了三季度的利息，但此笔利息费用是第三季度整季度的，按照权责发生制应由本季度的7、8、9三个月共同负担，三个月各计1/3，计入当期费用账户（对7、8月份来说，需要预先计提利息费用入账）。

按照权责发生制，此种情形属于不应该完全计入本期的费用，即使本期支付了款项，也不应全部计入本期费用账户，而只需将应由本期（9月份）负担的部分计入费用账户。

【例3-5】企业于9月10日销售产品一批，9月18日收到货款存入银行。

分析：这笔货款属于9月份销售实现的收入，且9月份也已实际收到，计入9月份的收入账户。不涉及权责发生制的问题。

【例3-6】企业于9月底支付本月的水电费。

分析：这笔款项属于9月份的费用，且也实际支付了资金，同样不涉及权责发生制的问题。

二、收付实现制

收付实现制是与权责发生制相对应的一种会计基础，它是以收到或支付的款项作为确认收入和费用等的依据。目前，我国的行政单位会计采用收付实现制，事业单位会计除经营业务可以采用权责发生制外，其他大部分业务采用收付实现制。

仍然沿用前面的例题来说明如下：

【例3-1】某单位于9月10日销售产品一批，10月8日收到货款存入银行。

分析：这笔货款在10月收到，按照收付实现制，不论是否属于10月份实现的销售，均于实际收到款项时计入当期（10月份）收入账户。

【例3-2】某单位于9月20日购入办公用品一批，但款项在10月15日支付。

分析：这笔费用属于9月份负担的费用，但在10月实际支付此笔款项，按照收付实现制应计入10月的费用账户。

【例3-3】9月22日，某单位通过银行账户预先收到某购货单位一笔购货款。（按合同规定，商品于10月底交付。）

分析：此笔款项于9月份收到，不管单位何时确认收入实现，按照收付实现制此笔款项均应计入9月份收入账户。

【例3-4】某单位于9月底收到银行的利息支付凭证，支付第三季度银行贷款利息。

分析：某单位已于 9 月份支付了三季度的利息，不管此笔利息费用是第三季度整季度的，只要在本期实际支付了该笔费用，按照收付实现制就应计入当期费用账户。

【例 3-5】 某单位于 9 月 10 日销售产品一批，9 月 18 日收到货款存入银行。

分析：这笔货款属于 9 月份销售实现的收入，且 9 月份也已实际收到，计入 9 月份收入账户。不涉及收付实现制的问题。

【例 3-6】 某单位于 9 月底支付本月的水电费。

分析：这笔款项属于 9 月份的费用，且也实际支付了资金，同样不涉及收付实现制的问题。

三、权责发生制和收付实现制的比较

从上面的举例可以看出，在权责发生制下，企业以"是否应该"作为收入、费用的确认标准，则在账务处理时，就会涉及预收、预付、应收、应付、跨期分摊和预先计提等业务。在收付实现制下，企业以"是否实际收付款项"作为收入、费用的确认标准，则在账务处理时，不会涉及预收、预付、应收、应付等业务。

为进一步说明问题，现将两种会计处理基础的比较列表如下，见表 3-1。

表 3-1 　　　　　　　权责发生制和收付实现制的比较

分类	情形描述	业务举例	权责发生制	收付实现制
第一种情形	属于本期发生的收入但本期没有收到款项	[例 3-1]	计入 9 月份收入	计入 10 月份收入
第二种情形	属于本期负担的费用但本期没有支付款项	[例 3-2]	计入 9 月份费用	计入 10 月份费用
第三种情形	不属于本期发生的收入但本期收到款项	[例 3-3]	计入 10 月份收入	计入 9 月份收入
第四种情形	不属于本期负担的费用但本期支付了款项	[例 3-4]	7、8、9 月各计入 1/3 费用	全部计入 9 月份费用账户
第五种情形	属于本期的收入和费用且本期也实际收到和支付了款项	[例 3-5] [例 3-6]	两种会计处理基础没有区别，分别计入 9 月份的收入和费用账户	

注意：当且仅当收入或费用的归属和其实际收付分属于不同会计期间时，才存在会计处理基础的选择问题。如表 3-1 所列的第一至四种情形。

第三节　会计要素的确认及计量

一、会计要素的确认

会计要素的确认是指决定将交易或事项中的某一个项目作为一项会计要素加以记录和

列入财务报告的过程。会计要素的确认要解决的主要问题是：是否要确认、如何确认以及何时确认。它包括在会计记录中的初始确认和在财务报表中的再确认。

初始确认是对交易或事项进行正式的会计记录的行为，关注的是企业发生的交易或事项是否应该被记录、应在何时、以多少金额、通过哪些会计要素在会计账簿中予以记录的问题。

从会计账簿的会计信息到财务报告信息，是财务会计加工信息的第二阶段，也就是会计的再确认。再确认的主要任务是编制和分析财务报表。

二、会计要素的计量

会计是一个对会计要素进行确认、计量、记录和报告的过程。其中，确认和计量是基础，有时也是难以分割的和互相包含的。

会计计量是指在会计核算过程中，以什么尺度为标准来确定会计要素变化的数量。会计主要是以货币为尺度来计量会计要素的变化，对某些资产还辅之以实物量。货币计量包括计量单位和计量属性。货币计量是以"元"为计量单位。计量属性是指被计量的对象存在某些特性或特殊情况，其货币计量有着不同的表现形式。

按照我国会计准则的规定，企业在将符合确认条件的会计要素登记入账并列报于会计报表及附注时，应当按照规定的会计计量属性进行计量，确定其金额。我国现有的企业会计计量属性包括历史成本、重置成本、可变现净值、现值和公允价值五种。

（一）历史成本

历史成本，又称为实际成本，就是取得或制造某项财产物资时所实际支付的现金或其他等价物。负债按照因承担现时义务而实际收到的款项或者资产的金额，或者承担现时义务的合同金额，或者按照日常活动中为偿还负债预期需要支付的现金或者现金等价物的金额计量。

由于历史成本的数据比较容易取得（有原始发票），较为客观，因而我国广泛采用历史成本计量，尤其对材料、固定资产、无形资产等财产物资类的会计计量。

（二）重置成本

重置成本又称现行成本，是指按照当前市场条件，重新取得同样一项资产所需支付的现金或现金等价物金额。

重置成本即假设重新购买该资产的价格。通常重置成本计量是在无法取得其历史成本资料时采用。如企业财产清查时发现了账外资产，没有购置时的发票等会计凭证，无法确定其历史成本，则入账时按重置成本处理。

（三）可变现净值

在可变现净值计量下，资产按照其正常对外销售所能收到现金或者现金等价物的金额扣减该资产至完工时估计将要发生的成本、估计的销售费用以及相关税费后的金额计量。

可变现净值是假设出售某项资产时，企业能够取得的净现金流入。通常在考查资产是否减值时确定。

（四）现值

在现值计量下，资产按照预计从其持续使用和最终处置中所产生的未来净现金流入量的折现金额计量。负债按照预计期限内需要偿还的未来净现金流出量的折现金额计量。

现值计量考虑了货币的时间价值因素。当某项交易或事项涉及期间较长时，会计计量就要考虑使用现值处理。如销售商品，购销合同中规定在 3 年内分期付款，则此项销售的收入就不能按销售合同的合同总收款金额入账，而应按该商品的现值（基本相当于市场售价）入账。

（五）公允价值

公允价值，是指市场参与者在计量日发生的有序交易中，出售一项资产所能收到或者转移一项负债所需支付的价格。

在某种程度上说，上述五种计量属性中的前四种都是不同时点和条件下的公允价值。如历史成本是当初取得某项资产时的公允价值；重置成本是假设重新购置某项资产时该资产的公允价值；可变现净值是假设出售某项资产时，此项资产的公允价值；现值也是一种公允价值，是考虑货币时间价值的公允价值。

我国企业会计准则规定，企业在对会计要素进行计量时，一般应当采用历史成本，采用重置成本、可变现净值、现值、公允价值计量的，应当保证所确定的会计要素金额能够取得并可靠计量。

自 测 题

一、单选题

1. 确定会计核算工作空间范围的会计假定是（　　）。

A. 会计主体　　　　B. 持续经营　　　　C. 会计分期　　　　D. 货币计量

2. 下列说法中正确的是（　　）。

A. 会计期间分为月度、季度和年度

B. 会计主体即会计实体，是指记录会计信息的会计人员

C. 持续经营假设是指企业在可预见的将来不会停业，也不会大规模削减业务

D. 记账本位币就是指人民币

3. 企业于 1 月初以银行存款 50 万元支付租入经营用房的装修改良款，摊销期 15 个月，1 月末会计将其中 33 333 元计入本月费用，这符合（　　）。

A. 权责发生制　　B. 收付实现制　　C. 可比性　　　　D. 历史成本

4. 由于有了（　　）假设，才产生了本期和其他期间的差别，从而出现了权责发生制和收付实现制的区别。

A. 会计主体　　　　B. 配比原则　　　　C. 会计分期　　　　D. 持续经营

5. 会计科目是对（　　）的具体内容进行分类核算的项目。

A. 经济业务　　　　B. 会计要素　　　　C. 会计对象　　　　D. 会计主体

二、多选题

1. 权责发生制的要求是（　　）。

A. 已经实现的收入无论款项是否收到，都作为本期收入处理

B. 凡是在本期收到和付出的款项，都作为本期收入和费用处理

C. 凡是本期实现的收入，只要没有实际收到款项，都不作为本期收入处理

D. 凡是本期发生的费用，只要没有实际付出款项，都不作为本期费用处理

E. 已经发生的费用无论款项是否实际支付，都作为本期费用处理

2. 按照收付实现制的原则，下列收入或费用应计入本期的有（　　）。

A. 本期预付后期的费用　　　　　　　B. 本期支付上期的费用

C. 本期欠付的费用　　　　　　　　　D. 本期提供劳务已收款

E. 本期提供劳务未收款

3. 按权责发生制原则要求，下列应作为本期费用的有（　　）。

A. 预付下一期房屋租金费用　　　　　B. 摊销以前付款的房屋装修费

C. 尚未付款的本月借款利息　　　　　D. 采购员报销差旅费

E. 支付上个季度借款利息

4. 会计核算的基本前提包括（　　）。

A. 会计主体　　　　B. 持续经营　　　　C. 会计分期　　　　D. 货币计量

E. 会计科目

5. 下列对明细分类科目描述正确的是（　　）。

A. 是对总分类科目核算内容详细分类的科目

B. 也称一级会计科目

C. 是进行明细分类核算的依据

D. 是进行总分类核算的依据

E. 提供总括的指标

6. 货币计量假设（　　）。

A. 使各种不同的资产有了可比性　　　B. 一般建立在币值稳定的基础之上

C. 确定了会计计量的空间范围　　　　D. 是会计处理经济业务的规范

E. 使收入、费用、净损益的计量有了可能

三、判断题

1. 货币计量规定了会计核算只能以货币为计量单位。　　　　　　　　　（　　）

2. 会计期间就是指会计年度。　　　　　　　　　　　　　　　　　　　（　　）

3. 业务收支以人民币以外的货币为主的企业，可以选定其中一种货币作为记账本位币，进行会计核算和编报财务会计报告。　　　　　　　　　　　　　　　（　　）

4. 会计期间分为年度、季度、月份和旬。　　　　　　　　　　　　　　（　　）

5. 按照权责发生制原则要求，本期收到货币资金必定是本期收入的增加。　（　　）

第四章

复式记账

知识目标

1. 熟悉账户的设置、分类及基本结构;
2. 熟悉复式记账的基本原理和作用;
3. 熟练掌握借贷记账法下的账户结构;
4. 理解记账规则和试算平衡的原理;
5. 掌握会计分录的编制方法;
6. 熟悉总分类账与明细分类账平行登记的方法。

能力目标

1. 能够阐述复式记账的原理和优点;
2. 能够画出各类账户的基本结构,明确账户中各金额要素的计算关系;
3. 能够遵循记账规则并编制会计分录;
4. 能够运用试算平衡的方法检验记账的基本正确性。

第一节 设 置 账 户

一、账户与会计科目

账户是根据会计科目设置的,具有一定格式和结构,用于反映会计要素的增减变动情况及其结果的载体。

设置会计科目,只是规定了对会计要素具体内容进行分类的项目,但这种分类项目本身只有名称,而没有一定格式,不能连续、系统地记载经济业务的发生。因此,我们还需要根据会计科目开设相应的账户,为完成对经济业务的全面系统化记录奠定基础。设置会计账户是会计核算的一种专门方法,正确地设置和运用账户,把各种经济业务的发生情况以及由此而引起的会计要素的变化,系统地、分门别类地进行核算和监督,以提供各种会计信息，对于加强宏观和微观经济管理具有重要的意义。

会计科目与账户的共同点是：它们所反映的经济内容是相同的，都是体现对会计要素具体内容的分类。会计科目是账户的名称，也是设置账户的依据，会计科目的性质决定了账户的性质；账户是根据会计科目开设的，是会计科目的具体运用。

会计科目与账户的区别是：会计科目通常由国家统一规定，是各单位设置账户、处理账务所必需的依据，而账户则由会计主体自行设置，是会计核算的一个重要工具；会计科目只是一个通俗易懂的名称，不存在结构，而账户则具有一定的格式和结构。会计科目仅能反映经济内容是什么，而账户不仅能反映经济内容是什么，还能系统反映其增减变化及结余情况。

在实际工作中，账户和会计科目这两个概念已不加严格区别，往往通用。

二、账户的设置原则

各会计主体设置账户应遵循以下原则：

1. 既要符合对外报告的要求，又要满足内部经营管理的需要

企业会计核算资料应能满足政府部门加强宏观管理的需要、制定方针政策的需要；满足投资人、债权人及有关方面对企业经营和财务状况做出准确判断的需要；满足企业内部加强经营管理的需要。因此，在设置账户时，要兼顾对外报告和企业内部经营管理的要求。

2. 必须结合会计要素的特点，全面反映会计要素的内容

账户作为会计要素进行分类核算的工具，其设置应能全面反映会计要素的内容，不能有任何遗漏。同时，账户还必须反映会计要素的特点，各会计主体除了需要设置各行业的共性账户，还应根据本单位经营活动的特点，设置相应的账户。

3. 既要适应经济业务的发展，又要保持相对稳定

账户的设置，既要适应经济环境的变化，又要为未来的发展留有余地。同时，设置的账户在一定的时期内要保持相对的稳定，不能经常变更名称和内容，以便于会计核算指标在不同时期进行对比分析，也有利于国家的综合汇总。

4. 统一性和灵活性相结合

统一性是指企业在设置账户时要根据提供会计信息的要求，按照《企业会计准则》的统一规定，以保证会计核算指标在一个会计部门以至全国范围内综合汇总，分析利用。灵活性是指在保证提供统一核算指标的前提下，企业可以根据本单位的具体情况和经济管理要求，对统一规定的会计科目做必要的增补或减并。

5. 简明适用，称谓规范

每一个账户都应有特定的核算内容，各账户之间既有联系，也要有明确的界限，不能含糊不清。所以，在设置账户时，必须严格地、明确地界定每一个账户的特定核算内容。账户的名称应与其核算的内容相一致，并要含义明确，通俗易懂。账户的数量和详细程度应根据企业规模的大小、业务的繁简和管理的需要而定。

三、账户的基本结构

账户是记录经济业务、反映会计要素的具体内容的增减变化及其结果的。因此，随着

企业单位会计事项的不断发生，会计要素的具体内容就必然随之变化。但这种变化不管多么复杂，从数量上看不外乎增加和减少两种情况。所以账户在结构上就应分为两方，即左方和右方。一方登记增加数，一方登记减少数。至于哪一方登记增加，哪一方登记减少，则由所采用的记账方法和所记录的经济内容所决定。这就是账户的基本结构。

实际工作中，一个完整的账户结构应包括以下内容：

（1）账户名称；

（2）会计事项发生的日期；

（3）摘要、经济业务的简要说明；

（4）凭证号数，表明账户记录所依据的凭证；

（5）增加额、减少额和余额。

为了学习的方便，我们可以用一条水平线及其一条平分的直线来表示账户，称为"T"形账户。其格式如下：

左方	账 户 名 称	右方

每个账户一般有四个金额要素：期初余额、本期增加发生额、本期减少发生额和期末余额。账户如有期初余额，首先应当在记录增加额的那一方登记。会计事项发生后，要将增减内容记录在相应栏目内。一个期间记录到账户增加方的数额合计，称为增加发生额；记录到账户减少方的数额合计，称为减少发生额。正常情况下，账户四个数额之间的关系如下：

账户期末余额＝账户期初余额＋本期增加发生额－本期减少发生额

账户本期的期末余额转入下期，即为下期的期初余额。每个账户的本期发生额反映的是该类经济内容在本期内变动的情况，而期末余额则反映变动的结果。例如，某企业在某一期间，"银行存款"账户的记录如下所示：

左方		银 行 存 款		右方
期初余额	20 000			
本期增加	8 000	本期减少	11 000	
	2 000			
本期发生额	10 000	本期发生额	11 000	
期末余额	19 000			

根据上述账户记录，可知该企业期初在银行的存款为 20 000 元，本期增加了 10 000 元，本期又减少了 11 000 元，到期末企业还有 19 000 元存款。

四、账户的设置

在实际工作中，为满足会计核算的要求，应分别按总分类科目开设总分类账户，按明细科目开设明细分类账户。总分类账户提供的是总括分类核算指标，因而一般只用货币计量；明细分类账户提供的是明细分类核算指标，因而，除用货币计量外，有的还用实物单位计量（如吨、千克、台等）。对经济业务通过总分类账户进行的核算，称为总分类核算；通过有关明细分类账户进行的核算，称为明细分类核算。

根据会计要素的分类，可以设置六大类账户：

1. 资产类账户

资产类账户，是指用来核算和监督各种资产（包括各种财产、债权和其他权利）增减变动和结果的账户。例如，"库存现金"、"银行存款"、"应收账款"、"原材料"、"固定资产"等账户。

2. 负债类账户

负债类账户，是指用来核算和监督各种负债的增减变化和结果的账户。例如，"短期借款"、"应付账款"、"应付职工薪酬"、"应交税费"、"应付债券"等账户。

3. 所有者权益类账户

所有者权益类账户，是指用来核算和监督所有者权益增减变动和结果的账户。例如，"实收资本"、"资本公积"、"盈余公积"等账户。

4. 收入类账户

收入类账户，是指用来核算和监督企业生产经营过程中取得的各种营业收入的账户。例如，"主营业务收入"、"其他业务收入"等账户。

5. 费用类账户

费用类账户，是指用来核算和监督企业生产经营过程中所发生的各种耗费的账户。例如，"主营业务成本"、"管理费用"、"财务费用"、"税金及附加"等账户。

6. 利润类账户

利润类账户，是指用来核算和监督企业利润的实现和分配情况的账户。例如，"本年利润"账户和"利润分配"账户等。

第二节　复式记账原理

在会计工作中，为了有效地核算和监督会计对象，各会计主体除了要按照规定的会计科目设置账户外，还应采用一定的记账方法将发生的经济业务登记到所设置的账户中。所谓记账方法，是指按照一定的记账规则，采用一定的记账符号，在账户中登记各项经济业务的技术方法。会计的记账方法，最初是单式记账法，随着社会经济发展和人们的实践与总结，单式记账法逐步改进，从而演变为复式记账法。

一、记账方法概述

（一）单式记账法

单式记账法是一种比较简单、不完整的记账方法。这种方法的主要特点是：通常只登记现金和银行存款的收付以及应收、应付款的结算，而不登记实物的收付。除了对于有关应收、应付款的现金收付业务，需要在两个或两个以上账户中各自进行登记外，其他业务只在一个账户中登记或不予登记。

例如，企业以现金200元支付办公费用。对于这项经济业务，在单式记账法下，只在库存现金账户中做减少200元的登记，至于费用的发生情况，则不予反映。又如，企业向某厂购入一批材料计价5 000元，材料已收到，款项尚未支付。对于这项经济业务，采用单式记账法，就只在结算债务账户中做增加5 000元的登记，而材料的增加，则不予登记。

单式记账法的优点是记账手续比较简单，但由于其账户的设置是不完整的，各个账户之间又互不联系，所以不能全面反映各项经济业务的来龙去脉，也不能正确核算成本和盈亏，更不便于检查账户记录的正确性与完整性。因此，这种记账方法只适用于经济业务非常简单的单位，目前已很少采用。

（二）复式记账法

复式记账法，是指对任何一项经济业务，都必须用相等的金额在两个或两个以上的有关账户中相互联系地进行登记，借以反映会计要素增减变化的一种记账方法。

现仍以前例予以说明。例如，企业以现金200元支付办公费用。采用复式记账法，这项经济业务除了要在库存现金账户中做减少200元的登记外，还要在有关费用账户中做增加200元的记录。这样登记的结果表明，企业库存现金的付出同办公费的发生，两者之间是相互联系的。又如，企业向某厂购入一批材料计价5 000元，材料已收到，款项尚未支付。采用复式记账法，这项经济业务除了要在结算债务账户中做增加5 000元的登记外，还要在有关的材料账户中做增加5 000元的记录。这样登记的结果，就使得债务的发生同原材料的购进两者之间的关系一目了然。

由上可见，复式记账法的主要特点是：需要设置完整的账户体系，除了库存现金、银行存款账户外，还要设置实物性资产以及收入、费用和各种权益类账户；不仅记录货币资金的收付和债权债务的发生，而且要对所有财产和全部权益的增减变化，以及经营过程中所发生的费用和获得的收入做全面、系统地反映；对每项经济业务，都要在两个或两个以上的账户中进行等额双重记录，以便反映其来龙去脉；根据会计等式的平衡关系，可以对一定时期所发生的全部经济业务的会计记录进行试算平衡，以检查账户记录是否正确。

二、复式记账的理论依据和基本原则

（一）复式记账的理论依据

企业经营过程中所发生的每一项经济业务，都是资金运动的具体表现。只有对企业所有经济业务无一遗漏地进行核算，才能完整地反映出企业资金运动的全貌，为经营管理者提供所需要的全部核算资料。

在资金运动中，一部分资金的增加或减少，总是有另一部分资金的增减变动作为其变化的原因。这样就要求会计在记账的时候，必须把每项经济业务所涉及的资金增减变化的原因和结果都记录下来，从而完整、全面地反映经济业务所引起的资金运动的来龙去脉。复式记账方法正是适应了资金运动的这一规律性的客观要求，把每一项经济业务所涉及的资金在量上或形态上的增减变化，通过两个或两个以上账户的记录予以全面反映。可见，资金运动的内在规律性是复式记账的理论依据。

（二）复式记账的基本原则

1. 以会计等式作为记账基础

会计等式是将会计对象的具体内容，即会计要素之间的基本等量关系，运用数学公式的原理进行描述而形成的。它是客观存在的必然经济现象，同时也是资金运动规律的具体化。为了揭示资金运动的内在规律性，复式记账必须以会计等式作为记账基础。

2. 对每项经济业务，必须在两个或两个以上相互联系的账户中进行等额记录

经济业务的发生，必然要引起资金的增减变动，而这种变动会导致会计等式中至少有两个要素或同一要素中至少两个项目发生等量变动。为反映这种等量变动关系，会计就必须在两个或两个以上账户中进行等额双重记录。

3. 必须按经济业务对会计等式的影响类型进行记录

尽管企业单位发生的经济业务复杂多样，但对会计等式的影响无外乎两种类型：一类是影响会计等式等号两边的会计要素同时发生变化的经济业务，这类业务能够变更企业资金总额，会使会计等式等号两边等额同增或等额同减；另一类是影响会计等式等号某一边会计要素发生变化的经济业务，这类业务不变更企业资金总额，只会使会计等式等号某一边等额地有增有减。这就决定了会计对第一类经济业务，应在等式两边的账户中等额记同增或同减；对第二类经济业务，应在等式某一边的账户中等额记有增有减。

4. 定期汇总的全部账户记录必须平衡

通过复式记账，对每笔经济业务做双重等额记录，定期汇总的全部账户的资料必然会保持会计等式的平衡关系。

三、复式记账的作用

通过以上分析，我们可以看出，复式记账就是利用数学公式的平衡原理来记录经济业务，这样登记的结果是，能够把所有经济业务相互联系地、全面地记入有关账户之中，从而使账户能够全面、系统地核算和监督经济活动的过程和结果，能够提供经营管理者所需要的核算资料。同时，由于每笔账户记录，都是相互对应地反映每项经济业务所引起的资金运动的来龙去脉，因此，应用复式记账法记录各项经济业务，还可以通过有关账户之间的关系了解经济业务的内容，检查经济业务是否合理合法。此外，根据复式记账必然相等的平衡关系，通过全部账户记录结果的试算平衡，还可以检查账户记录有无差错。

综上所述，复式记账法具有单式记账所无可比拟的优势，因而它也是世界各国公认的一种科学记账方法。在我国，复式记账法从其发展历史看，曾经有"借贷记账法"、"增减记账法"、"收付记账法"等具体的方法。1993 年，我国实施《企业会计准则》后，规定企业一律采用"借贷记账法"。这是因为：一方面，借贷记账法经过多年的实践已被全世界的会计工作者普遍接受，是一种比较成熟、完善的记账方法；另一方面，从会计实务角度看，统一记账方法对企业间横向经济联系和加强国际交流等都会带来极大的方便，并且对会计核算工作的规范和更好地发挥会计的作用具有重要意义。因此，本书只阐述借贷记账法的有关内容，对其他复式记账方法不予以介绍。

 中国的记账方法，最早诞生于秦代。秦代建立起以"入、出"为会计记录符号的定式简明会计记录方法。以"入-出=余"作为结算的基本公式，即"三柱结算法"，也称为"入出（或收付）记账法"。

世界上第一本复式簿记著作是意大利的卢卡·帕乔利（Luca Pacioli）所著的《算术、几何、比及比例概要》，该书于1494年11月10日在意大利威尼斯出版。卢卡·帕乔利因此被誉为"近代会计之父"、"近代会计的奠基人"。1964年，我国首创并试点推行增减复式记账法。

第三节　借贷记账法

一、借贷记账法的产生与演进

借贷记账法是以"借"和"贷"两字作为记账符号的一种复式记账法。这种记账方法大约起源于13世纪的意大利。当时，意大利沿海城市的商品经济特别是海上贸易已有很大的发展。在商品交换中，为了适应借贷资本和商业资本经营者管理的需要，借贷记账法便逐步形成了。

"借"、"贷"两字的含义，最初是从借贷资本家的角度来解释的。借贷资本家以经营货币资金为主要业务，对于收进来的存款，记在贷方（Creditor）的名下，表示自身的债务，即欠人的增加；对于付出去的放款，则记在借方（Debtor）的名下，表示自身的债权，即人欠的增加。这样，"借"、"贷"两字分别表示借贷资本家的债权（人欠）、债务（欠人）及其增减变化。

随着商品经济的发展，经济活动的内容日趋复杂化，会计所记录的经济业务也不再仅限于货币资金的借贷，而逐渐扩展到财产物资、经营损益和经营资本等的增减变化。这时，为了求得账簿记录的统一，对于非货币资金的活动，也利用"借"、"贷"两字来说明经济业务的变化情况。这样，"借"、"贷"两字逐渐失去了原来的字面含义，演变为一对单纯的记账符号，成为会计上的专门术语。到15世纪，借贷记账法已逐渐完备，被用来反映资本的存在形态和所有者权益的增减变化。与此同时，资本主义国家的会计学者提出了借贷记账法的理论依据，即所谓"资产=负债+资本"的平衡公式（亦称会计等式），并根据这个理论确立了借贷的记账规则，从而使借贷记账法日臻完善，为世界各国所普遍采用。

二、借贷记账法的主要内容

（一）借贷记账法的记账符号

记账符号，是会计核算中采用的一种抽象标记，表示经济业务的增减变动和记账方向。借贷记账法以"借"和"贷"作为记账符号,"借"(英文简写 Dr)表示记入账户的借方;"贷"(英文简写 Cr)表示记入账户的贷方。

在借贷记账法下,"借"、"贷"两个符号对会计等式两方的会计要素规定了相反的含义,即一般地看,无论是"借"还是"贷"都既表示增加,又表示减少。而具体地看,"借"对会计等式左边的资产、费用类账户表示增加,对会计等式右边的负债、所有者权益和收入类账户则表示减少;"贷"对会计等式左边的资产、费用类账户表示减少,对会计等式右边的负债、所有者权益和收入类账户则表示增加。

(二)借贷记账法的账户结构

在借贷记账法下,任何账户都分为借、贷两方,而且把账户的左边称为"借方",账户的右边称为"贷方"。记账时,账户的借贷两方必须做相反方向的记录,即对于每一个账户来说,如果借方用来登记增加额,则贷方就用来登记减少额;如果借方用来登记减少额,则贷方就用来登记增加额。在一个会计期间内,借方登记的合计数称为借方发生额;贷方登记的合计数称为贷方发生额。究竟用哪一方来登记增加额,用哪一方来登记减少额,这要根据各个账户所反映的经济内容,也就是它的性质来决定。下面分别说明借贷记账法下各类账户的结构。

1. 资产类账户的结构

资产类账户的结构是:账户的借方登记资产的增加额,贷方登记资产的减少额。由于资产的减少额不可能大于它的期初余额与本期增加额之和,所以,这类账户期末如有余额,必定在借方。该类账户期末余额的计算公式如下:

$$资产类账户期末借方余额 = 期初借方余额 + 本期借方发生额 - 本期贷方发生额$$

资产类账户的简化结构如下所示:

借方	资产类账户		贷方
期初余额	××××		
增加额	××××	减少额	××××
本期发生额	××××	本期发生额	××××
期末余额	××××		

2. 负债及所有者权益类账户的结构

负债及所有者权益类账户的结构与资产类账户正好相反,其账户结构是贷方登记负债及所有者权益的增加额,借方登记负债及所有者权益的减少额。由于负债及所有者权益的增加额与期初余额之和,通常也要大于其本期减少额,所以,这类账户期末如有余额,必定在贷方。该类账户期末余额的计算公式如下:

$$负债及所有者权益类账户期末贷方余额 = 期初贷方余额 + 本期贷方发生额 - 本期借方发生额$$

负债及所有者权益类账户的简化结构如下所示:

借方	负债及所有者权益类账户		贷方
	期初余额	××××	
减少额 ××××	增加额	××××	
本期发生额 ××××	本期发生额	××××	
	期末余额	××××	

3. 费用类账户的结构

企业在生产经营中所发生的各种耗费，在抵消收入之前，将其视为一种资产。所以，费用类账户的结构与资产类账户相同，账户的借方登记费用的增加额，贷方登记费用的减少（转销）额；由于借方登记的费用增加额一般要通过贷方转出，所以该类账户通常没有期末余额。

费用类账户的简化结构如下所示：

借方	费用类账户		贷方
增加额 ××××	减少额（转出额）	××××	
本期发生额 ××××	本期发生额	××××	

4. 收入类账户的结构

收入类账户的结构与负债及所有者权益类账户相类似，账户的贷方登记收入的增加额，借方登记收入的减少（转销）额。由于贷方登记的收入增加额一般要通过借方转出，所以这类账户通常也没有期末余额。

收入类账户的简化结构如下所示：

借方	收入类账户		贷方
减少额（转出额） ××××	增加额	××××	
本期发生额 ××××	本期发生额	××××	

5. 利润类账户的结构

利润类账户的结构也与负债及所有者权益类账户大致相同，账户的贷方登记利润的增加额，借方登记利润的减少额，期末余额在贷方表示企业盈利，期末余额在借方表示企业亏损。利润类账户的简化结构图略。

如前所述，将借贷记账法下各类账户的结构进行归纳，见表4-1。

由上可见，在借贷记账法下，各类账户的期末余额都在记录增加额的一方（除利润类账户），即资产类账户的期末余额在借方，负债及所有者权益类账户的期末余额在贷方。因此，我们可以得出这样一个结论：根据账户余额所在方向，可判断账户的性质。即账户若是借方余额，则为资产类账户；账户若是贷方余额，则为负债类或所有者权益类账户。

借贷记账法的这一特点，决定了它可以设置双重性账户。

表 4-1 借贷记账法下各类账户结构

账户类别	借方	贷方	余额方向
资产类	增加	减少	借方
负债类	减少	增加	贷方
所有者权益类	减少	增加	贷方
收入类	减少（转销）	增加	无
费用类	增加	减少（转销）	无
利润类	转入数（减少）	转入数（增加）	借或贷

（三）借贷记账法的记账规则

按照复式记账的原理，任何经济业务都要以相等的金额，在两个或两个以上相互联系的账户中进行记录。那么，在借贷记账法下，如何记录经济业务呢？以下通过几笔简单的经济业务实例，说明借贷记账法的具体运用，进而总结出借贷记账法的记账规则。

【例 4-1】 华夏公司收到某单位投入的货币资金 500 000 元存入银行。

这项经济业务一方面使企业资产中的银行存款增加，应记入"银行存款"账户的借方；另一方面使所有者权益中的实收资本增加，应记入"实收资本"账户的贷方。

【例 4-2】 华夏公司用银行存款 40 000 元偿还前欠某企业货款。

这项经济业务一方面使企业资产中的银行存款减少，应记入"银行存款"账户的贷方；另一方面使企业负债中的应付账款减少，应记入"应付账款"账户的借方。

【例 4-3】 华夏公司用银行存款 150 000 元购入一台全新机器设备。

这项经济业务一方面使企业资产中的固定资产增加，应记入"固定资产"账户的借方；另一方面是使企业另一项资产中的银行存款减少，应记入"银行存款"账户的贷方。

【例 4-4】 华夏公司将盈余公积金 100 000 元按法定程序转增资本。

这项经济业务一方面使企业的所有者权益中的盈余公积减少，应记入"盈余公积"账户的借方；另一方面使企业的所有者权益中的实收资本增加，应记入"实收资本"账户的贷方。

【例 4-5】 华夏公司签发并承兑一张面额 20 000 元、为期两个月的商业承兑汇票，用于抵付前欠货款。

这项经济业务一方面使企业负债中的应付账款减少，应记入"应付账款"账户的借方；另一方面使企业的另一项负债中的应付票据增加，应记入"应付票据"账户的贷方。

【例 4-6】 华夏公司购进原材料 15 000 元，其中 10 000 元货款已用银行存款付讫，其余 5 000 元货款尚未支付。

这项经济业务一方面使企业资产中的原材料增加，应记入"原材料"账户的借方；另一方面使企业的另一项资产中的银行存款减少，以及企业负债中的应付账款增加，应记入"银行存款"和"应付账款"账户的贷方。

【例4-7】华夏公司以银行存款 30 000 元，偿还银行短期借款 20 000 元和前欠某单位货款 10 000 元。

这项经济业务一方面使企业资产中的银行存款减少，应记入"银行存款"账户的贷方；另一方面使企业负债中的短期借款和应付账款减少，应记入"短期借款"和"应付账款"账户的借方。

上述业务的登账情况用丁字账表示如下：

银 行 存 款

期初余额	300 000	（2）	40 000
（1）	500 000	（3）	150 000
		（6）	10 000
		（7）	30 000
本期发生额	500 000	本期发生额	230 000
期末余额	570 000		

原 材 料

（6）	15 000		
本期发生额	15 000	本期发生额	0
期末余额	15 000		

固 定 资 产

期初余额	500 000		
（3）	150 000		
本期发生额	150 000	本期发生额	0
期末余额	650 000		

短 期 借 款

（7）	20 000	期初余额	100 000
本期发生额	20 000	本期发生额	0
		期末余额	80 000

应 付 账 款

（2）	40 000	期初余额	80 000
（5）	20 000	（6）	5 000
（7）	10 000		
本期发生额	70 000	本期发生额	5 000
		期末余额	15 000

应 付 票 据

		（5）	20 000
本期发生额	0	本期发生额	20 000
		期末余额	20 000

实 收 资 本

		期初余额	500 000
		（1）	500 000
		（4）	100 000
本期发生额	0	本期发生额	600 000
		期末余额	1 100 000

盈 余 公 积

（4）	100 000	期初余额	120 000
本期发生额	100 000	本期发生额	0
		期末余额	20 000

从以上所列举的几个例子可以看出，每一项经济业务发生之后，运用借贷记账法进行账务处理，都必须在记入某一个账户借方的同时记入另一个账户的贷方，而且记入借方与记入贷方的金额总是相等。因此，我们可以总结出借贷记账法的记账规则是："有借必有贷，借贷必相等。"这实质仍然是建立在会计等式基础之上，即等式的两边同增或同减，其平衡关系不变；等式一方此增彼减其总额不变，会计等式的平衡关系始终成立。

记账规则之歌

　　借增贷减是资产，权益和它正相反。成本资产总相同，细细记牢莫弄乱。损益账户要分辨，费用收入不一般。收入增加贷方看，减少借方来结转。

（四）借贷记账法的试算平衡

借贷记账法的试算平衡，是指根据会计等式的平衡原理，按照记账规则的要求，通过汇总计算和比较，来检查账户记录的正确性、完整性的方法。

采用借贷记账法，由于对任何经济业务都是按照"有借必有贷，借贷必相等"的记账规则记入各有关账户，所以不仅每一笔会计分录借贷发生额相等，而且当一定会计期间的全部经济业务都记入相关账户后，所有账户的借方发生额合计数必然等于贷方发生额的合计数。同时，期末结账后，全部账户借方余额合计数也必然等于贷方余额合计数。因此，通过所有账户借贷两方本期发生额和期末余额的试算，如果借贷两方金额相等，则可以认为账户记录基本正确；反之，如果借贷两方金额不相等，则表明账户记录已发生错误。借贷记账法的试算平衡计算公式如下：

1. 发生额平衡法

全部账户借方发生额合计＝全部账户贷方发生额合计

2. 余额平衡法

全部账户借方余额合计＝全部账户贷方余额合计

试算平衡工作，一般是在月末结出各个账户的本月发生额和月末余额后，通过编制总分类账户发生额试算平衡表和总分类账户余额试算平衡表来进行的。

在实际工作中，为了方便起见，通常将总分类账户发生额试算平衡表和总分类账户余额试算平衡表合并在一起，并结合各账户的期初余额数，编制总分类账户发生额及余额试算平衡表，见表4-2。这样，在一张表上既可进行总分类账户借贷发生额平衡的试算，又能进行总分类账户借贷余额平衡的试算。

表4-2   **总分类账户发生额及余额试算平衡表**

2013 年 6 月 30 日

账户名称	期初余额		本期发生额		期末余额	
	借方	贷方	借方	贷方	借方	贷方
银行存款	300 000		500 000	230 000	570 000	
原材料			15 000		15 000	
固定资产	500 000		150 000		650 000	
短期借款		100 000	20 000			80 000
应付账款		80 000	70 000	5 000		15 000
应付票据				20 000		20 000
实收资本		500 000		600 000		1 100 000
盈余公积		120 000	100 000			20 000
合　计	800 000	800 000	855 000	855 000	1 235 000	1 235 000

必须指出，若试算的结果为借贷双方数额不等，则必定是记账错误；若试算平衡表中借贷金额相等，一般表明记账基本正确，但也不足以说明账户记录完全没有错误。因为有些错误并不影响借贷双方的平衡，通过试算也就无法发现，如漏记或重记某项经济业务、借贷记账方向彼此颠倒或方向正确但记错了账户等。因此，根据试算平衡的结果，只能确认账户记录是否基本正确。

三、账户对应关系和会计分录

运用复式记账法处理经济业务，一笔业务所涉及的几个账户之间必然存在某种相互依存的对应关系，这种关系称为账户对应关系。存在对应关系的账户称为对应账户。

账户对应关系反映了每项经济业务的内容以及由此而引起的资金运动的来龙去脉，因此，在采用借贷记账法登记某项经济业务时，应先通过编制会计分录来确定其所涉及的账户及其对应关系，从而保证账户记录的正确性。所谓会计分录（简称分录），是指预先确定每笔经济业务所涉及的账户名称以及记入账户的方向和金额的一种记录。

编制会计分录是会计工作的初始阶段，在实际工作中，这项工作一般是通过编制记账凭证来完成的。编制会计分录，就意味着对经济业务作会计确认，为经济业务资料记入账户提供依据。所以，为了确保账户记录的真实性和正确性，就必须严格把好会计分录这一关。现将前面所举例4-1至例4-5的经济业务的会计分录列示如下：

（1）借：银行存款　　　　　　　　　　500 000
　　　　贷：实收资本　　　　　　　　　　　　500 000
（2）借：应付账款　　　　　　　　　　40 000
　　　　贷：银行存款　　　　　　　　　　　　40 000
（3）借：固定资产　　　　　　　　　　150 000
　　　　贷：银行存款　　　　　　　　　　　　150 000
（4）借：盈余公积　　　　　　　　　　100 000
　　　　贷：实收资本　　　　　　　　　　　　100 000
（5）借：应付账款　　　　　　　　　　20 000
　　　　贷：应付票据　　　　　　　　　　　　20 000

会计分录按其所运用账户的多少分为简单会计分录和复合会计分录两种。简单会计分录，是指由两个账户所组成的会计分录。以上每笔会计分录，都只有一"借"一"贷"，均属于简单会计分录。复合会计分录，是指由两个以上账户所组成的会计分录，实际上它是由几个简单会计分录组成的，因而必要时可将其分解为若干个简单会计分录。编制复合会计分录，既可以简化记账手续，又能集中反映某项经济业务的全面情况。现将前面所举例4-6至例4-7经济业务的会计分录列示如下：

（6）借：原材料　　　　　　　　　　　15 000
　　　　贷：银行存款　　　　　　　　　　　　10 000
　　　　　　应付账款　　　　　　　　　　　　5 000
（7）借：短期借款　　　　　　　　　　20 000
　　　　　　应付账款　　　　　　　　　　10 000
　　　　贷：银行存款　　　　　　　　　　　　30 000

应该指出，为了使账户对应关系一目了然，在借贷记账法下，应尽量编制一"借"一"贷"、一"借"多"贷"和一"贷"多"借"的会计分录，而一般不编制多"借"多"贷"的会计分录。这是因为，多"借"多"贷"的会计分录容易使账户之间的对应关系模糊不清，难以据此分析经济业务的实际情况。

第四节　总分类账户和明细分类账户

在会计核算工作中，为了满足经营管理上的需要，对于一切经济业务都要在相关会计账户中进行登记，既要提供总括的核算资料，又要提供详细的核算资料。每个会计主体日常使用的账户，按其提供资料的详细程度不同，可以分为总分类账户和明细分类账户两种。

一、总分类账户和明细分类账户的设置

总分类账户（亦称一级账户），是按照总分类科目设置，仅以货币计量单位进行登记，用来提供总括核算资料的账户。前面所举例题中的账户，都是总分类账户。通过总分类账户提供的各种总括核算资料，可以概括地了解一个会计主体各项资产、负债及所有者权益等会计要素增减变动的情况和结果。但是，总分类账户并不能提供关于各项会计要素增减变动的过程及其结果的详细资料，也就难以满足经营管理的具体需要。因此，每个会计主体在设置总分类账户的同时，还应根据实际需要，在某些总分类账户的统驭下，分别设置若干明细分类账户。

明细分类账户，是按照明细分类科目设置，用来提供详细核算资料的账户。例如，为了具体了解各种材料的收、发、存情况，就有必要在"原材料"总分类账户下，按照材料的品种分别设置明细分类账户，进行明细分类核算。又如，为了具体掌握企业与各往来单位之间的货款结算情况，就应在"应付账款"总分类账户下，按各债权单位的名称分别设置明细分类账户。在明细分类账户中，除了以货币计量单位进行金额核算外，必要时还应采用实物计量单位进行数量核算，以便通过提供数量方面的资料，对总分类账户进行必要的补充。

除了总分类账户和明细分类账户以外，每个会计主体还可以根据实际需要设置二级账户。二级账户是介于总分类账户和明细分类账户之间的一种账户，它提供的资料比总分类账户详细，比明细分类账户概括。例如，在"原材料"总分类账户下，可以先按原料及主要材料、辅助材料、燃料等材料类别设置若干二级账户，其下面再按材料的品种设置明细分类账户。设置二级账户后，总分类账户可以把它作为中间环节来控制所属明细分类账户，这对于加强经营管理有一定的作用，但也会增加核算工作量。因此，二级账户一般不宜多设，必要时也可不设。在不设置二级账户的情况下，所需资料可根据有关明细分类账户的记录汇总求得。

二、总分类账户与明细分类账户的平行登记

总分类账户是所属明细分类账户的统驭账户，对所属明细分类账户起着控制作用；而明细分类账户则是某一总分类账户的从属账户，对其所隶属的总分类账户起着辅助作用。某一总分类账户及其所属明细分类账户的核算对象是相同的，它们所提供的核算资料互相补充，只有把二者结合起来，才能既总括又详细地反映同一核算内容。因此，总分类账户和明细分类账户必须平行登记。

（一）总分类账户与明细分类账户平行登记的要点

1. 凡在总分类账户下设有明细分类账户的，对于每一项经济业务，一方面要记入有关明细分类账户，另一方面要记入各明细分类账户所属的总分类账户（汇总登记）。

2. 在某一总分类账户及其所属的明细分类账户中登记经济业务时，方向必须相同。即在总分类账户中记入借方，在其所属的明细分类账户中也应记入借方；在总分类账户中

记入贷方，在其所属的明细分类账户中也应记入贷方。

3. 记入某一总分类账户的金额必须与记入其所属的一个或几个明细分类账户的金额合计数相等。

（二）总分类账户与明细分类账户平行登记的方法

下面分别以"原材料"和"应付账款"两个账户为例，说明总分类账户和明细分类账户平行登记的方法。

1. "原材料"总分类账户和明细分类账户的平行登记

假设华夏公司"原材料"账户的期初明细账户余额为：

甲种材料　　50 吨　　每吨 300 元　　共计 15 000 元

乙种材料　　200 件　　每件 400 元　　共计 80 000 元

合　　计　　　　　　　　　　　　95 000 元

该企业本期有关材料的收入和发出业务如下：

【例 4-8】 购入下列各种原材料，货已验收入库，款尚未支付。

甲种材料　　40 吨　　每吨 300 元　　共计 12 000 元

乙种材料　　100 件　　每件 400 元　　共计 40 000 元

丙种材料　　20 箱　　每箱 500 元　　共计 10 000 元

合　　计　　　　　　　　　　　　62 000 元

对于这项经济业务，应编制会计分录如下：

借：原材料——甲材料　　　　　　12 000

　　　　——乙材料　　　　　　40 000

　　　　——丙材料　　　　　　10 000

　　贷：应付账款　　　　　　　　　62 000

【例 4-9】 仓库发出下列各种材料直接用于产品生产。

甲种材料　　60 吨　　每吨 300 元　　共计 18 000 元

乙种材料　　150 件　　每件 400 元　　共计 60 000 元

丙种材料　　8 箱　　每箱 500 元　　共计 4 000 元

合　　计　　　　　　　　　　　　82 000 元

对于这项经济业务，应编制会计分录如下：

借：生产成本　　　　　　　　　82 000

　　贷：原材料——甲材料　　　　　18 000

　　　　　——乙材料　　　　　　60 000

　　　　　——丙材料　　　　　　4 000

根据以上资料，在"原材料"总分类账户及其所属的"甲种材料"、"乙种材料"和"丙种材料"三个明细分类账户中进行登记的程序如下：

（1）将原材料的期初余额 95 000 元，记入"原材料"总分类账户的借方；同时，在"甲种材料"和"乙种材料"明细分类账户的收入方（即借方）分别登记甲、乙两种材料的期初结存数量和金额，并注明计量单位和单价。

（2）将本期入库的材料总额 62 000 元，记入"原材料"总分类账户的借方；同时，将入库的甲、乙、丙三种材料的数量、金额分别记入有关明细分类账户的收入方（即借方）。

（3）将本期发出的材料总额 82 000 元，记入"原材料"总分类账户的贷方；同时，将发出的甲、乙、丙三种材料的数量、金额分别记入有关明细分类账户的发出方（即贷方）。

（4）期末，根据"原材料"总分类账户和有关明细分类账户的记录，结出本期发生额和期末余额。

按照上述步骤，在"原材料"总分类账户及其所属的明细分类账户中进行登记的结果，如账4-1、账4-2、账4-3、账4-4所示：

账 4-1 　　　　　　　　　　　　总分类账户

账户名称：原材料　　　　　　　　　　　　　　　　　　　　　金额单位：元

2013 年		摘　要	借　方	贷　方	借或贷	余　额
月	日					
略	略	期初余额 购入材料 发出材料	62 000	82 000	借 借 借	95 000 157 000 75 000
		本期发生额及余额	62 000	82 000	借	75 000

账 4-2 　　　　　　　　　　　　原材料明细分类账户

材料名称：甲材料　　　　　　　　　　　　　　　　计量单位：吨；金额单位：元

2013 年		摘　要	借　方			贷　方			余　额		
月	日		数量	单价	金额	数量	单价	金额	数量	单价	金额
略	略	期初余额 购入材料 发出材料	40	300	12 000	60	300	18 000	50 90 30	300 300 300	 27 000 9 000
		本期发生额 及余额	40	300	12 000	60	300	18 000	30	300	9 000

账 4-3 　　　　　　　　　　　　原材料明细分类账户

材料名称：乙材料　　　　　　　　　　　　　　　　计量单位：件；金额单位：元

2013 年		摘　要	借　方			贷　方			余　额		
月	日		数量	单价	金额	数量	单价	金额	数量	单价	金额
略	略	期初余额 购入材料 发出材料	100	400	40 000	150	400	60 000	200 300 150	400 400 400	80 000 120 000 60 000
		本期发生额 及余额	100	400	40 000	150	400	60 000	150	400	60 000

账4-4 **原材料明细分类账户**

材料名称：丙材料　　　　　　　　　　　　　　　　　　　　　计量单位：箱；金额单位：元

2013年		摘　要	借　方			贷　方			余　额		
月	日		数量	单价	金额	数量	单价	金额	数量	单价	金额
略	略	期初余额 购入材料 发出材料	20	500	10 000				20	500	10 000
						8	500	4 000	12	500	6 000
		本期发生额 及余额	20	500	40 000	8	500	4 000	12	500	6 000

从以上"原材料"总分类账户及其所属明细分类账户平行登记的结果中可以看出，"原材料"总分类账户的期初余额95 000元，借方本期发生额62 000元，贷方本期发生额82 000元，期末余额75 000元，分别与其所属的三个明细分类账户的期初余额之和95 000元（15 000+80 000），借方本期发生额之和62 000元（12 000+40 000+10 000），贷方本期发生额之和82 000（18 000+60 000+4 000），以及期末余额之和75 000元（9 000+60 000+6 000）完全相等。

2. "应付账款"总分类账户及其所属明细分类账户的平行登记

假设华夏公司"应付账款"账户的期初明细余额为：

泰华工厂　　　　　　　　　30 000元
光华工厂　　　　　　　　　6 000元
东华工厂　　　　　　　　　4 000元

合　　计　　　　　　　　　40 000元

该企业本期发生以下往来结算业务：

【例4-10】 企业以银行短期借款直接偿还前欠泰华工厂货款26 000元、光华工厂货款4 000元。

对于这项经济业务，应编制会计分录如下：

　　　　借：应付账款——泰华工厂　　　　　26 000
　　　　　　　　　　——光华工厂　　　　　4 000
　　　　　　贷：短期借款　　　　　　　　　　　　　30 000

【例4-11】 向下列单位购入材料，货款尚未支付。

泰华工厂　　　　　　　　　12 000元
光华工厂　　　　　　　　　40 000元
东华工厂　　　　　　　　　10 000元

合　　计　　　　　　　　　62 000元

对于这项经济业务，应编制会计分录如下：

　　　　借：原材料　　　　　　　　　　　　　62 000

> 　　贷：应付账款——泰华工厂　　　　　　　　　12 000
> 　　　　　　　　——光华工厂　　　　　　　　　40 000
> 　　　　　　　　——东华工厂　　　　　　　　　10 000

【例 4-12】 企业以银行存款偿还前欠泰华工厂货款 15 000 元、光华工厂货款 40 000 元，以及东华工厂货款 11 000 元。

对于这项经济业务，应编制会计分录如下：

> 借：应付账款——泰华工厂　　　　　　　　　　15 000
> 　　　　　　　——光华工厂　　　　　　　　　　40 000
> 　　　　　　　——东华工厂　　　　　　　　　　11 000
> 　　贷：银行存款　　　　　　　　　　　　　　　　　66 000

根据以上资料，将期初余额在"应付账款"总分类账户及其所属的各明细分类账户中进行登记，然后将本期发生的与有关单位的往来结算业务分别记入"应付账款"总分类账户及其所属的明细分类账户，并结出本期发生额和期末余额，见账 4-5、账 4-6、账 4-7、账 4-8。

账 4-5　　　　　　　　　　　　　**总分类账户**

账户名称：应付账款

2013 年		摘　要	借　方	贷　方	借或贷	余　额
月	日					
略	略	期初余额			贷	40 000
		偿还货款	30 000		贷	10 000
		欠购货款		62 000	贷	72 000
		偿还货款	66 000		贷	6 000
		本期发生额及余额	96 000	62 000	贷	6 000

账 4-6　　　　　　　　　　　　**应付账款明细分类账户**

单位名称：泰华工厂

2013 年		摘　要	借　方	贷　方	借或贷	余　额
月	日					
略	略	期初余额			贷	30 000
		偿还货款	26 000		贷	4 000
		欠购货款		12 000	贷	16 000
		偿还货款	15 000		贷	1 000
		本期发生额及余额	41 000	12 000	贷	1 000

账 4-7 应付账款明细分类账户

单位名称：光华工厂

2013 年		摘 要	借 方	贷 方	借或贷	余 额
月	日					
略	略	期初余额			贷	6 000
		偿还货款	4 000		贷	2 000
		欠购货款		40 000	贷	42 000
		偿还货款	40 000		贷	2 000
		本期发生额及余额	44 000	40 000	贷	2 000

账 4-8 应付账款明细分类账户

单位名称：东华工厂

2013 年		摘 要	借 方	贷 方	借或贷	余 额
月	日					
略	略	期初余额			贷	4 000
		欠购货款		10 000	贷	14 000
		偿还货款	11 000		贷	3 000
		本期发生额及余额	11 000	10 000	贷	3 000

从以上"应付账款"总分类账户及其所属明细分类账户平行登记的结果中可以看出，"应付账款"总分类账户的期初余额 40 000 元，借方本期发生额 96 000 元，贷方本期发生额 62 000 元，期末余额 6 000 元，分别与其所属的三个明细分类账户的期初余额之和 40 000 元（30 000+6 000+4 000）、借方本期发生额之和 96 000 元（41 000+44 000+11 000）、贷方本期发生额之和 62 000 元（12 000+40 000+10 000）、期末余额之和 6 000 元（1 000+2 000+3 000）完全相等。

利用总分类账户与其所属明细分类账户平行登记所形成的有关数字必然相等的关系，我们可以通过定期核对双方有关数字，来检查账户的记录是否正确、完整。如果通过核对发现有关数字不等，则表明账户的登记必有差错，应及时查明原因，予以更正。

自 测 题

一、单选题

1. 复式记账法对每项经济业务都以相等的金额在（   ）。

A. 一个账户中进行登记
B. 两个账户中进行登记
C. 全部账户中进行登记
D. 两个或两个以上账户中进行登记

2. 借贷记账法下，账户哪一方面记增加，哪一方记减少，是根据（   ）。

A. 采用什么核算方法决定的
B. 采用什么记账形式决定的

C. 增加数记借方，减少数记贷方的规则所决定的

D. 账户所反映的经济内容决定的

3. 资产类账户的期末余额一般在（　　）。

A. 借方　　　　B. 借方或贷方　　　　C. 贷方　　　　D. 借方和贷方

4. 设置账户的依据是（　　）。

A. 会计要素　　B. 会计对象　　　　C. 会计方法　　　　D. 会计科目

5. 借贷记账法发生额试算平衡法试算平衡的依据是（　　）。

A. 会计等式　　B. 资金变化业务类型　C. 借贷记账规则　D. 平衡登记

6. 总分类账户和所属明细分类账户平行登记的要点是（　　）。

A. 同内容、同方向、同金额　　　　B. 同方向、同日期、同金额

C. 同日期、同金额、同内容　　　　D. 同方向、同依据、同金额

7. 在借贷记账法下，为保持账户之间清晰的对应关系，不宜编制（　　）的会计分录。

A. 一借一贷　　B. 多借一贷　　　　C. 一借多贷　　　　D. 多借多贷

8. 某企业原材料期末比期初减少了60 000元，本期购进新增原材料150 000元，则"原材料"账户的贷方发生额为（　　）。

A. 40 000　　　　　　　　　　B. 210 000

C. 条件不足，无法计算　　　　D. 90 000

9. 借贷记账法中的余额平衡是指（　　）。

A. 资产账户的借方余额之和等于其贷方余额之和

B. 负债账户的借方余额之和等于其贷方余额之和

C. 所有者权益账户的余额之和等于其贷方余额之和

D. 所有账户的借方余额之和等于其贷方余额之和

10. 在正常情况下，一个账户的增加发生额与其期末余额记在账户的（　　）。

A. 借方　　　　B. 贷方　　　　C. 相同方　　　　D. 相反方

11. 工业企业会计中的"原材料"账户不属于（　　）。

A. 总分类账户　B. 明细分类账户　C. 资产类账户　　D. 一级账户

12. 通常账户的期末余额计算公式为（　　）。

A. 期末余额=期初余额+本期增加发生额–本期减少发生额

B. 期末余额=期初余额–本期增加发生额+本期减少发生额

C. 期末余额=期初余额+本期增加发生额+本期减少发生额

D. 期末余额=期初余额–本期增加发生额–本期减少发生额

二、多选题

1. 复式记账法的优点是（　　）。

A. 账户对应关系清楚，能全面、清晰地反映经济业务的来龙去脉

B. 便于试算平衡，以检查账户记录是否正确

C. 能全面、系统地反映经济活动的过程和结果

D. 比单式记账法简单而完整

E. 所记账户之间形成相互对应的关系

2. 在借贷记账法下，属于资产类账户的有（　　　　）。

A. 银行存款　　　　B. 实收资本　　　　　　C. 短期投资　　　　D. 管理费用

E. 累计折旧

3. 在借贷记账法下，期末结账后，一般有余额的账户有（　　　　）。

A. 资产类账户　　　B. 收入类账户　　　　　C. 负债类账户　　　D. 费用类账户

E. 所有者权益类账户

4. 借贷记账法下账户借方登记（　　　　）。

A. 资产增加　　　　B. 费用减少　　　　　　C. 负债减少　　　　D. 所有者权益减少

E. 收入、利润增加

5. 下列各项记账差错中，运用余额试算平衡法可查出其错误的有（　　　　）。

A. 在过账时误将借方数额过入贷方

B. 一笔业务的记录全部被漏记

C. 一笔业务的记录借贷双方金额发生同样的错误

D. 某一账户借方或贷方本期发生额的计算有误

E. 过账时误将某账户发生额过入另一账户的同一方向

6. 某企业生产产品领用材料 8 000 元，车间一般消耗领用 2 000 元，应记入下列（　　　　）。

A. 原材料的借方　　　　　　　　　　　B. 管理费用的借方

C. 生产成本的借方　　　　　　　　　　D. 制造费用的借方

E. 库存商品的借方

7. 对于费用类账户来讲（　　　　）。

A. 其增加额记入账户的借方　　　　　　B. 其减少额记入账户的贷方

C. 期末一般没有余额　　　　　　　　　D. 如有期末余额，必定为借方余额

E. 如有期末余额，必定为贷方余额

8. 借贷记账法的主要特点包括（　　　　）。

A. 账户设置不要求固定分类

B. 以"借"、"贷"为记账符号

C. 以"有借必有贷，借贷必相等"为记账规则

D. 根据账户需要，固定划分为资产和负债及所有者权益两大类

E. 所有账户均有余额

9. 编制会计分录时，必须考虑（　　　　）。

A. 经济业务发生涉及的会计要素是增加还是减少

B. 登记在哪些账户的借方或贷方

C. 在账户中记录的金额

D. 账户的余额是在借方还是在贷方

E. 经济业务的发生是否有必要反映

10. 在账户中，各项金额的关系可用下列（　　　　）公式表示。

A. 本期期末余额＝期初余额+本期增加发生额−本期减少发生额

B. 本期期末余额+本期减少发生额＝期初余额+本期增加发生额

C. 本期期末余额−本期减少发生额＝期初余额+本期增加发生额

D. 本期期末余额＝本期减少发生额+本期增加发生额

E. 本期期末余额＝下期期初余额

三、判断题

1. 借、贷不仅作为记账符号，其本身的含义也应考虑，"借"只能表示债权的增加，"贷"只能表示债务的增加。 （ ）

2. 账户之间的借贷关系只能是一个账户的借方对应另一个账户的贷方。 （ ）

3. 借贷记账法要求：如果在一个账户中记借方，在另一个或几个账户中则一定记贷方。 （ ）

4. 如果试算平衡结果，发现借贷是平衡的，可以肯定记账没有错误。 （ ）

5. 负债及所有者权益账户的结构应与资产类账户的结构一致。 （ ）

6. 对每一项经济业务，记入总分类账户和明细分类账户的时期应该相同。 （ ）

7. 账户余额试算平衡是根据"资产＝负债+所有者权益"确定的。 （ ）

8. 一个账户的借方如果用来记录增加额，其贷方一定用来记录减少额。 （ ）

9. 资产＝负债+所有者权益是借贷记账法的理论依据。 （ ）

10. 不宜编制多借多贷的会计分录，是因为不便于试算平衡。 （ ）

11. 负债和所有者权益类账户的期末金额一定在贷方。 （ ）

12. 在账户记录中，本期增加数不一定大于本期减少数。 （ ）

四、业务题

（一）资料：长城公司2014年7月初有关账户余额如下表所示：

金额单位：元

资 产	金 额	负债及所有者权益	金 额
库存现金	1 500	短期借款	195 000
银行存款	45 000	应付账款	142 500
原 材 料	90 000	应交税费	9 000
应收账款	47 700	长期借款	186 000
库存商品	60 000	实收资本	304 200
生产成本	22 500	资本公积	140 000
长期股权投资	180 000	盈余公积	70 000
固定资产	600 000		
合 计	1 046 700	合 计	1 046 700

该公司本月发生下列经济业务：

1. 购进设备一台，价值 10 000 元，以银行存款支付。

2. 从银行提取现金 1 000 元。

3. 投资者投入企业原材料一批，双方确认价 20 000 元。

4. 生产车间向仓库领用材料一批价值 40 000 元，投入生产。

5. 以银行存款 22 500 元，偿还应付供货单位货款。

6. 向银行取得长期借款 150 000 元，存入银行。

7. 收到购货单位前欠货款 18 000 元，其中 16 000 元存入银行，其余部分收到现金。

8. 以银行存款 48 000 元，归还银行短期借款 20 000 元和应付购货单位货款 28 000 元。

要求：

（1）根据以上资料编制会计分录，并记入有关账户。

（2）编制总分类账户本期发生额及余额试算平衡表。

（二）资料：飞天公司 2014 年 9 月份发生的经济业务如下：

1. 购买甲材料一批，重 300 吨，单价 500 元，材料已验收入库，价款用银行存款支付。（不考虑增值税，下同）

2. 向银行借入期限为 1 年期的短期借款 300 000 元，已存入银行。

3. 销售公司生产的产品一批，价款 500 000 元，款项尚未收到。

4. 收到投资人投入的资金 300 000 元，款项已经存入银行。

5. 结转公司生产的完工产品一批，生产成本 200 000 元。

6. 经批准用盈余公积 300 000 元转增资本。

7. 用银行存款偿还所借银行三年期借款 150 000 元。

要求：编制上述业务的相关会计分录。

第五章

借贷记账法的应用

 **知识目标**

1. 熟悉制造业企业在其主要经济业务核算中应设置的会计账户，掌握每个账户的经济内容和用途结构；

2. 掌握制造业企业资金筹集、供应过程、生产过程、销售过程及财务成果计算与分配等基本经济业务的会计处理方法；

3. 了解有关成本计算的基本内容和一般程序。

 **能力目标**

1. 能够描述制造业企业的生产经营过程；

2. 能够准确计算制造业企业的营业利润、利润总额和净利润；

3. 能够熟练运用借贷记账法对制造业企业资金筹集、供应过程、生产过程、销售过程及财务成果计算与分配等基本经济业务进行会计处理。

第一节　制造业企业主要经济业务概述

企业通常是以赚取利润为目的的营利性组织。若按性质划分，企业有三大类：制造业企业（工业企业）、商品流通企业和服务业企业。

制造业企业是独立从事生产经营活动、自负盈亏的经济实体。其主要任务是生产能够被市场所接受的各种产品，以满足社会的需要，并为投资者提供收益，为国家创造税收；商品流通企业自身不生产产品，而是从其他企业购买产品然后销售给顾客；服务业企业不向顾客提供产品或商品，而是提供各种服务，如交通运输、金融保险、通信、律师会计师事务所、文化餐饮娱乐等。

制造业企业在取得资金以后，生产经营活动开始进行，并按照供应、生产和销售阶段不断循环。从会计核算角度看，制造业企业是经营过程最完整、发生的业务最典型、最具有代表性的企业类型。所以，我们以制造业企业为主体，介绍借贷记账法在企业中的具体运用。

一、资金的筹集

企业从事生产经营活动需要具备一定的物质基础。在商品经济条件下，这些物质基础一般都是有偿形成的。因此，企业必须通过一定的渠道筹集一定数量的资金，以购买生产经营所需的物资资料。资金筹集是企业进行生产经营活动的前提条件，也是企业资金运动的起点。

企业资金筹集的渠道包括两个方面：一是接受投资者投入的资金，即向投资者筹集的资金，其内容构成会计要素中的所有者权益；二是借入资金，即向债权人借入的资金，其内容构成会计要素中的负债，也称债权人权益。

二、资金的循环和周转

来源于投资者和债权人的经营资金，在经营活动中表现为不同的占用形态。随着生产经营活动的进行，资金的占用形态不断转化，周而复始，形成资金的循环与周转。制造业企业的资金循环与周转一般分为三个阶段，即供应过程、生产过程和销售过程。

1. 供应过程

供应过程，是指企业用货币资金购买生产所需要的各种材料物资作为生产储备，是生产的准备阶段。企业筹集的资金，一般表现为货币资金。在供应过程中，一方面是企业以货币资金建造厂房或购买固定资产，企业的资金由货币资金形态转化为固定资金形态；另一方面，企业以货币资金采购生产所需的材料，支付材料的价款和采购费用，并将其归集到一定种类和数量的材料上，而形成材料的采购成本；同时，企业还与材料供应单位发生货款的结算关系，这时，企业的资金由货币资金形态转化为储备资金形态。核算取得的固定资产和材料的成本，就成为供应过程中的主要经济业务。

2. 生产过程

生产过程，是指从原材料投入生产到产品完工验收入库的整个过程。在这一过程中，劳动者运用劳动资料，对劳动对象进行加工，制造出社会需要的产品，同时还要发生材料费用、固定资产折旧费用、工资费用和其他费用。生产过程是制造业企业生产经营的中心环节。

生产过程发生的各项生产耗费，最终都要通过归集和分配计入各种产品中，形成产品的制造成本。这时，企业的资金由固定资金形态、储备资金形态和货币资金形态转化成生产资金形态；随着产品的完工和入库，又从生产资金形态转化为成品资金形态。生产费用的归集和分配，产品成本的计算，企业同职工之间的薪酬结算，以及与其他单位的资金结算等，都是生产过程中的主要经济业务。

3. 销售过程

销售过程，是指从生产过程中制造完工的产成品验收入库开始，至产品销售出去，最后收回货币资金为止的整个过程。一方面，企业要组织产品销售，发生销售费用，缴纳销售税金等经济业务；另一方面，企业还要与有关单位发生货款的结算关系。

在这个过程中，随着产品的销售、货款的收回，企业的资金从成品资金形态转化为货币资金形态。销售产品、支付销售费用、结算货款、计算销售成本，都是企业销售过程的主要经济业务。

制造业企业的经营活动，通过上述供产销三个过程，就完成了一个生产经营循环。

三、资金的退出

企业实现的销售收入，扣减为取得收入而发生的相关成本费用、应缴纳的销售税金以及期间费用后，即为企业的营业利润。营业利润加上营业外收入，再扣减营业外支出和所得税费用后的差额，即为企业实现的净利润。企业获得的净利润必须按规定进行分配，其中，一部分留给企业作为留存收益；另一部分向投资者分配股利，随着股利的支付，这部分资金退出了企业的经营过程，不再参与企业资金的循环和周转。企业的资金在生产经营活动中，由于某些其他原因也会退出经营过程。如，企业偿还各种债务，上缴各项税金，依照法定程序减少资本金等经济业务和事项。

第二节　资金筹集业务的核算

企业筹集资金的渠道有两个：一是投资者投入的资金及其增值，形成投资者的权益，称为所有者权益；二是向债权人借入资金，形成债权人的权益，称为负债。二者共同构成企业的权益，反映了企业资金的来源。在会计上，我们虽然将债权人权益和所有者权益统称为权益，但二者有着本质的区别，所以这两种权益的会计处理也有着显著的差异。

一、接受投资者投资的核算

按照我国《公司法》的规定，企业注册成立必须要有符合条件的注册资本，投入资本是企业得以成立的首要条件。投入的资本按投资主体不同，可分为国家资本、法人资本、个人资本和外商资本。投资者投入资本的形式可以有多种，可以投入货币资金、原材料和固定资产等有形资产，也可以投入专利权、土地使用权、非专利技术等无形资产。我国《公司法》对无形资产出资的额度有一定的限制。

（一）会计账户的设置

接受投资者投资的业务核算涉及所有者权益要素。为了核算企业生产经营过程中所有者权益的增减变动，应设置"实收资本（或股本）"、"资本公积"、"盈余公积"等所有者权益类账户。

1. "实收资本（或股本）"账户，属于所有者权益类账户，用来核算企业按照章程的规定，由投资者投入资本的情况。账户的借方登记按法定程序经批准减少的注册资本金数额；贷方登记企业实际收到投资者投入的资本数额；期末贷方余额，表示企业实有的资本数额。该账户应按投资者设置明细分类账户，进行明细分类核算，具体反映各投资者投入资本情况。企业若为有限责任公司，则使用"实收资本"科目，若是股份有限公司，则使用"股本"科目。

2. "资本公积"账户，属于所有者权益类账户，用来核算企业资本公积的增减变动情况。账户的借方登记资本公积的减少数额；贷方登记资本公积的增加数额；期末贷方余额，表示企业实际结存的资本公积数额。该账户应按资本公积形成的类别设置明细账户，进行明细分类核算。

3. "盈余公积"账户，属于所有者权益类账户，用来核算企业各项盈余公积的提取和使用情况。账户的借方登记盈余公积的使用情况，包括盈余公积转增资本和弥补亏损的数额；贷方登记从税后利润中提取的各项盈余公积金；期末贷方余额，表示企业提取的盈余公积的结存数额。该账户应按盈余公积的种类设置明细账户，进行明细分类核算。

知识链接

股份有限公司与有限责任公司

股份有限公司：依据一定的法律程序申请设立登记，并以营利为目的的具有法人资格的经济组织。全部资本分成等额股份（通常每股面值1元），通过公开发行股票向社会筹集资金，股东以其认购的股份为限对公司债务承担有限责任。筹集的资金按面值记入"股本"账户，超过面值的部分（即股本溢价）记入"资本公积"账户。公司组织结构包括股东大会、董事会、监事会，股东大会是其最高权力机构。

有限责任公司：由一定数量的股东共同出资，股东仅就自己的出资额对企业债务承担有限责任的企业。不对外发行股票，股份不等额，投资者投入的资金记入"实收资本"账户，资本溢价部分记入"资本公积"账户，公司组织结构包括股东会、董事会、监事会，股东会是其最高权利机构。

（二）会计处理

现以星河机械有限责任公司所发生的经济业务为例，说明会计核算的过程。

【例5-1】星河机械有限责任公司收到国家以货币资金投资100 000元，款项已存入银行。

该项经济业务的发生，引起企业的资产和所有者权益要素变化。一方面，收到货币资金使资产增加，应记入"银行存款"账户的借方；另一方面，收到投资形成企业的资本金，使所有者权益增加，应记入"实收资本"账户的贷方。编制会计分录：

借：银行存款　　　　　　　　　　　　　100 000
　　贷：实收资本——国家资本　　　　　　　　100 000

【例5-2】该公司接受甲公司的非货币性投资，其中：设备投资一台，双方确认的价值200 000元；专利权投资一项，双方确认价值100 000元。（不考虑增值税）

该项经济业务的发生，引起企业的资产和所有者权益要素变化。一方面，接受设备、专利权投资使企业的资产增加，应分别记入"固定资产"和"无形资产"账户的借方；另一方面，接受投资使所有者权益增加，应记入"实收资本"账户的贷方。编制会计分录：

借：固定资产　　　　　　　　　　　　　200 000
　　无形资产　　　　　　　　　　　　　100 000

　　　　　贷：实收资本——法人资本（甲公司）　　　300 000

【例5-3】该公司经批准以资本公积 100 000 元转增资本。（该公司国家资本和法人资本的比例分别为 25% 和 75%）

　　该项经济业务的发生，引起企业的所有者权益要素内部增减变化。一方面，资本公积减少，应记入"资本公积"账户的借方；另一方面，资本金增加，应记入"实收资本"账户的贷方。资本公积转增资本，应按原投资者投资比例分别增加投资者投入资本的数额。编制会计分录：

　　　　借：资本公积　　　　　　　　　　　　　100 000
　　　　　　贷：实收资本——国家资本　　　　　　　25 000
　　　　　　　　　　　　——法人资本　　　　　　　75 000

二、向债权人借入资金的核算

　　为弥补生产经营过程中资金的不足，企业经常需要向银行或非银行金融机构等债权人借入资金。企业从银行借入的资金，必须按银行借款的有关规定办理相关手续，按合同约定期限支付利息并保证到期归还借款本金。

（一）会计账户的设置

　　为核算企业向债权人借入资金的增减变动情况，企业需要设置"短期借款"、"长期借款"、"应付利息"、"财务费用"等账户。

　　1."短期借款"账户，属于负债类账户，用来核算企业向银行或其他金融机构借入的期限在1年以内（含1年）的各种借款。账户的贷方登记借入的各种短期借款的本金数额；账户的借方登记归还的各种短期借款本金数额；期末贷方余额，表示尚未偿还的各种短期借款的本金。该账户应按债权人设置明细账户，进行明细分类核算。

　　2."长期借款"账户，属于负债类账户，用来核算企业向银行或其他金融机构借入的期限在1年以上（不含1年）的各种借款。账户的贷方登记借入的各种长期借款；借方登记偿还的各种长期借款；期末贷方余额，表示尚未偿还的长期借款。该账户可按贷款单位和贷款种类设置明细账户，进行明细分类核算。

　　3."应付利息"账户，属于负债类账户，用来核算企业按照合同约定应支付的利息，包括短期借款利息和分期付息到期还本的长期借款利息。账户的贷方登记按合同约定的名义利率计算确定的应付利息金额；借方登记实际支付的利息；期末贷方余额，表示尚未支付的利息。该账户可按存款人或债权人设置明细账户，进行明细分类核算。

　　4."财务费用"账户，属于损益类账户，用来核算企业为筹集生产经营所需资金等而发生的筹资费用，包括利息支出（减利息收入）、汇兑损益及相关手续费等。账户的借方登记企业发生的各项财务费用；贷方登记发生的应冲减财务费用的利息收入、汇兑收益和结转到"本年利润"账户的财务费用；月末结转后该账户无余额。该账户可按费用项目设置明细账户，进行明细分类核算。

（二）会计处理

【例5-4】星河机械有限责任公司7月1日取得偿还期限为6个月的银行借款100 000元，年利率6%，到期还本付息，款项存入银行。

7月1日取得借款时，引起企业的资产和负债要素变化。一方面，收到借款资金使资产增加，应记入"银行存款"账户的借方；另一方面，借款使流动负债增加，应记入"短期借款"账户的贷方。编制会计分录：

　　　借：银行存款　　　　　　　　　　100 000
　　　　贷：短期借款　　　　　　　　　　　100 000

【例5-5】承上例，7月末对【例5-4】的借款计提利息。

7月末计提利息时，一方面产生的借款利息使企业财务费用增加500元（100 000×6%÷12＝500），应记入"财务费用"账户的借方；另一方面使企业负债增加，应记入"应付利息"账户的贷方。编制会计分录：

　　　借：财务费用　　　　　　　　　　500
　　　　贷：应付利息　　　　　　　　　　　500

【例5-6】该公司于10月1日因固定资产改造需要资金，向银行借款200 000万元，期限3年，年利率6%，按季度付息，款项已存入银行。

该项经济业务的发生，引起资产和负债要素变化。一方面，收到借款资金使资产增加，应记入"银行存款"账户的借方；另一方面，使长期负债增加，应记入"长期借款"账户的贷方。编制会计分录：

　　　借：银行存款　　　　　　　　　　200 000
　　　　贷：长期借款　　　　　　　　　　　200 000

【例5-7】承上例，12月31日对【例5-6】的借款计提并支付利息。

12月31日计提利息时，引起企业的费用和负债要素变化。一方面产生的借款利息使费用增加3 000元（200 000×6%÷12×3＝3 000），应记入"财务费用"账户的借方；另一方面，长期借款的应付利息使负债增加，应记入"应付利息"账户的贷方。编制会计分录：

　　　借：财务费用　　　　　　　　　　3 000
　　　　贷：应付利息　　　　　　　　　　　3 000

在季度末支付利息时，引起企业的资产和负债要素变化。一方面，支付长期借款利息使负债减少，应记入"应付利息"账户的借方；另一方面，偿还负债使资产减少，应记入"银行存款"账户的贷方。编制会计分录：

　　　借：应付利息　　　　　　　　　　3 000
　　　　贷：银行存款　　　　　　　　　　　3 000

第三节　固定资产购置与折旧业务的核算

固定资产是指使用期限超过1年的房屋、建筑物、机器、机械、运输工具及其他与生产经营有关的设备、器具和工具等。固定资产通常具备如下特点：固定资产通常是为了生产商品、提供劳务、出租或经营管理而持有的，而非为出售持有；固定资产的使用寿命超过一个会计年度；固定资产是有形资产。

对固定资产的会计核算是企业整个会计核算的重要组成部分。因为固定资产是企业资产中的重要部分，其规模的大小在一定程度上反映了企业生产能力和生产规模的情况。所以有关固定资产的会计核算内容很多，包括取得固定资产的初始计量问题，使用过程中损耗的计算和会计处理，固定资产的修理改良等后续支出问题，固定资产的报废、毁损和处置等的核算问题。这里仅简要介绍外购固定资产和固定资产损耗的会计处理。

一、固定资产购置业务的核算

企业取得固定资产的渠道很多，如购入、投资者投入、自行建造、融资租赁等。通常企业取得固定资产的渠道是从市场购入，即外购固定资产。

固定资产在取得时，企业便面临着如何确定其入账价值问题，即固定资产的初始计量。按照我国《企业会计准则》的规定，固定资产应按照成本进行初始计量。固定资产取得时的实际成本是指企业购建固定资产达到预定可使用状态前所发生的一切合理的、必要的支出。一般来说，构成固定资产取得时的实际成本的具体内容包括买价、运输费、保险费、包装费、安装成本等。

（一）会计账户的设置

为了核算企业各项固定资产的增加和减少等情况，应设置"固定资产"、"在建工程"、"应交税费"等账户。

1. "固定资产"账户，属于资产类账户，用来核算企业拥有的固定资产的原始价值。账户的借方登记固定资产的增加额；贷方登记固定资产的减少额；期末借方余额，表示现有的固定资产原值。该账户应按固定资产类别、使用部门等设置明细账户，进行明细分类核算。

2. "在建工程"账户，属于资产类账户，用来核算企业的固定资产新建工程、改造工程、大修理工程等发生的实际支出，以及购入需要安装的固定资产发生的实际支出。账户的借方登记所发生的实际各项支出；贷方登记工程完工结转的实际成本；期末借方余额，表示尚未完工的在建工程发生的各项实际支出。该账户应按在建工程项目的类别设置明细账户，进行明细分类核算。

3. "应交税费"账户，属于负债类账户，用来核算企业应缴纳的各种税金，如增值税、营业税、消费税、城市维护建设税、所得税等。账户的贷方登记按规定计算的各种应缴而未缴的税费；借方登记实际缴纳的各种税费，包括支付的增值税进项税额；期末余额方向不固定，期末若为贷方余额，表示企业应缴未缴的税费额，若为借方余额，表示企业多缴纳或尚未抵扣的税费。该账户应按照税种设置明细账户，进行明细分类核算。

增值税是就货物或劳务的增值部分征收的一种价外税。它通过产品实现销售转嫁给购买者，最终由消费者负担。所以对企业来说，为生产产品购进设备、材料物资时，支付给供货方的增值税额为进项税额；当产品实现销售时，向购买方收取的增值税额为销项税额。用当期的销项税额减去进项税额即为企业应缴纳的增值税额。

企业的"应交税费——应交增值税"明细账户，还应按增值税的构成项目在借、贷两方设9个专栏，其格式如账5-1所示。

账 5-1　　　　　　"应交税费——应交增值税" 明细分类账

年		凭证号数	摘要	借　方					贷　方				借或贷	余额
月	日			合计	进项税额	已交税额	减免税款	出口抵减内销产品应纳税额	合计	销项税额	出口退税	进项税额转出		

其中，"进项税额" 专栏，记录企业购入货物或接受应税劳务时支付的、按规定准予从销项税额中抵扣的增值税额。购入货物和接受应税劳务支付的进项税额，用蓝字登记；发生购货退回应冲销的进项税额，用红字登记。"销项税额" 专栏，记录企业销售货物或提供应税劳务时收取的增值税额，应按增值税专用发票上注明的增值税额登记。"进项税额转出" 专栏，记录企业购进货物、在产品和产成品发生非正常损失，以及购进货物因改变用途等原因，不得从销项税额中抵扣，应按规定转出的进项税额。

（二）会计处理

企业购入不需要安装可立即投入使用的固定资产，应按购入时的实际成本直接记入 "固定资产" 账户，购置固定资产时支付的符合抵扣条件的增值税要记入 "应交税费——应交增值税（进项税额）" 账户。若购入需要安装的固定资产，则先要将购入时的实际成本记入 "在建工程" 账户，还应将安装过程中发生的安装支出也一同记入 "在建工程" 账户，待安装工程完工达到预定可使用状态时，再将归集在 "在建工程" 账户的全部支出一并转入 "固定资产" 账户，正式增加固定资产。

【例 5-8】星河机械有限责任公司购入不需要安装的设备 1 台，买价 100 000 元，增值税 17 000 元，支付包装费、运输费 2 000 元，款项以银行存款支付。

由于购入的是不需要安装的设备，可立即投入使用，直接记录固定资产增加。该项经济业务的发生，引起企业资产要素内部增减变化及负债的变化。一方面，购入固定资产使资产增加，应记入 "固定资产" 账户的借方；同时，支付的准予抵扣的增值税款，作为流动负债的减项，记入 "应交税费" 账户的借方；另一方面，以银行存款支付购置款项使资产减少，应记入 "银行存款" 账户的贷方。固定资产的入账价值 = 100 000 + 2 000 = 102 000 元。编制会计分录：

借：固定资产　　　　　　　　　　　　　　102 000
　　应交税费——应交增值税（进项税额）　 17 000
　　　贷：银行存款　　　　　　　　　　　　　　119 000

【例 5-9】该公司购入需要安装的设备 1 台，买价 150 000 元，增值税 25 500 元，运输费 2 220 元，款项以银行存款支付。安装过程中，发生人工费 2 000 元（付现金），领用材料 280 元。现已安装完毕交付使用。

由于购入的是需要安装的设备，不能立即投入使用，应将购入固定资产发生的实际支出，首先记入 "在建工程" 账户的借方，发生的人工费等作为固定资产的价值，也应记入 "在建工程" 账户的借方，另外，以银行存款支付的购置款，应记入 "银行存款" 账户的贷方；安装人工费用等支出，应记入"银行存款"或"库存现金"账户的贷方。当设备安装完毕交付使用时，应将"在建工程"账户归集的所有支出金额转入"固定资产"账户的借方。编制会计分录：

购入时：　借：在建工程　　　　　（150 000+2 220）152 220
　　　　　　　应交税费——应交增值税（进项税额）25 500
　　　　　　贷：银行存款　　　　　　　　　　　177 720
发生安装费用：借：在建工程　　　　　　　　　　2 280
　　　　　　　贷：库存现金　　　　　　　　　　2 000
　　　　　　　　　原材料　　　　　　　　　　　　280
完工交付使用：借：固定资产　　（152 220+2 280）154 500
　　　　　　　贷：在建工程　　　　　　　　　154 500

知识加油站

关于不动产进项税额分期抵扣

国家税务总局制定的《不动产进项税额分期抵扣暂行办法》规定，增值税一般纳税人2016年5月1日后取得并在会计制度上按固定资产核算的不动产，以及2016年5月1日后发生的不动产在建工程，其进项税额应按照本办法有关规定分2年从销项税额中抵扣，第一年抵扣比例为60%，第二年抵扣比例为40%。

例如，某一般纳税人购买一栋大楼，增值税专用发票上注明该楼房金额为1000万元，增值税税额为110万元，则会计处理如下：

借：固定资产 1000
　　应交税费——应交增值税（进项税额）66
　　应交税费——待抵扣进项税额 44
贷：银行存款 1110

房地产开发企业自行开发的房地产项目，融资租入的不动产，以及在施工现场修建的临时建筑物、构筑物，其进项税额不适用上述分2年抵扣的规定。

二、固定资产折旧业务的核算

固定资产在使用过程中由于逐渐损耗而使其价值减少。对固定资产损耗的价值，应在固定资产的预计有效使用期内，以计提折旧的方式计入各期的成本、费用，从各期的营业收入中得到补偿。

固定资产折旧，是指固定资产由于在使用过程中的损耗而逐渐转移到产品成本或费用中的那部分价值，反映固定资产价值的减少。

1. 会计账户的设置

为了核算企业固定资产价值的损耗情况，应设置"累计折旧"账户。"累计折旧"账户的性质属于资产类，用来核算计提的固定资产折旧。账户的贷方登记计提的固定资产折旧额；借方登记固定资产减少时转销的累计折旧额；期末贷方余额，表示现有的固定资产的累计折旧额。该账户应按固定资产类别、使用部门等设置明细账户，进行明细分类核算。

"累计折旧"账户是"固定资产"的备抵账户，"固定资产"账户余额减去"累计折旧"账户余额表示固定资产的净值，反映了固定资产的新旧程度。

2. 会计处理

企业一般按一定方法每月计提折旧费，并按固定资产的使用部门和用途，分别记入"制造费用"、"管理费用"、"销售费用"、"其他业务成本"等账户。

【例 5-10】星河机械有限责任公司本月计提行政管理部门折旧 3 000 元和销售部门固定资产折旧 2 000 元。

该项经济业务的发生，引起企业资产和费用要素变化。一方面，计提的固定资产折旧额，使有关成本费用增加，行政管理部门折旧和销售部门固定资产折旧应分别记入"管理费用"和"销售费用"账户的借方；另一方面，计提固定资产折旧使累计折旧增加，应记入"累计折旧"账户的贷方。编制会计分录：

```
借：管理费用                    3 000
    销售费用                    2 000
    贷：累计折旧                          5 000
```

第四节　材料采购业务的核算

材料是企业在生产经营过程中，以货币资金购买的为生产耗用所需而储备的流动资产，属于企业存货的一种。材料只要投入到生产过程中，经过加工通常将改变其原有的实物形态，并构成产品的实体，或被消耗而有助于生产的进行和产品的形成。同时，其价值一次全部转移到产品中，成为产品成本的重要组成部分。

材料采购业务核算的主要内容包括：①核算材料的买价和其他采购费用的业务情况，计算材料采购成本；②核算与销货方的款项结算情况；③核算库存材料储备资金的占用情况等。

按我国《企业会计准则》规定，存货应按成本进行初始计量。企业为生产储备的材料，一般是向外单位采购的，企业因采购材料而发生的各项耗费，按照一定的种类和数量进行归集，形成材料的采购成本。材料的采购成本一般由买价和采购费用构成。买价是指从供货方取得的销货发票上列明的价款；采购费用包括运杂费、途中的合理损耗、入库前的挑选整理费，以及购入材料应负担的有关税金等。

采购费用凡是能直接分清受益对象的，应直接计入相应的材料采购成本；若不能直接分清受益对象的，且费用金额较大，可以将材料的重量、买价等作为分配标准，间接分配计入相应的材料采购成本。

材料的买价、缴纳的税金（不含准予抵扣的增值税进项税额），属于直接费用，应直接计入相应材料的采购成本。一种以上的材料共同发生的运费等，属于不易分清具体受益对象的情形，应该按一定标准分摊计入相关材料的采购成本。但是企业采购部门或原材料保管部门发生的经常性费用，如采购人员的差旅费、采购部门的经费和市内小额运杂费等费用，尽管也属于不易分清具体受益对象，但由于费用数额较小，对原材料的采购成本影响不大，按照成本效益原则，可以不计入原材料的采购成本，直接作为期间费用处理，计入当期管理费用。

在会计实务中，企业的原材料可以按实际成本计价组织收发核算，也可以按照计划成本计价组织收发核算。企业可以根据本企业的情况自行选择决定。本书以实际成本计价为主进行介绍。

一、按实际成本计价的材料采购业务的核算

（一）会计账户的设置

为了及时核算企业的材料采购业务，正确计算材料采购成本，反映材料供应过程中所占用资金的增减变动，企业应设置"在途物资"、"原材料"等资产类账户；为了反映企业与供货方的货款结算关系和应缴纳的税金，还应设置"应付账款"、"应付票据"、"应交税费"等负债类账户。

1. "在途物资"账户，属于资产类账户，用来核算企业购入尚未到达或尚未验收入库的各种材料的实际采购成本。账户的借方登记支付或承付的材料价款和运杂费等；贷方登记验收入库的材料实际成本；期末借方余额表示尚未到达或尚未验收入库的在途材料的实际成本。该账户应按购入材料的品种或种类设置明细账户，进行明细分类核算。

2. "原材料"账户，属于资产类账户，用来核算企业库存的各种原材料的实际成本的增减变动及结余情况。账户的借方登记验收入库材料的实际成本；贷方登记减少的库存材料的实际成本；期末借方余额，表示库存材料的实际成本。该账户应按材料的保管地点、材料的类别、品种和规格设置材料明细账户，进行明细分类核算。

3. "应付账款"账户，属于负债类账户，用来核算企业因购买材料、产品和接受劳务等产生的负债及其偿还情况。账户的贷方登记因购买材料、产品和接受劳务应付而未付的款项；借方登记已偿还或用商业汇票抵付的应付款项；期末贷方余额，表示尚未偿还或尚未抵付的应付款项。该账户应按供应单位名称设置明细账户，进行明细分类核算。

4. "预付账款"账户，属于资产类账户，用来核算企业按照购销合同规定预付给供货单位的款项。账户的借方登记预付和补付的货款；贷方登记收到预购的材料或产品价款；期末借方余额，表示多付的货款，贷方余额，表示应补付的货款。企业应按供应单位名称设置明细账户，进行明细分类核算。预付账款不多的企业，也可以不设置该账户，将预付账款通过"应付账款"账户核算。

5. "应付票据"账户，属于负债类账户，用来核算企业采用商业汇票结算方式购买材料物资等而开出、承兑的商业汇票的增减变动及其结余情况。其贷方登记企业开出、承兑的商业汇票的增加，借方登记到期商业汇票的减少。期末余额在贷方，表示尚未到期的商业汇票的期末结余额。该账户应按债权人设置明细账户，进行明细分类核算。

（二）会计处理

企业核算材料的采购成本，应将材料的种类作为成本计算对象，并在"在途物资"账户下设置明细分类账户，用于归集和分配应计入采购成本的各项费用。企业还必须根据

"在途物资"明细账登记的资料，编制采购成本计算表，以确定各种材料的采购总成本和单位成本。

材料采购业务的会计处理，主要涉及收料和结算两个方面。由材料仓库办理收料手续后，会计部门根据转来的收料单和供货方开具的销货发票等单证办理货款结算，并进行会计处理。

【例 5-11】 星河机械有限责任公司向 A 公司购买甲材料，收到该公司开具的专用发票，列明数量 20 000 千克、单价 2 元/千克，价款 40 000 元，增值税款 6 800 元（税率17%，下同），价税合计 46 800 元。款项以银行存款付讫。

该项经济业务的发生，引起资产和负债要素变化。一方面，购入材料使资产增加，应记入"在途物资"账户的借方。同时，支付的准予抵扣的增值税款，作为流动负债的减项，应记入"应交税费"账户的借方；另一方面，以银行存款支付货款使资产减少，应记入"银行存款"账户的贷方。编制会计分录：

借：在途物资——甲材料　　　　　　　　　40 000
　　应交税费——应交增值税（进项税额）　 6 800
　　贷：银行存款　　　　　　　　　　　　　　　46 800

该项业务还需要进行明细分类核算。应在"在途物资——甲材料"明细账、"应交税费——应交增值税"明细账和"银行存款"日记账的有关栏目登记。

【例 5-12】 该公司根据合同规定，以银行存款 80 000 元向 B 公司预付购买乙材料款。

该项经济业务发生，引起资产要素内部增减变化。一方面，预付货款使债权增加，应记入"预付账款"账户的借方；另一方面，以银行存款支付货款使资产减少，应记入"银行存款"账户的贷方。编制会计分录：

借：预付账款——B 公司　　　　　　　　　80 000
　　贷：银行存款　　　　　　　　　　　　　　　80 000

【例 5-13】 上例中，乙材料到货。取得 B 公司开具的专用发票列明，乙材料 60 000 千克，单价 1.5 元/千克，价款 90 000 元，增值税款 15 300 元，价税合计 105 300 元。预付款不足的部分通过开户银行补付。

该项经济业务的发生，引起资产和负债要素变化。一方面，购入乙材料使资产增加，应记入"在途物资"账户的借方；支付准予抵扣的增值税款，作为流动负债的减项，应记入"应交税费"账户的借方；补充支付的货款，应记入"银行存款"账户的贷方；另一方面，已预付给供货方的材料款，现收到材料，应记入"预付账款"账户的贷方。编制会计分录：

借：在途物资——乙材料　　　　　　　　　90 000
　　应交税费——应交增值税（进项税额）　15 300
　　贷：预付账款——B 公司　　　　　　　　　　80 000
　　　　银行存款　　　　　　　　　　　　　　　25 300

该项业务还应在"在途物资——乙材料"明细账、"应交税费——应交增值税"明细账、"银行存款"日记账和"预付账款——B 公司"明细账的有关栏目登记。

［注］此笔会计分录也可以做成两笔：

```
借：在途物资——乙材料                          90 000
    应交税费——应交增值税（进项税额）          15 300
    贷：预付账款——B公司                              105 300
借：预付账款——B公司                          25 300
    贷：银行存款                                      25 300
```

【例5-14】该公司以银行存款支付甲、乙两种材料运杂费6 400元。

企业购入材料发生的运杂费是两种材料共同受益的费用，是不能直接计入材料采购成本的间接费用，必须经过分配才能计入甲、乙两种材料的采购成本。间接费用的分配公式和分配步骤如下：

$$费用分配率=\frac{待分配的费用总额}{各种材料分配标准数之和}$$

各种材料分配的间接费用＝某种材料的分配标准数×分配率

假定该项业务以材料的数量为分配标准，则运杂费的分配过程如下：

费用分配率＝6400÷（20 000+60 000）＝0.08（元/千克）

甲材料应分配的运杂费＝20 000千克×0.08＝1 600（元）

乙材料应分配的运杂费＝6 400-1 600＝4 800（元）

该项经济业务的发生，引起资产要素内部增减变化。一方面，运杂费作为采购费用，构成材料的采购成本，使资产增加，应记入"在途物资"账户的借方；另一方面，以银行存款支付运杂费，使资产减少，应记入"银行存款"账户的贷方。编制会计分录：

```
借：在途物资——甲材料                          1 600
            ——乙材料                          4 800
    贷：银行存款                                      6 400
```

该项业务还应在"在途物资——甲材料"、"在途物资——乙材料"两个明细账的借方"采购费用"专栏内登记。

【例5-15】该公司向B公司购买乙材料，取得增值税专用发票列明，数量20 000千克，单价1元/千克，价款20 000元，税款3 400元。发生运杂费800元，货款尚未支付。

该项经济业务的发生，引起资产和负债要素变化。一方面，购入材料使资产增加，应记入"在途物资"账户的借方；支付准予抵扣的增值税款，应记入"应交税费"账户的借方；另一方面，尚未支付的货款使企业负债增加，应记入"应付账款"账户的贷方。编制会计分录：

```
借：在途物资——乙材料                          20 800
    应交税费——应交增值税（进项税额）          3 400
    贷：应付账款——B公司                              24 200
```

该项业务应在"在途物资——乙材料"明细账、"应交税费——应交增值税"明细账和"应付账款——B公司"明细账的有关栏目登记。

【例5-16】该公司以银行存款24 200元，偿还前欠B公司的货款。

该项经济业务的发生，引起资产和负债要素变化。一方面，偿还前欠货款，使负债减少，应记入"应付账款"账户的借方；另一方面，以银行存款支付货款，使资产减少，应记入"银行存款"账户的贷方。编制会计分录：

借：应付账款——B公司　　　　　　　　　　24 200
　　贷：银行存款　　　　　　　　　　　　　　　24 200

【例5-17】该公司计算材料的采购成本，并将材料采购成本转入"原材料"账户。

材料验收入库，应根据"在途物资"账户记录的有关资料，计算本期材料采购的实际成本，结转本期已验收入库材料的采购成本。该项业务应根据甲、乙两种材料的"在途物资"明细账记录，编制入库材料的采购成本计算表。（如表5-1所示）

表5-1　　　　　　　　　　　　在途物资成本计算表

单位成本：元

项　目	甲材料（20 000千克）		乙材料（80 000千克）		总成本
	总成本	单位成本	总成本	单位成本	
买　价	40 000	2.00	110 000	1.375	150 000
采购费用	1 600	0.08	5 600	0.07	7 200
采购成本	41 600	2.08	115 600	1.445	157 200

该项经济业务的发生，引起资产要素内部增减变化。入库的材料应按实际成本借记"原材料"账户，贷记"在途物资"账户。编制会计分录：

借：原材料——甲材料　　　　　　　　　　41 600
　　　　——乙材料　　　　　　　　　　115 600
　　贷：在途物资——甲材料　　　　　　　　　41 600
　　　　　　——乙材料　　　　　　　　　115 600

该项业务还应分别在"原材料——甲材料"、"原材料——乙材料"明细账和"在途物资——甲材料"、"在途物资——乙材料"明细账的有关栏目登记。

二、按计划成本计价的材料采购业务的核算

制造业企业购入原材料采用计划成本计价，是指材料的收入、发出和结余均按预先制定的计划单位成本计价。企业必须设置成本差异类账户登记、分摊、按期结转实际成本与计划成本的差异额。

（一）会计账户的设置

按计划成本核算材料的采购业务，通常不需设置"在途物资"账户，需要特别设置"材料采购"和"材料成本差异"账户。

1. "材料采购"账户，属于资产类账户，用来核算企业外购各种材料的买价和采购费用，确定实际采购成本，并可反映采购业务的工作成果。账户的借方登记购入材料的实际成本、结转入库材料实际成本小于计划成本的节约差额；贷方登记验收入库材料的计划成本、结转入库材料实际成本大于计划成本的超支差额；期末借方余额，表示尚未验收入库的（在途）材料的实际成本。该账户应按供应单位和材料品种设置明细账户，进行明细分类核算。

当材料按计划成本核算时，设置"材料采购"账户，一方面反映材料采购的实际成

本，另一方面反映材料采购的计划成本，即需要以两种不同的计价来反映材料的采购业务。这时，"材料采购"账户既是成本计算账户，又是业务成果账户。设置的"原材料"账户与按实际成本计价核算也有所不同，账户的借方和贷方都是按计划成本登记的。

2. "材料成本差异"账户，属于资产类账户，用来核算企业购入材料的实际成本与计划成本之间的差异。账户的借方登记材料实际成本大于计划成本的超支差异，以及发出材料应负担的节约差异；贷方登记材料实际成本小于计划成本的节约差异，及发出材料应负担的超支差额；期末借方余额，表示期末库存各种材料的实际成本大于计划成本的超支差异，期末如果是贷方余额，则表示期末库存各种材料实际成本小于计划成本的节约差异。

（二）会计核算的一般程序

首先，制订存货的计划成本目录。详细规定各类存货的名称、规格、编号、计量单位和单位计划成本。除特殊情况，计划成本一经确定，在年度内一般不作调整。

其次，正常进行日常存货的采购的会计核算，通过"材料采购"账户核算采购存货的实际成本，按计划成本将验收入库的存货登记到"原材料"等账户。

再次，在期末日确定存货实际成本与计划成本之间的差异，并结转到"材料成本差异"账户中。

最后，计算材料成本差异率，调整发出存货的计划成本和期末存货的计划成本，按存货的实际成本反映存货的价值，按实际成本填报会计报表。

第五节　产品生产业务的核算

生产过程是制造业企业经营活动的中心环节。在产品生产过程中，企业的主要经济活动是借助于劳动资料对劳动对象进行加工、制造产品，并发生各项耗费。会计核算的主要任务，就是正确地归集生产过程中所发生的各种支出；正确、及时地计算产品生产成本，并为企业的成本、费用管理提供相关的会计信息。

一、产品制造成本的计算

企业作为市场竞争的主体，其所生产产品成本的高低，质量好坏，在市场上是否有竞争力，是企业能否生存和发展的关键所在。产品制造成本，是与产品生产存在明显因果关系的生产费用，包括直接材料费、直接人工费和间接制造费用。当产品实现销售时，产品制造成本转化为销售成本，并与相应的销售收入相配比，从当期的收入中取得补偿。当产品未销售时，产品制造成本则表现为期末库存资产的价值。

成本和费用的核算很重要也较复杂，不同的产品成本需要用不同的计算方法，对其核算也有一定的具体要求。其主要步骤如下：

（一）确定成本的计算对象

成本计算对象，是指成本计算的范围和依据，是承担和归集费用的对象，即费用的受益对象，并且是费用归集和分摊的依据。

对于制造业企业，一个成本计算对象，既可以包括若干种不同产品或不同的经济活动，也可以只包括一种产品或一种经济活动；既可以是一批相同的项目或一组相似的产品，也可以是一个单独的产品或项目；既可以是最终产品，也可以是加工到一定程度的半成品。

（二）确定成本计算期

企业要及时取得成本方面的会计信息，就必须及时进行成本计算，这就要求企业应确定具体的成本计算期限。

制造业企业生产的产品只有在产品生产完工时，产品的耗费才会终止，产品成本才能全部形成。因此，从理论上说，成本计算期应当与产品生产周期一致，使成本计算的过程与生产耗费的过程相一致，如此计算的产品成本才有可能符合成本积累的客观事实。但是由于产品生产周期有长有短，完全按产品生产周期计算成本，有时会影响会计信息使用者及时取得相关的会计信息。所以，成本计算期不一定与产品生产周期相一致，一般是按月计算。

（三）确定成本项目

成本项目，是对产品在生产过程中的耗费，按其经济用途做出的分类。成本项目一般包括直接材料、直接人工和制造费用。

直接材料，是指产品生产过程中直接消耗的原材料和外购半成品等，是构成产品实体和有助于产品形成的物品，如原材料及主要材料、辅助材料、备品配件、外购半成品、燃料及动力、包装物及其他直接材料。

直接人工，是指直接从事产品制造的生产人员的劳动报酬和福利费等，如工资、奖金、津贴、补助和医药福利费等。

制造费用，是指生产单位为组织和管理生产而发生的费用，主要包括间接用于产品生产的各项费用，如分厂、车间为组织和管理生产而发生的管理人员的工资、福利费，以及固定资产折旧费、租赁费、水电费、办公费、差旅费等。

将生产费用按经济用途分类，有利于反映产品制造成本的具体构成，便于进行成本分析和充分挖掘降低成本的潜力，并且可以提供更多有用的会计信息。

（四）正确归集和分配各种费用

正确地归集和分配各种费用，是正确地进行成本计算的前提。正确地归集和分配各种费用，一方面要求必须依据客观真实的数据资料，另一方面要求遵循相关的国家有关法律、法规和会计原则。企业要遵循权责发生制原则，正确地确定费用的受益期限，划分应计入本期成本费用和应计入其他期间成本费用的耗费。

（五）设置和登记产品成本明细分类账

在成本计算过程中，为系统地归集、分配各种应计入成本计算对象的费用，应按成本计算对象分别设置生产成本明细账，按生产单位设置制造费用明细账。

产品成本明细账，应根据有关原始凭证和各种费用分配表，如材料、工资、燃料、动力等费用分配表和间接制造费用分配表进行登记，用于计算各种产品的总成本和单位成本。产品成本明细账的具体格式，因产品成本计算方法和成本核算组织形式的不同而有所区别。一般采用多栏式，并按照成本项目设置专栏。

制造费用明细账，应根据有关原始凭证和各种费用分配表，如材料、工资、燃料、动力等费用分配表和间接制造费用分配表进行登记，一般采用多栏式，并按照费用项目设置专栏。

（六）编制成本计算表

企业应根据日常的产品成本核算资料定期编制成本计算表，据以计算确定各种成本计算对象的总成本和单位成本，反映其成本的经济构成及形成情况，这是考核和分析成本升降原因的重要依据。

二、产品生产业务的核算

（一）会计账户的设置

为了正确地归集各项生产费用，准确计算产品的制造成本，满足生产经营管理的要求，企业设置和运用"生产成本"、"制造费用"两个成本类账户；"库存商品"账户，还会涉及设置"累计折旧"、"应付利息"等资产类和负债类账户。

1. "生产成本"账户，属于成本类账户，用来核算企业进行工业性生产，包括生产各种产品（如产成品、自制半成品）、提供劳务、自制材料、自制工具、自制设备等所发生的各项生产费用。账户的借方登记生产过程中发生的各项生产费用，包括直接材料、直接人工和制造费用；贷方登记生产完工并已验收入库的产成品、自制半成品、自制材料、工具和提供劳务的实际成本；期末借方余额，表示尚未加工完成的各项在产品的成本。"生产成本"账户下一般应设置"基本生产成本"和"辅助生产成本"明细账户，进行二级明细分类核算。同时，在二级明细账下，应按成本计算对象和成本项目设置专栏进行明细分类核算，成本一般由"直接材料"、"直接人工"和"制造费用"三个成本项目构成。

2. "制造费用"账户，属于成本类账户，用来核算企业为生产产品和提供劳务而发生的各项间接费用。账户的借方登记各车间、部门发生的制造费用；贷方登记期末分配转入"生产成本"账户借方的制造费用。除季节性生产企业外，本账户期末一般无余额。该账户应按不同的车间、部门设置明细账，并按制造费用项目设置专栏，进行明细分类核算。

3. "库存商品"账户，属于资产类账户，用来核算企业各种库存产品成本的变动情况。账户的借方登记已经验收入库的产品成本，贷方登记发出的产品成本；期末借方余额，表示库存产品的实际成本。该账户应按产品的种类、品种和规格设置明细账，进行明细分类核算。

（二）会计处理

1. 材料费用的核算

企业在生产过程中，必然要消耗材料。生产部门需要材料时，应由领料人填制"领料单"一式数联，经有关负责人审核签字后，到材料仓库办理领料业务。会计期末，由财会部门根据"领料单"，按材料用途及类别编制"材料领用汇总表"，与"领料单"一并作为本期领用材料的核算依据。

【例5-18】期末，星河机械有限责任公司根据本月领料单，编制材料领用汇总表，如表5-2所示。

表 5-2　　　　　　　　　　　　　　　　**材料领用汇总表**

项　目	甲材料		乙材料		合　计
	数量（千克）	金　额	数量（千克）	金　额	
产品生产领用					
其中：A 产品	5 000	10 400	60 000	64 200	74 600
B 产品	10 000	20 800	10 000	10 700	31 500
生产车间领用	1 000	2 080			2 080
合　计	16 000	33 280	70 000	74 900	108 180

该项经济业务的发生，引起资产和费用要素变化。一方面，发出库存材料使资产减少，应记入"原材料"账户的贷方；另一方面，耗用原材料使成本费用增加，应记入"生产成本"、"制造费用"账户的借方。编制会计分录：

借：生产成本——A 产品　　　　　　　　　　74 600
　　　　　　——B 产品　　　　　　　　　　31 500
　　制造费用　　　　　　　　　　　　　　　2 080
　　贷：原材料——甲材料　　　　　　　　　　33 280
　　　　　　　——乙材料　　　　　　　　　　74 900

该项业务，还应在"生产成本——A 产品"和"生产成本——B 产品"两个明细分类账户的相应栏目内登记。

2. 人工费用的核算

人工成本是企业在生产产品或提供劳务活动中所发生的各种直接和间接人工费用的总和。企业为获得职工提供的服务而给予其各种形式的报酬以及其他相关支出，我们称为"职工薪酬"。职工薪酬主要包括以下内容：①职工工资、奖金、津贴和补贴；②职工福利费；③医疗保险费、养老保险费等社会保险费；④住房公积金；⑤工会经费和职工教育经费；⑥非货币性福利；⑦因解除与职工的劳动关系给予的补偿等。

为了正确地计算产品成本，确定当期损益，企业必须组织人工费用的核算，正确地归集和分配人工费用，并按其用途分配计入有关成本、费用账户。会计上应设置"应付职工薪酬"账户。

"应付职工薪酬"账户，属于负债类账户，用来核算企业根据有关规定应付给职工的各种薪酬。账户的借方登记实际支付给职工的薪酬额、各种代扣款项及其他款项；贷方登记应付各部门职工的工资薪酬总额；期末借方余额，表示本期实际支付的职工薪酬数额大于应付职工薪酬数额，即多支付的职工薪酬；期末贷方余额，则表示本期应付职工薪酬数额大于实际支付的职工薪酬数额，即应付未付的职工薪酬。该账户应根据企业职工的类别、薪酬构成等设置"工资"、"职工福利"、"社会保险"等明细账户，进行明细分类核算。

【例 5-19】月末，该公司分配本月应付职工工资 140 000 元。其中，A 产品生产工人工资 80 000 元，B 产品生产工人工资 40 000 元，车间管理人员工资 10 000 元，管理部门人员工资 10 000 元。

该项经济业务的发生，引起费用和负债要素变化。一方面，分配职工薪酬使成本费用增加，应记入"生产成本"、"制造费用"、"管理费用"等账户的借方；另一方面，也使企业负债增加，应记入"应付职工薪酬"账户的贷方。编制会计分录：

```
借：生产成本——A 产品                        80 000
          ——B 产品                        40 000
     制造费用                              10 000
     管理费用                              10 000
     贷：应付职工薪酬——工资                        140 000
```

该项业务，还应在"生产成本——A 产品"和"生产成本——B 产品"两个明细分类账户的有关栏目内登记。

【例5-20】星河机械有限责任公司用银行存款支付职工福利费 19 600 元（按本月职工工资总额的 14% 计算），月末该公司将职工福利费列账。

（1）支付福利费时：

该项经济业务的发生，引起负债和资产要素变化。一方面，支付职工福利费使得企业相应的负债减少，应记入"应付职工薪酬"账户的借方；另一方面，由于此项支付，使得企业的资产银行存款减少，应记入"银行存款"账户的贷方。编制会计分录：

```
借：应付职工薪酬——职工福利                   19 600
     贷：银行存款                              19 600
```

（2）月末列支职工福利费时：

该项经济业务的发生，引起负债和费用要素变化。一方面，计提职工福利费构成企业的生产费用，应记入"生产成本"、"制造费用"和"管理费用"等账户的借方；另一方面，形成了用于职工福利开支的来源，应记入"应付职工薪酬"账户的贷方。编制会计分录：

```
借：生产成本——A 产品      11 200（80 000×14%）
          ——B 产品       5 600（40 000×14%）
     制造费用             1 400（10 000×14%）
     管理费用             1 400
     贷：应付职工薪酬——福利费                      19 600
```

该项业务，还应在"生产成本——A 产品"和"生产成本——B 产品"两个明细分类账户的有关栏目登记。

3. 制造费用的核算

制造费用，是指制造业企业为生产产品或提供劳务而发生的，应该计入产品成本，但没有专设成本项目的各项费用。制造费用属于间接费用，在费用发生时不能直接计入产品成本，需要在期末按一定方法分配计入产品的成本。具体包括生产部门管理人员的薪酬、固定资产折旧费、办公费、水电费、机务料消耗、劳动保护费等费用项目。

【例5-21】星河机械有限责任公司于月末计提本月固定资产折旧，其中车间固定资产折旧额 8 500 元，厂部固定资产折旧额 4 500 元。

该项经济业务的发生，引起资产和费用要素变化。一方面提取固定资产折旧意味着当期费用增加，其中车间固定资产提取的折旧额应记入"制造费用"账户的借方，厂部固定资产提取的折旧额应记入"管理费用"账户的借方；另一方面，固定资产已提折旧额的增加，实际上是固定资产价值的减少，应记入"累计折旧"账户的贷方。编制会计分录：

借：制造费用　　　　　　　　　　　　　　　　　8 600
　　管理费用　　　　　　　　　　　　　　　　　4 500
　　贷：累计折旧　　　　　　　　　　　　　　　　　　　13 100

【例5-22】星河机械有限责任公司以银行存款支付制造部门的水电费6 000元。

该项经济业务的发生，引起资产和费用要素变化。一方面，以银行存款支付，使资产减少，应记入"银行存款"账户的贷方；另一方面，制造部门的相关费用增加，应记入"制造费用"账户的借方。编制会计分录：

借：制造费用　　　　　　　　　　　　　　　　　6 000
　　贷：银行存款　　　　　　　　　　　　　　　　　　　6 000

【例5-23】该公司支付本月制造部门的租入设备租金1 000元。

该项经济业务的发生，引起资产和费用要素变化。一方面，支付设备租金，使银行存款减少，应记入"银行存款"账户的贷方；另一方面，企业制造部门的制造费用增加，应记入"制造费用"账户的借方。编制会计分录：

借：制造费用　　　　　　　　　　　　　　　　　1 000
　　贷：银行存款　　　　　　　　　　　　　　　　　　　1 000

【例5-24】该公司以银行存款支付制造部门的购买办公用品费1 520元。

该项经济业务的发生，引起资产和费用要素变化。一方面，支付购买办公用品费用，使银行存款减少，应记入"银行存款"账户的贷方；另一方面，企业制造部门的制造费用增加，应记入"制造费用"账户的借方。编制会计分录：

借：制造费用　　　　　　　　　　　　　　　　　1 520
　　贷：银行存款　　　　　　　　　　　　　　　　　　　1 520

【例5-25】月末，该公司按A、B两种产品的生产工人工资比例分配本月制造费用，转入产品生产成本中。

该项经济业务的发生，引起费用要素内部增减变化。一方面，制造费用转入生产成本，应记入"生产成本"账户的借方；另一方面，分配制造费用，应记入"制造费用"账户的贷方。但制造费用需要按A、B两种产品的生产工人工资比例分配。

将例5-18至例5-24的所有制造费用汇总得到本期制造费用总额=2 080+10 000+1 400+8 600+6 000+1 000+1 520=30 600（元）

制造费用分配过程如下：

$$制造费用分配率=\frac{制造费用总额}{生产工人工资总额}$$

产品应负担的制造费用$=\frac{3 600}{80 000+40 000}=0.255$（元/单位工资）

A产品应负担的制造费用=80 000×0.255=20 400（元）

B产品应负担的制造费用=30 600-20 400=10 200（元）

根据分配结果编制会计分录：

借：生产成本——A产品　　　　　　　　　　　　20 400
　　　　　　　——B产品　　　　　　　　　　　　10 200
　　贷：制造费用　　　　　　　　　　　　　　　　　　　30 600

该项业务，记入"制造费用"账户的贷方；还应在"生产成本——A产品"和"生产成本——B产品"两个明细分类账户的有关栏目登记。

4. 产品制造成本的计算和结转

在制造业企业，制造完工并验收合格入库的产品，是企业可供销售的产成品。月末，应将计算出的当月完工产品的制造成本从"生产成本"账户转入"库存产品"账户，在计算成本时，"生产成本"明细分类账的借方已归集了各种产品本月负担的全部费用。若当月产品全部完工，则该种产品"生产成本"明细账的期初余额和本月归集费用之和，即为完工产品成本；若当月产品还有部分产品未完工，则该种产品"生产成本"明细账的期初余额和本月归集费用之和，应在完工产品和月末在产品之间分配后，才能计算出完工产品成本，其计算公式为：

完工产品成本 = 月初在产品成本 + 本月生产费用发生额 - 月末在产品成本

企业已经生产完工并已验收入库的产成品及自制半成品，应在月终按实际成本自"生产成本"账户的贷方转入"库存产品"等账户的借方。

【例5-26】月末，本月投产的A产品1 000件全部完工入库，B产品未完工。编制产品成本计算表，并结转其实际生产成本。

本例中，A产品本月全部完工，没有月末在产品，因此，完工产品的制造成本，为该产品生产成本明细分类账户的期初余额与本月生产费用之和。B产品本月未完工，为月末在产品，其明细分类账户的生产费用，即为月末在产品成本，表现为生产成本账户的期末余额。

星河机械有限责任公司的本月"生产成本"明细账登记情况，如账5-2、账5-3所示。根据"生产成本"明细分类账的资料，编制产品制造成本计算表，如表5-3所示。根据A产品的完工产品成本，编制会计分录：

借：库存产品——A产品   192 400
  贷：生产成本——A产品   192 400

该项业务，还应分别在"库存产品——A产品"的借方、"生产成本——A产品"账户的贷方登记。

账5-2   **生产成本明细分类账**

产品名称：A产品

2013年		凭证号数	摘要	借方				
月	日			直接材料	直接工资	其他直接费用	制造费用	合计
略	略		期初余额	3 400	1 800		1 000	6 200
		18	领用材料	74 600				74 600
		20	生产工人工资		80 000			80 000
		21	提取福利费		11 200			11 200
			分配制造费用				20 400	20 400
		25	本期发生额	74 600	91 200		20 400	186 200
		26	结转完工产品成本	-78 000	-93 000		-21 400	-192 400
			期末余额	0	0		0	0

账 5-3   **生产成本明细分类账**

产品名称：B 产品

2013年		凭证号数	摘　要	借　方				
月	日			直接材料	直接工资	其他直接费用	制造费用	合　计
略	略	18	期初余额 领用材料	1 000 31 500				1 000 31 500
		20	生产工人工资		40 000			40 000
		21	提取福利费		5 600			5 600
		25	分配制造费用				10 200	10 200
			本期发生额	31 500	45 600		10 200	87 300
			期末余额	32 500	45 600		10 200	88 300

表 5-3   **产品制造成本计算表**

成本项目	A 产品	
	总成本（1 000）件	单位成本（元）
直接材料	78 000	78
直接工资	93 000	93
其他直接费用		
制造费用	21 400	21.4
制造成本	192 400	192.4

第六节　销售业务的核算

制造业企业在销售过程中，通过销售产品，按照销售价格收取产品价款，形成销售收入，用来补偿在销售过程中结转的产品销售成本、发生的运输、包装、广告等销售费用以及按照国家税法规定计算缴纳的各种销售税金等，补偿之后的差额即为企业的营业利润或亏损。企业在销售过程中除了发生销售产品、自制半成品等主营业务外，还可能发生一些其他业务，如销售材料、出租包装物、出租固定资产等，本节主要介绍企业主营业务和其他业务的核算。

一、产品销售业务的核算

（一）产品销售收入

产品销售收入，是指企业在销售产品等日常活动中所形成的经济利益的总流入。为了及时、正确地核算产品销售取得的收入，企业应按权责发生制的要求，及时确认产品销售形成的收入。产品销售收入应按企业与购货方签订的合同、协议金额或双方接受的金额进行会计核算。对于产品销售收入的确认，《企业会计准则》明确规定，必须同时满足下列条件，才能予以确认：

（1）企业已将产品所有权上的主要风险和报酬转移给购货方；

（2）企业既没有保留通常与所有权相联系的继续管理权，也没有对已售出产品实施控制；

（3）收入的金额能够可靠地计量；

（4）相关的经济利益很可能流入企业；

（5）相关的已发生或将发生的成本能够可靠地计量。

（二）产品销售成本

产品销售成本，是指与产品销售收入相关的销售成本，即已售产品的制造成本。对于销售产品发生的销售费用，不构成销售成本，应当作为期间费用直接计入当期损益。

企业应当按照权责发生制分别确认属于本期的收入和成本费用。会计期末，在确定一定时期的主营业务收入的同时，必须确定本期发生的必要耗费和支出，结转相关的产品销售成本，实现收入与费用的配比。制造业企业的产品销售成本，应根据销售数量和单位成本计算确定。

（三）会计账户的设置

为了正确反映企业产品销售业务的核算内容，企业应设置和运用"主营业务收入"、"主营业务成本"、"应收账款"、"应收票据"、"预收账款"等各类账户。

1. "主营业务收入"账户，属于损益类账户，用来核算企业在销售产品、提供劳务及让渡资产使用权等日常活动中所产生的收入。账户的贷方登记销售产品（包括产成品、自制半成品等）、提供劳务和让渡资产使用权所实现的收入额；借方登记发生的销售退回、销售折让和转入"本年利润"账户的收入额；期末结转后，账户应无余额。该账户应按主营业务的种类设置明细账户，进行明细分类核算。

2. "主营业务成本"账户，属于损益类账户，用来核算企业因销售产品、提供劳务及让渡资产使用权等日常活动而发生的实际成本。账户的借方登记结转已售产品、提供劳务的实际成本；贷方登记当期发生销售退回的产品成本（未直接从本期销售成本中扣减的销售退回的成本）和期末转入"本年利润"账户的产品销售成本；期末结转后，账户应无余额。该账户应按照主营业务的种类设置明细账户，进行明细分类核算。

3. "应收账款"账户，属于资产类账户，用来核算企业因销售产品、提供劳务等，应向购货方或劳务接受方收取的款项。账户的借方登记赊销时发生的应收货款、代购货方垫付的包装费、运杂费，以及转作坏账损失又收回的应收账款；贷方登记实际收到的应收款项、应收账款改用商业汇票结算而收到的承兑商业汇票，以及转作坏账损失的应收账款；期末借方余额，表示应收未收的款项。该账户应按照购货单位或接受劳务单位设置明细账户，进行明细分类核算。

4. "应收票据"账户，属于资产类账户，用来核算企业因销售产品而收到购货单位开出并经承兑的商业汇票。收到票据时按票据面值登记账户的借方；该账户的贷方登记到期减少的商业汇票金额、商业汇票的贴现或用商业汇票进行的其他支付；期末借方余额，表示企业持有的商业汇票的票面金额。该账户应按照购货单位或接受劳务单位设置明细账户，进行明细分类核算。

5. "预收账款"账户，属于负债类账户，用来核算企业按照合同规定向购货单位预收的款项。账户的贷方登记预收购货方的款项和购货方补付的货款；借方登记向购货方发出产品实现销售的货款和退回多收的款项；账户的期末余额一般在贷方，表示预收购货方的款项，期末余额如在借方，表示购货单位应补付给本企业的款项。该账户应按购货单位设置明细账户，进行明细分类核算。

预收账款不多的企业，也可以将预收的款项直接记入"应收账款"账户的贷方，而不设置本账户。

（四）会计处理

企业产品销售业务的核算，主要涉及销售收入的实现、销货款的结算、营业税金的计算与缴纳、销售成本的确定与结转以及销售利润（或亏损）的确定等。下面举例说明：

【例5-27】星河机械有限责任公司销售A产品300件，每件售价400元，开具的增值税专用发票列明，价款120 000元，增值税额20 400元，价税合计140 400元，款项已收讫存入银行。

该项经济业务的发生，引起资产、负债和收入要素变化。一方面，将销货款、税款存入银行，使资产增加，应记入"银行存款"账户的借方；另一方面，企业因销售A产品取得收入，使收入增加，应记入"主营业务收入"账户的贷方；增值税销项税额的增加使负债增加，应记入"应交税费——应交增值税"账户的贷方。编制会计分录：

借：银行存款　　　　　　　　　　　　140 400
　　贷：主营业务收入　　　　　　　　　　120 000
　　　　应交税费——应交增值税（销项税额）　　20 400

【例5-28】该公司采用托收承付结算方式销售A产品400件，每件售价400元，开具增值税专用发票列明，价款160 000元，增值税额27 200元，产品已发出，以银行存款支付代垫运费2 000元。企业根据发票、账单等凭证，已向银行办妥托收手续，但货款尚未收到。

该项经济业务的发生，引起资产、负债和收入要素变化。一方面，尚未收到的销货款、税款和运费，使资产增加，应记入"应收账款"账户的借方；另一方面，企业采用托收承付结算方式销售，当产品已经发出并办妥托收手续，可确认销售收入实现，应记入"主营业务收入"账户的贷方；计算缴纳的增值税额，使负债增加，应记入"应交税费——应交增值税"账户的贷方；用银行存款支付代垫运费，应记入"银行存款"账户的贷方。编制会计分录：

借：应收账款　　　　　　　　　　　　189 200
　　贷：主营业务收入　　　　　　　　　　160 000
　　　　应交税费——应交增值税（销项税额）　　27 200
　　　　银行存款　　　　　　　　　　　　2 000

【例5-29】根据合同规定，该公司预收购货单位购买A产品的价款40 000元存入银行。

该项经济业务的发生，引起资产和负债要素变化。一方面，银行存款增加，应记入"银行存款"账户的借方；另一方面，企业预收货款，使企业的负债增加，应记入"预收账款"账户的贷方。编制会计分录：

借：银行存款 40 000

  贷：预收账款 40 000

【例 5-30】 该公司接到银行通知，采用托收承付结算方式销售的 A 产品 400 件，价税款和代垫运费已收讫入账。

该项经济业务的发生，引起资产要素内部增减变化。一方面，银行存款增加，应记入"银行存款"账户的借方；另一方面，收到销售 A 产品的货款及代垫运费，使应收账款减少，应记入"应收账款"账户的贷方。编制会计分录：

借：银行存款 189 200

  贷：应收账款 189 200

【例 5-31】 该公司前预收销货款业务，现已发出 A 产品 80 件，并开具增值税专用发票，列明价款 32 000 元、增值税额 5 440 元，余款 2 560 元退给购货方。

该项经济业务的发生，引起资产、负债和收入要素变化。一方面，发出货物实现销售，使企业的负债减少，应记入"预收账款"账户的借方；另一方面，可确认销售收入实现，应记入"主营业务收入"账户的贷方，计算增值税销项税额，应记入"应交税费——应交增值税"账户的贷方，退回余款，应记入"银行存款"账户的贷方。编制会计分录：

借：预收账款 40 000

  贷：主营业务收入 32 000

    应交税费——应交增值税（销项税额） 5 440

    银行存款 2 560

【例 5-32】 公司销售 A 产品 500 件，每件售价 400 元，开具增值税专用发票列明，价款 200 000 元，增值税额 34 000 元，价税合计 234 000 元，收到对方开出的商业汇票一张，付款期 3 个月。

该项经济业务的发生，引起资产、负债和收入要素变化。一方面，收到商业汇票，具有到期收取票据款项的权利，使资产增加，应记入"应收票据"账户的借方；另一方面，企业因销售 A 产品取得收入，使收入增加，应记入"主营业务收入"账户的贷方；计算增值税销项税额，应记入"应交税费——应交增值税"账户的贷方。编制会计分录：

销售时：借：应收票据 234 000

    贷：主营业务收入 200 000

      应交税费——应交增值税（销项税额） 34 000

如果票据到期后收回票据款，则编制会计分录：

借：银行存款 234 000

  贷：应收票据 234 000

【例 5-33】 该公司月末计算并结转已售 A 产品的销售成本。已销 A 产品的销售数量为 1 280 件，设单位成本为 220 元/件。

A 产品销售成本 = 1 280×220 = 281 600（元）

根据上述计算结果，结转 A 产品的销售成本，引起资产和费用要素变化。一方面，结转已售 A 产品成本，应记入"主营业务成本"账户的借方；另一方面，库存商品成本减少，应记入"库存产品"账户的贷方。编制会计分录：

借：主营业务成本　　　　　　　　　　　281 600
　　贷：库存商品——A 产品　　　　　　　　281 600

二、其他业务的核算

其他业务（也称附营业务）是指企业在经营过程中发生的除主营业务以外的其他销售业务，主要包括销售材料、出租包装物、出租固定资产、出租无形资产等。其他业务收入和其他业务成本的确认原则和计量方法与主营业务基本相同。

（一）会计账户的设置

为了核算企业的其他业务收入和其他业务支出，应设置"其他业务收入"和"其他业务成本"等账户。

1. "其他业务收入"账户，属于损益类账户，用来核算企业其他业务活动所取得的收入。账户的贷方登记取得的其他业务收入额；借方登记期末结转到"本年利润"账户的其他业务收入额；期末结转后，账户应无余额。该账户应按其他业务的种类设置明细账户，进行明细分类核算。

2. "其他业务成本"账户，属于损益类账户，用来核算企业其他业务活动所发生的各项支出，包括为获得其他业务收入而发生的相关成本、费用和税金等。账户的借方登记其他业务所发生的各项支出额；贷方登记期末结转到"本年利润"账户的其他业务支出额；期末结转后，账户应无余额。该账户应按其他业务的种类设置明细账户，进行明细分类核算。

（二）会计处理

【例5-34】星河机械有限责任公司公司因销售产品而出租包装物，收到租金收入11 700 元（内含增值税），款项已收讫。

该项经济业务的发生，引起资产、负债和收入要素变化。一方面，收到款项存入银行，应记入"银行存款"账户的借方；另一方面，取得出租包装物的租金，使其他业务收入增加，应记入"其他业务收入"账户的贷方；计算缴纳的增值税额，应记入"应交税费——应交增值税"账户的贷方。

租金收入中的不含税收入 = 11 700÷（1+17%）= 10 000 （元）

增值税额 = 10 000×17% = 1 700 （元）

编制会计分录：

借：银行存款　　　　　　　　　　　　11 700
　　贷：其他业务收入　　　　　　　　　　　10 000
　　　　应交税费——应交增值税（销项税额）　1 700

【例5-35】结转上述出租包装物的成本 6 000 元。

该项经济业务的发生，引起资产和费用要素变化。一方面，出租包装物，应结转出租包装物的实际成本，使其他业务成本增加，应记入"其他业务成本"账户的借方；另一方面，企业包装物减少，应记入"周转材料——包装物"账户的贷方。编制会计分录：

借：其他业务成本 6 000

贷：周转材料——包装物 6 000

【例5-36】 公司出售库存积压原材料一批，价款40 000元，增值税6 800元，款项已收到公司的银行账户中。该批材料的成本为20 000元。

该项经济业务的发生，引起资产、负债和收入要素变化。一方面，收到款项存入银行，应记入"银行存款"账户的借方；另一方面，取得出售材料的价款，使其他业务收入增加，应记入"其他业务收入"账户的贷方；计算缴纳的增值税额，应记入"应交税费——应交增值税"账户的贷方。编制会计分录：

借：银行存款 46 800

贷：其他业务收入 40 000

应交税费——应交增值税（销项税额） 6 800

结转已销材料的成本：

借：其他业务成本 20 000

贷：原材料 20 000

三、税费的核算

企业在销售商品过程中，实现了商品的销售额，同时应向国家税务机关缴纳各种销售税金及附加，包括消费税、资源税、城市维护建设税、土地增值税和教育费附加等。这些税金及附加一般根据当月销售额或应税额，按照规定的税率计算，于下月初缴纳。其中：

$$应交消费税=应税消费品的销售额×消费税税率$$

$$应交城建税=（消费税+增值税）×城建税税率$$

$$应交教育费附加=（消费税+增值税）×费率$$

为了核算企业销售商品的税金及附加情况，需设置"税金及附加"账户。该账户属于损益类账户，用来核算企业日常活动中应缴纳的税金及附加费。账户的借方登记按照规定计算的由主营业务负担的税金及附加；贷方登记期末转入"本年利润"账户中的税金及附加；期末结转后，账户应无余额。

注意：税金及附加的核算内容不包括所得税和增值税。

【例5-37】 星河机械有限责任公司本月应缴增值税30 000元，无消费税。按规定应计算缴纳的城市维护建设税和教育费附加。（城市维护建设税税率7%，教育费附加3%）。

该项经济业务的发生，引起负债和费用要素变化。一方面，计算应缴纳的城市维护建设税和教育费附加，使费用增加，应记入"税金及附加"账户的借方；另一方面，应缴未缴的城市维护建设税和教育费附加，使负债增加，应记入"应交税费"账户的贷方。

应交城市维护建设税=30 000×7%=2 100（元）

应交教育费附加=30 000×3%=900（元）

编制会计分录：

借：税金及附加 3 000

贷：应交税费——应交城市维护建设税　　　2 100
　　　　　——教育附加　　　　　　　　　 900

第七节　财务成果的形成与分配业务的核算

在市场经济条件下，企业生产经营活动的主要目的，就是要不断提高企业的盈利能力，最大限度地获取利润。企业盈利的大小在很大程度上反映了企业的经济效益，表明企业在某一个会计期间的最终经营成果。

一、财务成果的形成及核算

（一）利润的构成与计算

财务成果是指企业在一定会计期间所实现的最终经营成果，也就是企业实现的利润或亏损总额。有关利润指标各个层次的计算公式表达如下：

1. 营业利润

营业利润是企业最基本经营活动的成果，也是企业一定时期获得的利润中最主要、最稳定的来源。计算公式为：

营业利润＝营业收入－营业成本－税金及附加
　　　　　－期间费用（销售费用＋管理费用＋财务费用）
　　　　　－资产减值损失±公允价值变动净收益±投资净收益

上式中，营业收入包括主营业务收入和其他业务收入，营业成本包括主营业务成本和其他业务成本。期间费用，是指企业在生产经营活动中发生的，与企业生产经营没有直接关系或关系不密切，不构成产品的制造成本，而应直接计入当期损益的各项费用，包括管理费用、财务费用、销售费用。

管理费用，是指企业行政管理部门为组织和管理企业的生产经营所发生的费用，包括企业的董事会和行政管理部门在企业的经营管理中发生的，或者应由企业统一负担的公司经费（行政管理部门人员工资、修理费、物料消耗、低值易耗品摊销、办公费和差旅费等）、工会经费、保险费、董事会费、诉讼费、业务招待费、房产税、车船使用税、土地使用税、印花税、技术转让费、固定资产折旧等。

财务费用，是指企业为筹集生产经营所需资金而发生的费用，包括支付给金融机构的利息支出（减利息收入）、汇兑损失（减汇兑收益）和有关手续费等。

销售费用，是指企业为销售产品、提供劳务等经营活动中发生的各项费用，包括运输费、装卸费、包装费、保险费、展览费和广告费，以及为销售本企业产品而专设的销售机构的职工工资及福利费、业务费等经营费用。

资产减值损失，是指企业计提各项资产减值准备所发生的损失。

公允价值变动净收益，是指企业按规定应当计入当期损益的资产和负债的公允价值变动净收益。

投资净收益，是指企业对外投资所取得的收益，减去发生的投资损失的净额。

2. 利润总额

利润总额是指企业在生产经营过程中各种收入扣除各种耗费后的盈余，反映企业在报告期内实现的盈亏总额。计算公式为：

利润总额＝营业利润＋营业外收入－营业外支出

营业外收入和营业外支出，是指企业发生的与其日常生产经营活动无直接关系的各项收入和各项支出。营业外收入包括固定资产盘盈、处置固定资产净收益、处理无形资产净收益、罚款净收入等。营业外支出包括固定资产盘亏、处理固定资产净损失、处理无形资产净损失、罚款支出、捐赠支出、非常损失等。

3. 净利润

企业实现了利润总额后，首先应向国家缴纳所得税，扣除所得税费用后的利润即为净利润。计算公式为：

净利润＝利润总额－所得税费用

其中，所得税费用，是指企业按照国家税法的有关规定，对企业某一经营年度实现的经营所得和其他所得，按照规定的所得税税率计算缴纳的一种税款。

（二）期间费用的核算

为了核算期间费用的发生情况，除"财务费用"账户外，企业还需要设置"管理费用"和"销售费用"两个损益类账户。

1. "管理费用"账户，属于损益类账户，用来核算企业为组织和管理生产经营活动而发生的管理费用。账户的借方登记企业发生的各项管理费用；贷方登记转入"本年利润"账户的管理费用；期末结转后，账户应无余额。该账户应按照费用项目设置明细账户，进行明细分类核算。

2. "销售费用"账户，属于损益类账户，用来核算企业在销售产品过程中发生的费用。账户的借方登记发生的各种销售费用；贷方登记转入"本年利润"账户的销售费用；期末结转后，账户应无余额。该账户应按照费用项目设置明细账户，进行明细分类核算。

【例5-38】该公司按职工工资总额的2%提取工会经费2 800元。

该项经济业务的发生，引起费用和负债要素变化。一方面，计提工会经费，应记入"管理费用"账户的借方；另一方面，未支付之前，形成企业的负债，应记入"其他应付款"账户的贷方。编制会计分录：

计提费用额＝140 000×2%＝2 800（元）

借：管理费用　　　　　　　　　　　　　　2 800

　　贷：其他应付款　　　　　　　　　　　　　　2 800

【例5-39】该公司开出转账支票一张，购买办公用品830元。

该项经济业务的发生，引起费用和资产要素变化。一方面，购买办公用品，使管理费用增加，应记入"管理费用"账户的借方；另一方面，银行存款减少，应记入"银行存款"账户的贷方。编制会计分录：

借：管理费用　　　　　　　　　　　　　　830

　　贷：银行存款　　　　　　　　　　　　　　830

【例5-40】该公司以银行存款支付销售产品的广告费10 000元。

该项经济业务的发生，引起资产和费用要素变化。一方面，因销售产品支付的广告费，应记入"销售费用"账户的借方；另一方面，银行存款减少，应记入"银行存款"账户的贷方。编制会计分录：

借：销售费用　　　　　　　　　　　　　　　10 000
　　贷：银行存款　　　　　　　　　　　　　　　10 000

【例5-41】该公司计提短期借款利息3 000元。

该项经济业务的发生，引起费用和负债要素变化。一方面，预提短期借款利息，属于财务费用，应记入"财务费用"账户的借方；另一方面，企业应付未付的财务费用，使负债增加，应记入"应付利息"账户的贷方。编制会计分录：

借：财务费用　　　　　　　　　　　　　　　3 000
　　贷：应付利息　　　　　　　　　　　　　　　3 000

（三）营业外收支的核算

为了核算企业营业外收支的具体内容，需要设置以下的账户：

1. "营业外收入"账户，属于损益类账户，用来核算企业发生的与企业生产经营无直接关系的各项收入。账户的贷方登记企业发生的各项营业外收入额；借方登记期末转入"本年利润"账户的营业外收入额；期末结转后，账户应无余额。该账户应按收入项目设置明细账户，进行明细分类核算。

2. "营业外支出"账户，属于损益类账户，用来核算企业发生的与企业生产经营无直接关系的各项支出。账户的借方登记企业发生的各项营业外支出，贷方登记期末转入"本年利润"账户的营业外支出数额；期末结转后，账户应无余额。该账户应按支出项目设置明细账户，进行明细分类核算。

【例5-42】某企业因违反合同向该公司支付违约金6 000元，已存入银行。

该项经济业务的发生，一方面企业银行存款增加，应记入"银行存款"账户的借方；另一方面企业的营业外收入增加，应记入"营业外收入"账户的贷方。编制会计分录：

借：银行存款　　　　　　　　　　　　　　　6 000
　　贷：营业外收入　　　　　　　　　　　　　　　6 000

【例5-43】以银行存款交纳罚款14 800元。

该项经济业务的发生，一方面企业支付罚款使银行存款减少，应记入"银行存款"账户的贷方；另一方面罚款支出使企业营业外支出增加，应记入"营业外支出"账户的借方。编制会计分录：

借：营业外支出　　　　　　　　　　　　　　14 800
　　贷：银行存款　　　　　　　　　　　　　　　14 800

（四）利润形成的核算

企业为了核算实现的净利润额，在会计期末，应进行本年净利润结算，以确定实现的净利润总额或亏损总额。在平时，构成利润内容的要素都记录在损益类账户中，期末应结转损益类账户余额，根据这些记录来计算利润，具体方法有"账结法"和"表结法"两种。

"账结法"是指在每月终了时，将各损益类账户余额转入"本年利润"账户。通过

"本年利润"账户结算出本月净利润（或亏损）额和本年累计净利润（或亏损）总额。也就是将形成净利润（或亏损）的有关收入、费用、成本和支出的损益类账户的余额，分别编制会计分录，从其相反的方向结转到"本年利润"账户，集中结算出实现的净利润（或亏损）总额。采用"账结法"核算净利润，每月使用"本年利润"账户，年度终了时，必须将"本年利润"账户余额转入"利润分配——未分配利润"账户，结转后"本年利润"账户应无余额。

"表结法"即用"利润表"结转期末损益类项目，计算期末财务成果的方法。在1—11月份，各损益类科目的余额在账务处理上暂不结转至"本年利润"，而是在利润表中按收入、支出结出净利润，然后将净利润在资产负债表中的"未分配利润"列示。到12月份年终结算时，再将各损益类科目的余额结转至"本年利润"，结转后各损益类科目的余额为0。

为了核算企业一定时期内财务成果的具体形成情况，在会计上需要设置"本年利润"、"所得税费用"等账户。

1. "本年利润"账户，属于所有者权益类账户，用来核算企业实现的净利润（或发生的净亏损）。账户的贷方登记期末从"主营业务收入"、"其他业务收入"、"营业外收入"和"投资收益"等账户转入的数额；借方登记期末从"主营业务成本"、"税金及附加"、"其他业务成本"、"销售费用"、"管理费用"、"财务费用"、"营业外支出"、"所得税费用"等账户转入的数额。年度终了应将本年收入和本年支出相抵后，结出本年实现的净利润，转入"利润分配——未分配利润"账户的贷方；如本年为净亏损，则做相反的会计分录；年末结转后，该账户应无余额。

2. "所得税费用"账户，属于损益类账户，用来核算企业按规定从本期损益中减去的所得税费用。账户的借方登记为获得当期收入并与之配比的所得税费用；贷方登记会计期末转入"本年利润"账户的所得税费用；期末结转后，账户应无余额。

下面举例说明利润总额和净利润形成业务的核算：

【例5-44】期末，星河机械有限责任公司采用"账结法"结转本期损益。

将"主营业务收入"账户的贷方余额512 000元、"其他业务收入"账户的贷方余额48 000元、"营业外收入"账户的贷方余额6 000元、"投资收益"账户的贷方余额200 000元，转入"本年利润"账户的贷方。编制会计分录：

借：主营业务收入 512 000
其他业务收入 48 000
营业外收入 6 000
投资收益 200 000
贷：本年利润 766 000

将"主营业务成本"账户借方余额281 600元、"税金及附加"账户借方余额2 700元、"销售费用"账户借方余额10 000元、"管理费用"账户借方余额17 000元、"财务费用"账户借方余额9 000元、"其他业务成本"账户借方余额26 000元转入"本年利润"账户的借方。编制会计分录：

借：本年利润 346 300

贷：主营业务成本	281 600
税金及附加	2 700
销售费用	10 000
管理费用	17 000
财务费用	9 000
其他业务成本	26 000

【例5-45】该公司按税法规定的25%的税率，计算应缴的企业所得税额。

根据税法规定，应纳所得税额计算公式为：应纳所得税额＝应纳税所得额×适用税率

在实际工作中，企业应纳税所得额与企业通过会计核算得出的利润总额（会计利润）并不完全一致。因此，企业在计算应纳所得税时，应以实现的会计利润为基础，按税法的有关规定进行调整，先计算得出应纳税所得额，然后计算应纳所得税额。

假设该公司不涉及需要调整的事项，按企业本年度实现的会计利润计算应缴的所得税额如下：

企业利润总额＝766 000－346 300＝419 700（元）

应纳所得税额＝419 700×25%＝104 925（元）

该项经济业务的发生，引起费用和负债要素的变化。一方面，企业计算的应纳所得税额，反映企业所得税费用的增加，应记入"所得税费用"账户的借方；另一方面，在未缴税之前，形成企业的流动负债，应记入"应交税费——应交所得税"账户的贷方。编制会计分录：

借：所得税费用	104 925
贷：应交税费——应交所得税	104 925

【例5-46】该公司将发生的所得税费用转入"本年利润"账户。

该项经济业务的发生，引起费用和利润要素变化。一方面，结转所得税费用，使本年利润减少，应记入"本年利润"账户的借方；另一方面，使费用减少，应记入"所得税费用"账户的贷方。编制会计分录：

借：本年利润	104 925
贷：所得税费用	104 925

所得税费用转入"本年利润"账户之后，就可以根据"本年利润"账户的借贷方记录的各项收入和费用计算确定企业的净利润额。

二、利润分配的核算

（一）利润分配的顺序

企业对实现的净利润进行分配应遵循一定的原则，应按照国家规定或股东大会批准的年度利润分配方案进行合理分配。企业当期实现的净利润，加上年初未分配利润（或减去年初未弥补亏损）后的金额，为可供分配的利润。根据规定，企业当年实现的净利润，首先应该弥补以前年度尚未弥补的亏损，对于补亏后剩余的部分，应按下列顺序分配：

第一，提取法定盈余公积。企业需按照有关法律规定，按照当年净利润的10%计算提取。

第二，提取任意盈余公积。企业可自行决定是否提取以及提取比例，而且需经股东大会讨论通过。

第三，向投资者分配股利或利润。应确定可供投资者分配的利润数额，并按一定方式予以分配。应按下列顺序进行分配：

1. 支付优先股股利；

2. 支付普通股现金股利或利润；

3. 转作股本的普通股股利（送股或转股，非现金股利）。

可供投资者分配的利润，经过上述分配后，为未分配利润（或未弥补亏损）。未分配利润可留待以后年度进行分配。企业如发生亏损，可以按规定由以后年度利润进行弥补。

（二）会计账户的设置

为核算企业利润分配情况，企业需要设置"利润分配"、"应付股利"等账户。

1. "利润分配"账户，属于所有者权益类账户，用来核算企业进行利润分配（或亏损弥补）的历年分配（或弥补）后的结余额。账户的借方登记按规定实际分配的利润数额，或年终时从"本年利润"账户的贷方结转的全年亏损数额；贷方登记年终时从"本年利润"账户的借方结转的全年实现的净利润总额或弥补亏损数额；年末贷方余额，表示历年结余的未分配利润数额；年末借方余额，表示历年结余的未弥补亏损数额。该账户按利润分配的具体项目，应设置"提取法定盈余公积"、"提取任意盈余公积"、"应付现金股利或利润"、"转作股本的股利"、"盈余公积补亏"、"未分配利润"等明细账户，进行明细分类核算。

2. "应付股利（利润）"账户，属于负债类账户，用来核算企业经董事会、股东大会或类似机构的决议，确定分配的现金股利或利润。账户的贷方登记根据分配方案，应支付的现金股利或利润数额；借方登记实际支付的数额；期末贷方余额，表示企业尚未支付的现金股利或利润数额。

（三）会计处理

利润分配业务的会计处理，主要涉及提取盈余公积金、向投资者分配股利或利润等。

【例5-47】 星河机械有限责任公司根据规定按净利润的10%、5%提取法定盈余公积和任意盈余。假设该公司全年实现净利润100万元。

应提取的法定盈余公积=1 000 000×10%=100 000（元）

应提取的任意盈余公积=1 000 000×5%=50 000（元）

该项经济业务的发生，引起企业所有者权益的变化。一方面，计提盈余公积，使利润分配数增加，应记入"利润分配"账户的借方；另一方面，盈余公积的增加，应记入"盈余公积"账户的贷方。编制会计分录：

借：利润分配——提取法定盈余公积   100 000

         ——提取任意盈余公积   50 000

   贷：盈余公积——法定盈余公积   100 000

          ——任意盈余公积   50 000

【例5-48】 企业按照批准的利润分配方案，向投资者分配现金股利200 000元。

该项经济业务的发生，引起企业负债和所有者权益要素变化。一方面，向投资者分配现金股利，使利润分配数增加，应记入"利润分配"账户的借方；另一方面，应分配的现金股利在未实际支付前，形成企业的流动负债，应记入"应付股利"账户的贷方。编制会计分录：

借：利润分配——应付现金股利　　　　　　200 000
　　贷：应付股利　　　　　　　　　　　　　　200 000

【例5-49】年终决算时，结转"本年利润"账户余额。

将"本年利润"账户借、贷方差额100万元，转入"利润分配——未分配利润"明细分类账户的贷方。编制会计分录：

借：本年利润　　　　　　　　　　　　　1 000 000
　　贷：利润分配——未分配利润　　　　　　1 000 000

【例5-50】年终决算时，结转"利润分配"账户所属各明细账。

将"利润分配"账户所属各明细分类账户的借方分配数合计350 000元（其中：提取法定盈余公积金100 000元、法定提取任意盈余公积50 000元、应付股利200 000元），结转到"利润分配——未分配利润"明细分类账户的借方。编制会计分录：

借：利润分配——未分配利润　　　　　　350 000
　　贷：利润分配——提取法定盈余公积　　　100 000
　　　　　　　　——提取任意盈余公积　　　 50 000
　　　　　　　　——应付现金股利　　　　　200 000

自 测 题

一、单选题

1. 企业接受其他单位或个人捐赠资产时，应贷记的账户之一是（　　）。
A. "营业外收入"账户　　　　　　　B. "实收资本"账户
C. "资本公积"账户　　　　　　　　D. "盈余公积"账户

2. 某企业本月发生运杂费5 600元，本月共购入甲材料200吨，乙材料80吨，那么采购费用的分配率应为（　　）元/吨。
A. 10　　　　　B. 18　　　　　C. 45　　　　　D. 20

3. 下列项目中，属于工业企业其他业务收入的是（　　）。
A. 罚款收入　　　　　　　　　　　B. 出售固定资产收入
C. 出租无形资产收入　　　　　　　D. 保险赔偿收入

4. 某制造业企业为增值税一般纳税人。本期外购原材料一批，发票注明的买价为200 000元，增值税额34 000元，外地运杂费1 000元，该批原材料的采购成本为（　　）。
A. 200 000元　　B. 234 000元　　C. 235 000元　　D. 201 000元

5. 企业承担短期借款利息时，应记入（　　）账户。
A. 管理费用　　B. 制造费用　　　C. 财务费用　　　D. 销售费用

6. 下列费用中不记入产品成本，而记入本期损益的是（　　）。
A. 直接材料费　　B. 直接人工费　　C. 期间费用　　　D. 制造费用

7. 企业"应付账款"账户的借方余额反映的是（　　）。

A. 应付供货单位的款项　　　　　　B. 预收购货单位的款项

C. 预付供货单位的款项　　　　　　D. 应收购货单位的款项

8. 年末结账后，"利润分配"账户的贷方余额表示（　　）。

A. 本年实现的利润总额　　　　　　B. 本年实现的净利润

C. 本年利润的分配总额　　　　　　D. 年末未分配的利润数额

9. 采用账结法的企业，"本年利润"账户年内的贷方余额表示（　　）。

A. 利润总额　　　　B. 亏损总额　　　　C. 未分配利润　　　　D. 累计净利润

二、多选题

1. 制造业企业的主要经济业务包括（　　）。

A. 资金筹集业务　　　　　　　　　B. 供应过程业务

C. 产品生产业务　　　　　　　　　D. 产品销售业务

E. 财务成果业务

2. 企业购入材料的采购成本内容包括（　　）。

A. 材料买价　　　　　　　　　　　B. 增值税进项税

C. 采购费用　　　　　　　　　　　D. 采购人员的差旅费

E. 销售机构的经费

3. "税金及附加"账户借方登记的内容有（　　）。

A. 增值税　　　　B. 消费税　　　　C. 城建税　　　　D. 所得税

4. 下列项目中应在"管理费用"账户中核算的有（　　）。

A. 工会经费　　　　　　　　　　　B. 维修费

C. 业务招待费　　　　　　　　　　D. 车间管理人员工资

E. 业务人员的差旅费

5. 下列内容中属于"利润分配"账户的明细账户的有（　　）。

A. 盈余公积补亏　　　　　　　　　B. 提取资本公积金

C. 应付现金股利或利润　　　　　　D. 提取法定盈余公积

E. 未分配利润

6. 关于"本年利润"账户，下列说法正确的是（　　）。

A. 借方登记期末转入的各项支出　　B. 贷方登记期末转入的各项收入

C. 贷方余额为实现的累计净利润　　D. 借方余额为发生的亏损

E. 年末经结转后该账户没有余额

7. 为适应权责发生制原则要求而设置的账户有（　　）。

A. 银行存款　　　B. 预收账款　　　C. 长期待摊费用　　　D. 应收账款

E. 应付利息

8. 与营业收入相配比进而可确定营业利润的成本、费用包括（　　）。

A. 商品销售成本　　　　　　　　　B. 税金及附加

C. 销售费用　　　　　　　　　　　D. 管理费用

E. 财务费用

9. 关于"制造费用"账户,下列说法正确的有( )。

A. 借方登记实际发生的各项制造费用

B. 贷方登记分配转入产品成本的制造费用

C. 期末余额在借方,表示在产品的制造费用

D. 期末结转"本年利润"账户后没有余额

E. 期末一般没有余额

10. 确定本月完工产品成本时,影响其成本计算的因素有( )。

A. 月初在产品成本　　　　　　　　　B. 本月发生的生产费用

C. 本月已销产品成本　　　　　　　　D. 月末在产品成本

E. 月末库存产品成本

三、判断题

1. 企业出售固定资产时,获得的收入应计入"其他业务收入"。　　　　　　( )

2. 不论短期借款的用途如何,其发生的利息支出,均计入当期损益。　　　( )

3. 增值税是企业销售收入的一个抵减项目。　　　　　　　　　　　　　　( )

4. 按照权责发生制原则的要求,企业收到的货币必定意味着本月收入的增加。

( )

5. 企业当期实现的净利润提取了法定盈余公积和任意盈余公积之后的余额为企业的未分配利润。　　　　　　　　　　　　　　　　　　　　　　　　　　　　( )

6. 企业在购入材料的过程中发生的采购人员差旅费以及市内零星运杂费等不计入材料的采购成本,而作为管理费用。　　　　　　　　　　　　　　　　　　　( )

7. 企业经营中所产生的各种利息收入都属于投资收益,应计入在"投资收益"账户中核算。　　　　　　　　　　　　　　　　　　　　　　　　　　　　　　( )

8. 企业在经营过程中发生的某项费用计入制造费用和计入管理费用,对当期经营成果的影响是相同的。　　　　　　　　　　　　　　　　　　　　　　　　( )

9. 材料采购成本中包括增值税进项税额。　　　　　　　　　　　　　　　( )

10. 固定资产账户和累计折旧账户都是资产类账户。　　　　　　　　　　( )

11. 企业向银行或其他金融机构借入的款项,应通过"应付账款"或"其他应付款"账户进行核算。　　　　　　　　　　　　　　　　　　　　　　　　　　( )

12. 所得税费用的多少不影响本期营业利润额。　　　　　　　　　　　　( )

四、计算题

(一)资料:世嘉公司生产 A、B 两种产品,本月有关 A、B 两种产品的资料如下:

1. 月初在产品成本见下表:

产品名称	数量(件)	直接材料	直接人工	制造费用	合计
A 产品	200	48 000	12 000	6 500	66 500
B 产品	60	32 000	8 000	3 300	43 300
合计	—	80 000	20 000	9 800	109 800

2. 本月发生的生产费用：

A产品的直接材料费 165 000 元，直接人工 58 400 元；B 产品的直接材料费 126 000 元，直接人工 35 600 元；本月发生制造费用 70 500 元。

3. 月末 A 产品完工 500 件，B 产品完工 300 件。

4. 月末 A 产品未完工 40 件，其总成本构成为：直接材料 6 500 元，直接人工 4 200 元，制造费用 3 000 元，合计 13 700 元；B 产品没有月末在产品。

要求：按直接人工费为标准分配制造费用，并分别计算 A、B 产品的完工产品的总成本和单位成本。

（二）资料：世嘉公司期初负债总额为 2 000 000 元，实收资本 1 600 000 元，资本公积 160 000 元，盈余公积 120 000 元，未分配利润 120 000 元。本期发生亏损 400 000 元，用盈余公积弥补亏损 80 000 元。期末资产总额 3 960 000 元，本期内实收资本和资本公积没有发生变化。要求：计算年末未分配利润数额及负债总额。

五、业务题

（一）筹资业务

资料：世嘉公司本月份发生下列经济业务。

1. 接受北和公司的投资 100 000 元，存入银行。

2. 收到南海公司的投资，其中：设备估价 200 000 元，交付使用；专利权估价 100 000 元，原材料估价 50 000 元，验收入库。

3. 从银行取得期限 6 个月的借款 200 000 元存入银行。

4. 上述借款利率 6%，计提本月的借款利息。

5. 经有关部门批准，将资本公积 50 000 元转增资本。

6. 用银行存款 100 000 元偿还到期的短期借款。

要求：根据以上经济业务编制会计分录。

（二）供应过程业务

资料：世嘉公司本月发生下列经济业务。

1. 以银行存款购买生产用需要安装的设备 1 台，买价 100 000 元，增值税 17 000 元，运杂费 1 000 元，保险费 800 元，已交付安装。

2. 上述设备安装过程中发生调试费 4 000 元，人工费 2 000 元，以银行存款支付，设备已安装完毕交付使用。

3. 购进办公用复印机 1 台，价值 10 000 元，增值税 1 700 元，运杂费 300 元，以银行存款支付，复印机交付使用。

4. 购入甲材料 3 500 千克，单价 8 元，增值税进项税 4 760 元，货款未付。

5. 用银行存款 1 750 元支付上述甲材料的运杂费。

6. 购入乙材料 120 吨，单价 420 元，增值税进项税 8 568 元，款项已通过银行支付。

7. 购入甲材料 1 800 千克，含税单价 9.36 元；购入丙材料 1 500 千克，含税单价 5.85 元；增值税率 17%，供货单位代垫运费 3 300 元（按重量比例分配）款项均已通过银行付清。

8. 用银行存款 10 000 元预付订购材料款。

9. 上月已预付货款的丁材料本月到货，价款 72 000 元，增值税进项税为 12 200 元。

10. 本月购入的甲、乙、丙、丁材料均以验收入库，结转其采购成本。

要求：根据上述经济业务编制会计分录。

（三）生产过程业务

资料：世嘉公司本月发生下列经济业务。

1. 仓库发出材料，用途如下：生产产品耗用 12 000 元，车间一般耗用 4 200 元，厂部一般耗用 1 500 元。

2. 用银行存款支付厂部购买办公用品 750 元。

3. 用银行存款支付保险费 4 000 元。

4. 预提应由本月负担的借款利息 1 600 元。

5. 计提本月固定资产折旧，其中车间折旧额 1 100 元，厂部折旧额 500 元。

6. 月末分配工资费用，其中：生产工人工资 34 000 元，车间管理人员工资 16 000 元，厂部管理人员工资 8 000 元。

7. 将本月的制造费用转入"生产成本"账户。

8. 本月生产的产品 40 台全部完工入库，结转完工产品成本。

要求：根据上述经济业务编制会计分录。

（四）销售过程业务

资料：世嘉公司本月发生下列经济业务。

1. 销售产品 20 台，单价 2 000 元，增值税率 17%，尚未收款。

2. 销售产品 40 台，单价 2 000 元，增值税率 17%，款项已存入银行。

3. 以银行存款 1 500 元支付广告费。

4. 预收某企业的货款 20 000 元存入银行。

5. 上月已预收货款的产品本月发货 20 台，单价 2 000 元，增值税率 17%。

6. 结转本月已销产品的销售成本，该产品的单位成本 1 400 元。

7. 按本月销售收入的 10% 计算消费税。

要求：根据上述经济业务编制会计分录。

（五）财务成果计算与分配业务

资料：世嘉公司 12 月份发生下列经济业务。

1. 通过银行转账支付管理部门电费 4 500 元。

2. 用银行存款支付罚款支出 6 000 元。

3. 报销职工差旅费 200 元，付出现金。

4. 预提应由本月负担的银行借款利息 450 元。

5. 收到罚款收入 20 000 元存入银行。

6. 结转本月实现的收入，其中：主营业务收入 148 000 元，营业外收入 32 000 元。

7. 结转本月发生的各项费用，其中：主营业务成本 40 000 元，税金及附加 2 000 元，销售费用 1 500 元，管理费用 33 600 元，财务费用 450 元，营业外支出 2 450 元。

8. 计算应交所得税，税率 25%，并予以结转。

9. 按全年净利润 10% 提取法定盈余公积，按 5% 提取任意盈余公积，按 40% 向投资者分配利润。

10. 年末将净利润和利润分配数转入到"利润分配——未分配利润"账户。

要求：根据上述经济业务编制会计分录。

（六）综合练习

资料：北和公司本年12月份发生下列经济业务。

1. 从银行取得短期借款500 000元，存入银行。

2. 接受世嘉公司投入的设备1台，评估作价80 000元。

3. 用银行存款上缴上月应交税费6 500元。

4. 收回某单位所欠本企业的货款8 000元存入银行。

5. 企业销售A产品价款合计1 292 500元，增值税率17%，款项已存入银行。

6. 购买甲材料38 000元，增值税进项税6 460元，款已预付，材料验收入库。

7. 生产A产品领用甲材料3 600元，乙材料2 400元。车间消耗乙材料1 200元。领用甲材料5 000元用于生产B产品。

8. 车间设备维修费800元，用现金支付。

9. 从银行提取现金300 000元，并发放工资。

10. 销售B产品价款500 000元，增值税率17%，款项尚未收到。

11. 用银行存款支付广告费1 000元。

12. 按5%的税率计算B产品的消费税。

13. 购买车床1台，买价240 000元，增值税40 800元，运杂费1 000元，货款暂欠，车床交付使用。

14. 用现金为车间购买办公用品780元。

15. 提取本月折旧，其中车间8 100元，厂部3 200元。

16. 计提应由本月负担的银行借款利息1 980元。

17. 分配工资费用，其中：A产品工人工资120 000元，B产品工人工资100 000元，车间管理人员工资50 000元，厂部管理人员工资140 000元。

18. 本月发生制造费用20 000元，按生产工时分配计入A、B产品成本。（A产品6 000工时，B产品4 000工时）

19. 本月生产A产品15台已完工验收入库，结转完工产品成本。

20. 结转已销A、B产品的销售成本，其中A产品销售成本1 000 000元，B产品销售成本380 000元。

21. 将本月的损益类账户的发生额，转入"本年利润"账户。

22. 计算全年的利润总额，计算应交所得税，税率25%。并进行结转。

23. 按净利润10%提取法定盈余公积，按5%提取任意盈余公积。

24. 经批准将资本公积金60 000元转为资本。

25. 按净利润20%向投资者分配利润。

26. 将全年净利润和利润分配数结转到"利润分配——未分配利润"账户。

要求：根据上述经济业务编制会计分录。

第六章

会 计 凭 证

知识目标 *

1. 了解原始凭证与记账凭证的相互关系、会计凭证的作用；
2. 熟悉会计凭证传递和保管的一般要求；
3. 熟悉会计凭证的概念、种类；
4. 掌握原始凭证和记账凭证的内容、填制和审核方法。

能力目标 *

1. 能够准确分辨会计凭证的种类；
2. 能够填制和审核原始凭证；
3. 能够根据原始凭证填制和审核记账凭证。

第一节　会计凭证的作用和种类

会计凭证、简称凭证，是记录经济业务、明确经济责任和据以登记账簿的书面证明。填制和审核会计凭证，是一种重要的会计信息处理的方法，是保证会计核算资料真实、可靠和完整的关键一步，也是整个会计核算工作的起点和基础。

一、会计凭证的作用

任何单位办理任何一项经济业务，如现金的收付、物资的进出、往来款项的结算等，都必须办理凭证手续，由执行和完成该项经济业务的有关人员取得或填制会计凭证，记录经济业务的发生日期、具体内容以及数量和金额等，并在凭证上签名或盖章，对经济业务的合法性、真实性和正确性负完全责任。所有会计凭证都要由会计部门审核无误后才能作为记账的依据。综合来看，会计凭证具有以下几个方面的作用。

（一）会计凭证是提供原始资料、传导经济信息的工具

会计凭证是记录经济活动的最原始资料，是经济信息的载体。任何一项经济业务的发

生，都要编制或取得会计凭证。随着经济的飞速发展，及时准确地提供会计信息在企业管理中起着越来越重要的作用。会计信息是经济信息的重要组成部分。它一般是通过数据，以凭证、账簿、报表等形式反映出来的。对会计凭证的加工、整理和传递，即取得和传导经济信息的过程，既协调了会计主体内部各部门、各单位之间的经济活动，保证生产经营各个环节的正常运转，又为会计分析和会计检查提供了基础资料。

（二）会计凭证是登记账簿的依据

各单位发生的经济业务，如现金的取得和运用，生产经营过程中的各种耗费、销售收入的取得、财务成果的形成和分配等，都必须通过填制会计凭证，如实记录经济业务的内容、数量和金额，再经过会计人员的审核，确认无误后，才能登记入账。如果没有合法的凭证作依据，任何经济业务都不能登记到账簿中去。因此，做好会计凭证的填制和审核工作，是保证会计账簿资料真实性、正确性的重要条件。

（三）会计凭证是加强经济责任制的手段

会计凭证记录着每项经济业务的内容，并且由有关部门和经办人员签章，这就要求有关部门和有关人员必须对经济活动的真实性、正确性、合法性负责。尤其是货币资金的收付，财产物资的购进、发出等经济活动，是由有关部门协同完成的，通过填制和审核凭证，不仅将经办人员联系在一起，相互监督，相互促进，而且有利于划清经办单位和经办人的责任，即使发生了问题，也易于弄清情况，区分责任。这样，无疑会增强有关部门和有关人员的责任感，促使他们严格按照有关政策、法令、制度、计划或预算办事。一旦发生违法乱纪或经济纠纷事件，也可借助于会计凭证确定各经办部门和人员所负的经济责任，并据以进行正确的裁决和处理，从而加强经营管理的岗位责任制。

（四）会计凭证是实行会计监督的条件

通过会计凭证的审核，可以查明各项经济业务是否符合法律、法规、制度的规定，有无贪污、失窃、铺张浪费和损公肥私行为，从而发挥会计的监督作用，保护各会计主体所拥有资产的安全完整，维护投资者、债权人和有关各方的合法权益。同时还可以及时发现经济管理中存在的问题和管理制度中存在的漏洞，及时加以制止和改正，以改善经营管理，提高经济效益。

二、会计凭证的种类

会计凭证形式各异，种类繁多，按其填制程序和用途的不同，可以分为原始凭证和记账凭证两大类。

（一）原始凭证

原始凭证，是在经济业务发生时取得或填制的，用于证明经济业务的发生和完成情况，并作为记账原始依据的会计凭证。它是进行会计核算的原始资料和主要依据。原始凭证按其来源不同，可分为自制原始凭证和外来原始凭证两种。

1. 自制原始凭证

自制原始凭证是由本单位经办业务的部门和人员在执行或完成某项经济业务时所填制的凭证。自制原始凭证按其填制手续和内容不同，又可分为一次凭证、累计凭证、汇总原始凭证三种。

（1）一次凭证，是指只记载一项经济业务或同时记载若干项同类性质经济业务，填制手续一次完成的凭证。例如，领料单、收料单等都是一次凭证。一次凭证的优点在于能独立反映一笔业务的内容，使用方便灵活。其缺点是数量较多，核算比较麻烦。

表 6-1

领 料 单

领料单位：生产车间　　　　　　　　　　　　　　　　　　　　　　凭证编号：015

用　途：A 产品生产　　　　　　　　　2013 年 12 月 3 日　　　　　收料仓库：2 号

材料类别	材料编号	材料名称及规格	计量单位	数 量		金 额	
				请领	实发	单价	金额
型钢	hrb335	Ø25mm	T	1	1	3 750	3 750
型钢	hrb400	Ø12mm	T	0.5	0.5	4 010	2 005
合计							5 755

记账：李红　　　发料：姜同　　　领料单位负责人：张松　　　领料：王立

表 6-2

收 料 单

供货单位：黎明钢厂　　　　　　　　　　　　　　　　　　　　　　凭证编号：0010

发票编号：01643375　　　　　　　　　2013 年 6 月 5 日　　　　　收料仓库：2 号

材料类别	材料编号	材料名称及规格	计量单位	数 量		金 额（元）			
				应收	实收	单价	买价	采购费用	合计
型钢	hrb335	Ø25mm	T	15	15	3 680	55 200	600	55 800
型钢	hrb400	Ø12mm	T	10	10	3 900	39 000	400	39 400
合计							94 200		95 200

会计主管：李鸣　　　会计：王文　　　审核：张满　　　记账：赵东　　　收料：姜同

（2）累计凭证，是指在一定时期内连续记载若干项同类经济业务的会计凭证。如，限额领料单，它的填制手续是随着经济业务发生而分次进行的。累计凭证的优点在于登记并计算了经济业务的数额，期末可以直接计算总数后作为记账的依据，简化了凭证填制手续。

表 6-3

限额领料单

领料部门：生产车间　　　　　　　　　　　　　　　　　　　　　　发料仓库：2 号

用　途：B 产品生产　　　　　　　　　2013 年 2 月 7 日　　　　　编　号：008

材料类别	材料编号	材料名称及规格	计量单位	领料限额	实际领用	单价	金额	备注
型钢	0348	圆钢 10mm	T	10	8			

供应部门负责人：李伟　　　　　　生产计划部门负责人：刘俊

日期	请　领		实　发			退　库		限额结余
	数量	请领单位签章	数量	发料人	领料人	数量	退库单编号	
2.3	3		3	姜同	王立			
2.12	3		3	姜同	王立			
2.20	2		2	姜同	王立			
合计	480		480					

生产计划部门负责人：马莉　　　供应部门负责人：王华　　　仓库签章负责人：董阳

（3）汇总原始凭证（亦称原始凭证汇总表），是根据许多同类经济业务的原始凭证定期加以汇总而重新编制的凭证。它可以集中反映某项经济业务总括发生情况。例如，月末根据月份内所有领料单汇总编制的领料单汇总表（亦称发料单汇总表，格式见表6-4），就是汇总原始凭证。汇总原始凭证的优点是可以简化编制记账凭证的手续，缺陷在于它本身不具备法律效力。

表6-4

领料单汇总表

2013 年 2 月 28 日　　　　　　　　　　　　　　　金额单位：元

会计科目	领料部门	原材料	燃　料	合　计
生产成本	A 产品生产车间	5 000		5 000
	B 产品生产车间	8 000		8 000
	小　计	13 000		13 000
制造费用	车间一般消耗	200		200
管理费用	管理部门耗用	100		100
合　计		13 300		13 300

会计主管：李鸣　　　复核：张满　　　制单：曲信

2. 外来原始凭证

外来原始凭证指在经济业务发生时，从其他单位或个人那里取得的会计凭证。例如，供货单位开来的发货票（见表6-5），运输部门开来的运费收据，银行开来的收款或付款通知等都属于外来原始凭证。外来原始凭证一般都是一次凭证。

表 6-5

2102044140

大连增值税专用发票

发票联

NO 00000026475

开票日期：2013 年 2 月 15 日

购货单位	名　　称：大连中海机械制造有限公司 纳税人识别号：210204760779520 地址、电话：大连中山区吉树街 34 号　84526480 开户行及账号：商西支 700901105005032	密码区	一*双／378/892〉4693 加密版本：01 〈6413543 * 8 * +0〉70 253 2102044140 * 291〈0+6〉3 * /〈+〉08762 00026475 /629500〈44 2〉4 8

货物及应税劳务名称	规格型号	单位	数量	单价	金　额	税率	税　额
材料丙		个	100	125	12 500	17%	2 125
材料丁		个	500	42	21 000	17%	3 570
合　计					￥33 500		￥5 695

价税合计（大写）	⊗叁万玖仟壹佰玖拾伍元整	（小写）￥39 195.00

销货单位	名　　称：上通商贸有限公司 纳税人识别号：210304760778524 地址、电话：大连市西岗区汉阳街 32 号　84579980 开户行及账号：工南支 003470003324100	备注

收款人：李敏　　　复核：张红　　　开票人：李燕妮　　　销货单位（章）：

（二）记账凭证

记账凭证，是会计人员根据审核无误的原始凭证或汇总原始凭证，用来确定经济业务应借、应贷的会计科目和金额而填制的，作为登记账簿的直接依据。由于原始凭证种类繁多、格式不一、数量庞大，不便于在原始凭证上编制会计分录，作为记账的直接依据，因而，有必要将各种原始凭证反映的经济内容加以归类整理，确定会计科目，编制记账凭证。前面章节中提到的会计分录在实际工作中就是通过填制记账凭证来完成的。从原始凭证到记账凭证是经济信息转换成会计信息的过程，是会计的初始确认阶段。填制记账凭证不仅可以简化记账工作、减少差错，而且有利于原始凭证的保管，便于对账和查账，提高会计工作质量。

记账凭证可以根据不同标准进行分类。

1. 记账凭证按其适用范围不同，可以分为专用记账凭证和通用记账凭证两类。

（1）专用记账凭证，是指分别适用于不同类别经济业务的记账凭证。这种记账凭证按其所记录的经济业务是否与库存现金和银行存款的收付有关系，又可分为收款凭证、付款凭证和转账凭证。采用专用记账凭证记账，需要将企业全部经济业务划分为收款业务、付款业务和转账业务，分别填制不同种类的专用凭证。此种记账凭证可以更好地反映企业的货币资金收付情况，可以作为编制现金流量表的一个途径。

① 收款凭证，是用来反映库存现金和银行存款等货币资金收款业务的凭证。它是根据库存现金和银行存款收款业务的原始凭证填制的。收款凭证的借方科目是固定的，通常是："库存现金"或"银行存款"。其格式见表 6-6：

表 6-6

收款记账凭证

凭证编号：_____
出纳编号：_____

辽财会账证 42 - 1C　　　　20　　年　　月　　日　　借方科目：_____

摘　要	结算方式	票号	贷方科目		金　额										记账符号
			总账科目	明细科目	千	百	十	万	千	百	十	元	角	分	
附单据　　张			合　计												

会计主管人员：　　记账：　　稽核：　　制单：　　出纳：　　交款人：

② 付款凭证，是用来反映库存现金和银行存款等货币资金业务的付出业务的凭证。它是根据库存现金和银行存款付款业务的原始凭证填制的。付款凭证的贷方科目是固定的，通常是："库存现金"或"银行存款"。其格式见表 6-7。

表 6-7

付款记账凭证

凭证编号：_____
出纳编号：_____

辽财会账证 42 - 1C　　　　20　　年　　月　　日　　贷方科目：_____

摘　要	结算方式	票号	借方科目		金　额										记账符号
			总账科目	明细科目	千	百	十	万	千	百	十	元	角	分	
附单据　　张			合　计												

会计主管人员：　　记账：　　稽核：　　制单：　　出纳：　　交款人：

收款凭证和付款凭证就是用来记录直接引起库存现金或银行存款增减变动业务的凭证，如用现金发放职工工资、以银行存款支付费用、收到销货款存入银行等业务都是以收、付款凭证来反映的。收款凭证和付款凭证既是登记库存现金日记账、银行存款日记账及总分类账等账簿的依据，也是出纳人员收付款项的依据。出纳人员不能依据库存现金、银行存款收付业务的原始凭证收付款项，必须根据会计主管人员或指定人员审核批准的收款凭证和付款凭证收付款项，以加强对货币资金的管理，有效地监督货币资金的使用。

③ 转账凭证，是用来记录与库存现金、银行存款等货币资金收付款业务无关的转账业务的凭证。转账业务亦称非货币资金业务，是指不涉及货币资金增减变动的业务，如向仓库领料、产成品入库、分配费用、利润结转等。转账凭证是登记总分类账及有关明细分类账的依据。其格式见表 6-8。

表6-8   **转账记账凭证**

辽财会账证 42－1C   20   年   月   日   凭证编号：_____

摘要	结算方式	票号	借方科目		贷方科目		金额										记账符号
			总账科目	明细科目	总账科目	明细科目	千	百	十	万	千	百	十	元	角	分	
附单据 张			合 计														

会计主管人员：   记账：   稽核：   制单：   出纳：   交领款人：

（2）通用记账凭证，是指用来反映所有经济业务的记账凭证。企业为了简化凭证处理，可以使用通用记账凭证。其一般格式与转账凭证相同。其格式见表6-9。

表6-9   **通用记账凭证**   出纳编号：_____

辽财会账证 42－1C   20   年   月   日   凭证编号：_____

摘要	结算方式	票号	借方科目		贷方科目		金额										记账符号
			总账科目	明细科目	总账科目	明细科目	千	百	十	万	千	百	十	元	角	分	
附单据 张			合 计														

会计主管人员：   记账：   稽核：   制单：   出纳：   交领款人：

2. 记账凭证按其填列会计科目的数目不同，可分为单式记账凭证和复式记账凭证两类。

（1）单式记账凭证，又称单科目记账凭证，是在一张凭证上只填列每笔会计分录中的一个会计科目的记账凭证。填列借方科目的称为借项记账凭证，填列贷方科目的称为贷项记账凭证。这样，每笔会计分录至少要填制两张单式记账凭证。单式记账凭证通常采用"分数编号法"编号，以便查对。设置单式记账凭证的目的，一是便于汇总，即每张凭证只汇总一次，并且可减少汇总过程中的差错；二是为了实行会计部门内部的岗位责任制，即每个岗位人员都应对与其有关的账户负责；三是有利于贯彻内部控制制度，防止舞弊。但由于凭证张数多，不易保管，填制凭证的工作量较大，而且出现差错不易查找，故使用的单位较少。单式记账凭证的一般格式，见表6-10、表6-11和表6-12。

表6-10

借项记账凭证

对应科目：主营业务收入　　　　　　2013 年 6 月 30 日　　　　　　　编号 008-1/3 号

摘　要	总账科目	明细科目	金　额										记账
			千	百	十	万	千	百	十	元	角	分	
销售甲产品	银行存款					2	0	0	0	0	0	0	
附单据　张	合　计				¥	2	0	0	0	0	0	0	

会计主管　　　记账　　　　复核　　　　出纳　　　　填制

表6-11

贷项记账凭证

对应科目：银行存款　　　　　　2013 年 6 月 30 日　　　　　　　编号 008 2/3 号

摘　要	总账科目	明细科目	金　额										记账
			千	百	十	万	千	百	十	元	角	分	
销售甲产品	主营业务收入					2	0	0	0	0	0	0	
附单据　张	合　计				¥	2	0	0	0	0	0	0	

会计主管　　　记账　　　　复核　　　　出纳　　　　填制

表6-12

贷项记账凭证

对应科目：银行存款　　　　　　2013 年 6 月 30 日　　　　　　　编号 008 3/3 号

摘　要	总账科目	明细科目	金　额										记账
			千	百	十	万	千	百	十	元	角	分	
销售甲产品	应交税费	应交增值税					3	4	0	0	0	0	
附单据　张	合　计					¥	3	4	0	0	0	0	

会计主管　　　记账　　　　复核　　　　出纳　　　　填制

上述表6-10、表6-11和表6-12反映的经济业务是一笔销售业务，会计分录为：

　　　借：银行存款　　　　　　　　　　　　　23 400

　　　　　贷：主营业务收入　　　　　　　　　　　20 000

　　　　　　　应交税费——应交增值税（销项税额）　　　3 400

（2）复式记账凭证，也称多科目记账凭证，是在一张凭证上完整地列出每笔会计分录所涉及的全部会计科目的记账凭证。上述专用记账凭证和通用记账凭证均为复式记账凭证。复式记账凭证的优点，是在一张凭证上就能完整地反映一笔经济业务的全貌，了解资金的来龙去脉，且填写方便，附件集中，便于凭证的分析及审核。其缺点是不便于分工记账，汇总计算每一会计科目的发生额过于烦琐。

3. 记账凭证按其填制和汇总方式不同，可以分为一次性记账凭证、汇总记账凭证和科目汇总表（亦称记账凭证汇总表、账户汇总表）三类。

一次性记账凭证，是指根据原始凭证或原始凭证汇总表一次填制的凭证，只包括一笔会计分录。上述的专用记账凭证和通用记账凭证、单式记账凭证和复式记账凭证均为一次性记账凭证。

汇总记账凭证，是根据一定时期内同类单一记账凭证定期加以汇总而重新编制的记账凭证。其目的是为了简化总分类账的登记手续。汇总记账凭证又可进一步分为汇总收款凭证、汇总付款凭证和汇总转账凭证。

科目汇总表，是指根据一定时期内所有的记账凭证定期加以汇总而重新编制的记账凭证。其目的是为了简化总分类账的登记手续。

综上所述，现将会计凭证的分类归纳如图 6-1 所示。

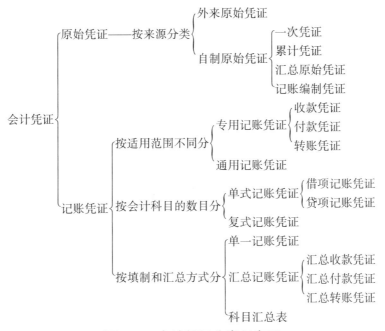

图 6-1　会计凭证分类示意图

第二节　原　始　凭　证

原始凭证是在经济业务发生或完成时取得的，能够证明业务的实际情况，是会计核算工作的起点。因此，了解原始凭证的内容，掌握原始凭证的填制与审核方法，对于保证会计核算提供信息的真实、合法、及时有着重要的意义。

一、原始凭证的基本内容

由于每个单位经济性质不同，管理要求不同，经济业务的内容多种多样，因而记录经济业务的原始凭证所包括的具体内容也各不相同。但是无论形式上如何，每一种原始凭证都必须客观地、真实地记录和反映经济业务的发生、完成情况，都必须明确有关单位、部门及人员的经济责任。这些共同的要求，决定了每种原始凭证都必须具备以下几方面的基本内容：

1. 原始凭证的名称；
2. 填制凭证的日期及编号；
3. 接受凭证的单位名称；
4. 经济业务的内容、数量和金额；
5. 填制凭证单位的名称和有关人员的签章。

此外，有些原始凭证除了包括上述基本内容以外，为了满足计划、统计等其他业务工作的需要，还要列入一些补充内容。例如，在有些原始凭证上，还要注明与该笔经济业务有关的计划指标、预算项目和经济合同等。

各会计主体根据本单位会计核算和管理的需要，按照原始凭证应具备的基本内容和补充内容，可以自行设计和印制适合本主体需要的各种原始凭证。但是，为了加强宏观管理，强化监督，堵塞偷税、漏税的漏洞，各有关主管部门应当为同类经济业务设计统一的原始凭证格式。例如，由中国人民银行设计统一的银行汇票、本票、支票；由交通部门设计统一的客运、货运单据；由税务部门设计统一的发票、收款收据以及纳入金税工程系统的增值税专用发票等。这样，不但可以统一同类经济业务的原始凭证的内容，便于加强监督管理，而且也可以节省各会计主体的印刷费用。

二、原始凭证的填制

自制原始凭证的填制有三种形式：一是根据本单位实际发生或完成的经济业务，由经办人员直接填制，如"材料入库单"、"领料单"等；二是根据现有账簿记录对有关经济业务加以归类、整理填制，如各种记账编制凭证；三是根据当期的若干张反映同类经济业务的原始凭证定期汇总填制，如各种汇总原始凭证等。

外来原始凭证一般是由税务局或有关部门统一印制，或经税务部门批准由经济单位印制，格式相对统一的凭证。取得时注意必须加盖出具凭证单位的公章才有效，对于一式多联的原始凭证必须用复写纸套写。虽然外来原始凭证是由其他单位或个人填制，但它同自制原始凭证一样，也必须具备为证明经济业务完成情况和明确经济责任所必需的内容。

尽管各种原始凭证的具体填制依据和方法不尽一致，但就原始凭证应真实反映经济业务、明确经济责任而言，其填制的一般要求有以下几个方面。

（一）记录真实

凭证上记载的经济业务，必须合法，必须符合国家有关政策、法令、制度的要求，而且必须与实际情况相符合，绝不允许有任何歪曲或弄虚作假。对于实物的数量、质量和金额，都要经过严格的审核，确保凭证内容真实可靠。从外单位取得的原始凭证如有丢失，应取得原签发单位盖有"财务专用章"的证明，并注明原始凭证的号码、所载金额等内容，由经办单位负责人批准后，可代替作为原始凭证；对于确实无法取得证明的，如火车票、轮船票、飞机票等，可由当事人写出详细情况，由经办单位负责人批准后，也可代作原始凭证。

（二）手续完备

原始凭证的填制必须手续完备，经办业务的单位有关部门和人员要认真审查，签名盖章。还必须符合内部牵制原则的要求。购买实物的原始凭证，必须有实物的验收证明；支付款项的原始凭证，必须有收款方的收款证明；一式几联的凭证，必须用双面复写纸套写，单页凭证必须用钢笔填写；凡是填有大写和小写金额的原始凭证，大写与小写金额必须相符；销货退回时，除填制退货发票外，必须取得上次开出的旧发票，加盖"作废"戳记予以保存，不得撕毁，而且必须取得对方的收款收据或开户行的汇款凭证，不得以退货发票代替收据；经有关部门批准办理的某些特殊业务，应将批准文件作为原始凭证的附件，或在凭证上注明批准机构的名称、日期和文件字号。

（三）内容完整

原始凭证中的基本内容和补充内容都要详尽地填写齐全，不得漏填或省略不填。为了明确经济责任，原始凭证必须由经办部门和人员签章。从外单位取得的原始凭证，必须有填制单位的公章或财务专用章；从个人取得的原始凭证，必须有填制人员的签名或盖章。自制原始凭证必须有经办部门负责人或其指定人员的签名或盖章。对外开出的原始凭证，必须加盖本单位的公章或财务专用章。如果项目填写不全，则不能作为经济业务的合法证明，也不能作为有效的会计凭证。

（四）书写规范

原始凭证上的文字，要按规定使用蓝黑墨水书写（需要套写的，可使用蓝黑色圆珠笔书写），字迹要工整、清晰，易于辨认，不得使用未经国务院颁布的简化字。合计的小写金额前要冠以人民币符号"￥"（用外币计价、结算的凭证，金额前要加注外币符号，如"HK＄"、"US＄"等），币值符号与阿拉伯数字之间不得留有空白；阿拉伯数字要逐个写清楚，不得连写；所有以元为单位的阿拉伯数字，除表示单价等情况外，一律填写到角分，无角分的要以"0"补位。汉字大写金额数字，一律用正楷字或行书字书写，如壹、贰、叁、肆、伍、陆、柒、捌、玖、拾、佰、仟、万、亿、元、角、分、零、整（正）等。大写金额最后为"元"的应加写"整"（或"正"）字结尾。银行结算制度规定的结算凭证、预算的交款凭证、拨款凭证、企业的发票、收据、提货单、运单、合同、契约，以及其他按规定需要填列大写金额的各种凭证，必须有大写金额，不得只填小写金额。

阿拉伯金额数字中间有"0"时，汉字大写金额要写"零"字，如5 204.31，汉字大写金额应写成人民币伍仟贰佰零肆元叁角壹分。阿拉伯金额数字中间连续有几个"0"时，汉字大写金额中可以只写一个"零"字，如15 008.00，汉字大写金额应写成人民币壹万伍仟零捌元整。阿拉伯金额数字万位或元位是"0"，或者数字中间连续有几个"0"，元位也是"0"，但分位、角位不是"0"时，汉字大写金额中可以只写一个"零"字，也可以不写"零"字，如6 820.53，应写成人民币陆仟捌佰贰拾元零伍角叁分，或者写成人民币陆仟捌佰贰拾元伍角叁分；又如1 035 000.17，应写成人民币壹佰零叁万伍仟元零壹角柒分，或者写成人民币壹佰零叁万伍仟元壹角柒分。阿拉伯金额数字角位是"0"，而分位不是"0"时，汉字大写金额"元"后面应写"零"字，如3 845.05，应写成人民币叁仟捌佰肆拾伍元零伍分。

原始凭证记载的各项内容均不得随意刮擦涂改，原始凭证有错误的应当由出具单位重开或者更正，更正处应当加盖出具单位印章。如果是金额有错误的，应当由出具单位重开，不得在原始凭证上更正。支票、发票等重要的原始凭证若填写错误，一律不得在凭证上更正，应按规定的手续注销留存，另行重新填写。

（五）填制及时

当经济业务发生或完成后，经办的有关部门和人员必须及时填制原始凭证，并要按规定的传递程序和时间将其送交会计部门，由会计部门加以审核，并据以编制记账凭证。

三、原始凭证的审核

审核会计凭证是正确组织会计核算和进行会计检查的一个重要方面，也是实行会计监督的一个重要手段。为了保证原始凭证内容的真实性和合法性，正确反映和监督各项经济业务，防止不符合填制要求的原始凭证影响会计信息的质量，必须由会计部门和经办业务的有关部门对一切外来的和自制的原始凭证进行严格的审核。

各种原始凭证除由经办业务的有关部门审核外，最后要由会计部门进行事前监督审核。审核内容主要包括以下两个方面。

（一）审核原始凭证所反映的经济业务是否合法、合规、合理

审核时应以国家颁布的现行财经法规、财会制度，以及本单位制定的有关规则、预算和计划为依据。审核经济业务是否符合有关规定，有无弄虚作假、违法乱纪、贪污舞弊的行为；审核经济活动的内容是否符合规定的开支标准，是否履行规定的手续，有无背离经济效益原则和内部控制制度的要求。如有违反，应及时向本单位领导汇报，提出拒绝执行的意见，必要时要求严肃处理。

（二）审核原始凭证的填制是否符合规定的要求

首先应审核原始凭证是否具备作为合法凭证所必需的基本内容，所有项目是否填写齐全，有关单位和人员是否已签字盖章。其次要审核凭证中所列数字的计算是否正确，大、小写金额是否相符，数字和文字是否清晰等。如有手续不完备、数字计算不准确的情况，应由经办人员补办手续或更正错误。

原始凭证的审核，是一项十分细致而严肃的工作，会计人员必须坚持原则，依法办事，履行自身的职责。在审核过程中，对于内容不真实、不合法的原始凭证，有权不予受理，并要向单位负责人报告；对于记载不准确、不完整的原始凭证应予以退回，并要求经办人按照国家统一的会计制度的规定更正、补充；对于违反制度和法令的一切收支，伪造、涂改凭证，虚报冒领不法行为，会计人员应扣留原始凭证，并依据《会计法》的有关规定，向领导提出书面报告，请求严肃处理。原始凭证经审核无误后，才能作为编制记账凭证和登记明细分类账的依据。

第三节　记 账 凭 证

记账凭证是用来确定会计分录的一种凭证，是记账的直接依据。因此，了解记账凭证的具体内容和格式，掌握记账凭证的填制和审核方法，对于贯彻会计制度，保证会计核算提供信息的质量有着重要的意义。

一、记账凭证的基本内容

记账凭证虽然种类不同，格式不一，编制依据各异，但各种记账凭证的主要作用都在于对原始凭证进行归类整理，运用会计科目，依据复式记账方法，编制会计分录，为登记账簿提供直接依据。因此，所有记账凭证要满足记账的要求，就必须具备下列基本内容：

1. 记账凭证的名称；
2. 填制凭证的日期和凭证的编号；
3. 经济业务的内容摘要；
4. 记账符号、会计科目（包括一级、二级或明细账户）名称和金额；
5. 所附原始凭证的张数；
6. 填制单位的名称及有关人员的签章。

二、记账凭证的填制

采用专用记账凭证时，收款凭证和付款凭证是由出纳人员根据审核无误的库存现金、银行存款收付业务的原始凭证填制。涉及银行存款的收付业务，一般应以经银行盖章的单据（如送款单、收款通知、支款通知等）作为原始凭证。这样做是为了保证收付业务的可靠性，也便于同银行账核对。对于库存现金和银行存款之间的收付业务（亦称相互划转业务），如从银行提取现金、把现金送存银行等，为避免重复记账，一般只编制付款凭证，而不再编制收款凭证。如将现金 1 000 元存入银行，应填制库存现金付款凭证，而不再填制银行存款收款凭证。同理，从银行提取现金 600 元应填制银行存款的付款凭证，不能填写库存现金收款凭证。出纳人员对于已经收讫的收款凭证和已经付讫的付款凭证及其所附的各种原始凭证，都要加盖"收讫"和"付讫"的戳记，以免重收重付。

转账凭证通常由会计人员根据审核无误的有关转账业务的原始凭证填制外，还可以根据账簿记录填制，如根据工资总额提取职工福利费，制造费用的分配，将损益类账户的月末余额转入"本年利润"账户，将"本年利润"账户的年末余额转入"利润分配"账户，以及更正账簿错误等。根据账簿记录编制的记账凭证一般没有原始凭证。

在本章第一节已经提到，大中型企业经济业务繁杂，记账凭证数量较多，为了简化登记总分类账的手续，可以在月内分数次把记账凭证按收款凭证、付款凭证、转账凭证分别进行汇总，分类编制汇总记账凭证，或将所有记账凭证汇总编制科目汇总表，然后据以登记总分类账。

汇总记账凭证分为汇总收款凭证、汇总付款凭证和汇总转账凭证三种。

汇总收款凭证是根据收款凭证分别按库存现金和银行存款账户的借方设置，并按对应的贷方账户归类汇总，它汇总了一定时期内的库存现金和银行存款的收款业务。汇总付款凭证是根据付款凭证分别按库存现金和银行存款账户的贷方设置，并按对应的借方账户归类汇总，它汇总了一定时期内的库存现金和银行存款的付款业务。汇总转账凭证是根据转账凭证按账户的贷方设置，并按对应的借方账户归类汇总，它用来汇总一定时期内的转账业务。这三种汇总记账凭证都应定期（如每五天或每旬）汇总一次，每次填制一张。为了便于汇总，转账凭证的账户对应关系，要求保持一借一贷或一贷多借，而不宜采用一借多贷或多借多贷的形式。

汇总记账凭证的优点是可以反映账户之间的对应关系，便于了解经济业务的来龙去脉，进而利于会计分析和会计检查。缺点是汇总的工作量比较繁重。汇总记账凭证的一般格式见表6-13、表6-14和表6-15。

表6-13

汇总收款凭证

借方账户：银行存款　　　　　　　　2013年2月　　　　　　　　汇收字第1号

贷方科目	金　　额				记　　账	
	1—10日	11—20日	21—28日	合计	借方	贷方
主营业务收入	50 000	150 000	120 000	320 000		320 000
应交税费	8 500	31 500	20 400	60 400		60 400
预收账款	30 000			30 000		30 000
短期借款	15 000			15 000		15 000
应收账款	40 000			40 000		40 000
实收资本	36 500		213 500	250 000		250 000
其他业务收入	0	20 000		20 000		20 000

表6-14

汇总付款凭证

贷方账户：银行存款　　　　　　　　2013年2月　　　　　　　　汇付字第2号

借方科目	金　　额				记　　账	
	1—10日	11—20日	21—28日	合计	借方	贷方
库存现金	17 000	13 000	20 000	50 000	50 000	
预付账款	41 000		19 000	60 000	60 000	
制造费用	5 000	4 500	5 500	15 000	15 000	
管理费用	3 000	2 000	2 500	7 500	7 500	
短期借款	12 000				12 000	
实收资本	20 000				20 000	

表6-15

汇总转账凭证

贷方账户：原材料　　　　　　　　2013年2月　　　　　　　　汇转字第1号

借方科目	金　　额				记　　账	
	1—10日	11—20日	21—28日	合计	借方	贷方
生产成本	200 000	180 000	220 000	600 000	600 000	
制造费用	2 500	3 500	4 000	10 000	10 000	
管理费用	1 000	1 200	1 800	4 000	4 000	
在建工程	36 000	24 000	15 000	75 000	75 000	

科目汇总表是根据一定时期内的全部记账凭证，按科目进行归类汇总编制的，用于登记总账。在科目汇总表中，要分别计算出每一个总账科目的借方和贷方发生额合计数。科目汇总表应定期编制，可以每月汇总一次，也可以每旬汇总一次，每次编制一张。科目汇总表比较突出的优点是可以简化总分类账的登记手续，又能起到全部账户发生额的试算平衡作用，汇总的工作还比较简单。但它最大的缺点是无法反映账户的对应关系。科目汇总表的一般格式见表6-16。

表6-16

科目汇总表

2013 年 2 月 1 日至 10 日

科目名称	总账页数	本期发生额		记账凭证起讫号数
		借 方	贷 方	
库存现金		17 000		
银行存款		180 000	104 000	
应收账款			40 000	
预付账款		41 000		
在途物资			5 000	
原材料		5 000	239 500	
长期待摊费用		6 000		
生产成本		200 000		
在建工程		36 000		
制造费用		7 500		
管理费用		4 000		
短期借款		12 000	15 000	
预收账款			30 000	
应交税费			8 500	
主营业务收入			50 000	
实收资本		20 000	36 500	
合 计		528 500	528 500	

各种记账凭证的填制，除严格按原始凭证的填制要求外，还应注意以下几点。

（一）摘要简明

记账凭证的摘要是对经济业务的简要说明，又是登记账簿的依据，必须针对不同性质的经济业务的特点，应用简明扼要的语言，概括出经济业务的主要内容。既要防止简而不明，又要避免过于烦琐。为了满足登记明细分类账的需要，对不同性质的账户，其摘要填写应有所区别。例如，反映原材料等实物资产的账户，摘要中应注明品种、数量、单价；反映库存现金、银行存款或借款的账户，摘要中应注明收付款凭证和结算凭证的号码，以及款项增减原因、收付款单位名称等。

（二）科目运用准确

记账凭证设计的会计科目必须按会计制度统一规定的会计科目填写，保证核算口径一致，便于汇总。会计人员不得任意简化或改动科目名称，不得只写科目编号，不写科目名称。同时，二级和明细科目也要填列齐全。应借、应贷的记账方向和账户对应关系必须清楚。编制复合会计分录，应是一贷多借，一般不编一借多贷或多借多贷的会计分录，以便从账户对应关系中反映经济业务的情况。

（三）连续编号

记账凭证在一个月内应连续编号，以便核查。如采用通用记账凭证，可按全部经济业务发生的先后顺序编号，每月从第 1 号编起。如采用专用记账凭证，可用"字号编号法"，即按凭证类别分类编号，每月从收字第 1 号、付字第 1 号和转字第 1 号编起；也可以用"双重编号法"，即按总字顺序编号与按类别顺序编号相结合，每月从"总字第 1 号，收字第 1 号"、"总字第×号，付字第 1 号"编起。若一笔经济业务需填制多张记账凭证的，可采用"分数编号法"，即按该项经济业务的记账凭证数量编列分号。例如，某笔经济业务需编制三张转账凭证，凭证的顺序号为 058 时，这三张凭证的编号应分别为转字第 058 1/3 号、0582/3 号、0583/3 号。使用单式记账凭证时，一般也采用"分数编号法"。每月末最后一张记账凭证的号旁边要加注"全"字，以免凭证散失。

（四）附件齐全

记账凭证上要注明所附原始凭证的张数，所附的原始凭证必须完整无缺，以便核对摘要及所编会计分录是否正确无误。若两张或两张以上的记账凭证依据同一原始凭证编制，则应在未附原始凭证的记账凭证上注明"原始凭证××张，附于第××号凭证之后"，以便日后查阅。如果原始凭证需要另行保管时，应在附件栏中加以注明。

三、记账凭证的审核

记账凭证是登记账簿的直接依据，为了保证账簿记录的正确性，以及整个会计信息的质量，记账前必须由专人对已编制的记账凭证进行认真、严格的审核。审核的内容主要有以下几方面：

1. 记账凭证是否附有原始凭证，原始凭证是否齐全，内容是否合法，记账凭证的内容与所附原始凭证的内容是否相符，金额是否一致；

2. 凭证中会计科目的使用是否正确，二级或明细科目是否齐全，借贷方向是否明确，账户对应关系是否清晰，金额计算是否准确无误；

3. 记账凭证中有关项目是否填列齐全，有关人员是否签名盖章。

在审核中若发现记账凭证填制有错误，应查明原因，按规定方法予以重填或及时更正。只有经审核无误的记账凭证，才能据以记账。

第四节　会计凭证的传递与保管

一、会计凭证的传递

会计凭证的传递，是指凭证从取得或填制到归档保管的整个过程，在单位内部各有关部门和人员之间按规定的时间、路线办理业务手续和进行处理的过程。各种会计凭证所记录的经济业务有所不同，办理手续和时间也不尽相同，应该对每种会计凭证的传递规定合理的程序和在每个环节应停留的时间。

正确、合理地组织会计凭证的传递，对于及时处理和登记经济业务，协调单位内部各部门、各环节的工作，提高工作效率，加强经营管理的岗位责任制，提高经营管理水平，实行会计监督，具有重要作用。例如，对材料收入业务的凭证传递，应明确规定：材料运达企业后，需多长时间验收入库，由谁负责填制收料单，又由谁在何时将收料单送交会计及其他有关部门，会计部门由谁负责审核收料单，由谁在何时编制记账凭证和登记账簿，又由谁负责整理或保管凭证等。这样，既可以把材料收入业务从验收入库到登记入账的全部工作在本单位内部进行分工，并通过各部门的协作来共同完成，同时也便于考核经办业务的有关部门和人员是否按照规定的会计手续办事。

会计凭证的传递主要包括凭证的传递路线、传递手续和传递时间三个方面的内容。各单位应根据经济业务的特点，内部机构设置、人员分工情况，以及经营管理上的需要，明确规定会计凭证的联次及其流程。使会计凭证经过的环节都是必要的，对每个环节都有用，从而保证会计凭证沿着最简捷、最合理的路线传递，有利于企业加强管理。

会计凭证的传递手续，即凭证传递过程中的衔接手续，要做到严密，凭证的交接应按一定的手续制度办理，以便明确责任、确保会计凭证的安全和完整。

会计凭证的传递时间，即各种凭证在各经办部门、环节所停留的最长时间，应根据各环节的工作量和工作内容，以及在正常情况下办理经济业务所需时间来合理确定。一切会计凭证的传递和处理，都应在报告期内完成，不得跨期，以便处理及时、传递迅速，保证会计工作的正常秩序，提高工作效率。否则，将会影响会计核算的及时性。

会计凭证传递的及时有效，对于核算和监督经济业务，协调有关部门和人员完成本职工作，加强企业管理都有积极的意义。当然，会计凭证的传递路线、传递手续和传递时间并非一成不变，还应根据实际情况的变化及时加以修改，以确保会计凭证传递的科学化、制度化。

二、会计凭证的保管

会计凭证的保管，是指会计凭证登账后的整理、装订和归档保存。会计凭证作为记账的依据，不论是在手工记账还是采用电子记账的情况下，都是必不可少的。而且会计凭证也是各项经济活动的历史记录，是重要的经济档案。为了便于随时查阅利用，各种会计凭证在办理好各项业务手续，并据以记账后，应由会计部门按照《会计档案管理办法》的规定加以整理、归类，并送交档案部门妥善保管。

（一）会计凭证的日常保管

会计部门在记账以后，应把记账凭证及其所附原始凭证，按记账凭证的编号顺序进行整理，在确保记账凭证及其所附原始凭证完整无缺后，定期（一般为一个月）将会计凭证加以归类整理，即将其折叠整齐，加上封面、封底，装订成册，并在装订线上加贴封签，以防散失和任意拆装。在封面上要注明单位名称、所属年度和月份、起讫日期、凭证种类、起讫号码、凭证张数、总册数等。在装订线封签处由会计主管或指定装订人员签名或盖章后归档保管。

对于那些数量过多或各种随时需要查阅的原始凭证应单独装订保管，在封面上注明记账凭证的日期、编号、种类，同时在记账凭证上注明"附件另订"。各种经济合同和重要的涉外文件等凭证，应另编目录，单独登记保管，并在有关记账凭证和原始凭证上注明。

会计凭证原则上不得借出，如有特殊需要，须报请批准，但不得拆散原卷册，并应限期归还。需要查阅已入档的会计凭证时，必须办理借阅手续。其他单位因特殊原因需要使用原始凭证时，经本单位负责人批准，可以复制。但向外单位提供的原始凭证复印件，应在专设的登记簿上登记，并由提供人员和收取人员共同签名或盖章。

（二）会计凭证的归档保管

装订成册的会计凭证在会计年度终了后，可由会计部门指定专人保管一年，期满后，原则上应由会计部门编造清册移交本单位档案部门保管。档案部门接收的会计凭证，原则上要保持原卷册的封装，个别需要拆封重新整理的，应由会计部门和经办人员共同拆封整理，以明确责任。

（三）会计凭证的保管期限和销毁手续

会计凭证的保管期限，一般为15年，其中涉及外事方面的会计凭证要永久保存。保管期未满，任何人都不得随意销毁会计凭证。对于保管期满，按规定需要销毁的会计凭证，必须开列清单，报经批准后，由档案部门和会计部门共同监督销毁。在销毁会计凭证前，监督销毁人员应认真清点核对；销毁后，在销毁清册上签名或盖章，并将监销情况报本单位负责人。

自 测 题

一、单选题

1. 下列属于外来原始凭证的是（   ）。
A. 入库单　　　B. 发料汇总表　　　C. 银行收账通知单　D. 出库单

2. 下列不属于会计凭证的有（   ）。
A. 发货票　　　B. 领料单　　　C. 购销合同　　　D. 住宿费收据

3. 原始凭证的基本内容中，不包括（   ）。
A. 日期及编号　B. 内容摘要　　C. 实物数量及金额　D. 会计科目

4. 原始凭证和记账凭证的相同点是（   ）。
A. 反映经济业务的内容相同　　B. 编制时间相同
C. 所起作用相同　　　　　　　D. 经济责任的当事人相同

5. 下列业务应编制转账凭证的是（   ）。
A. 支付购买材料价款　　　B. 支付材料运杂费
C. 收回出售材料款　　　　D. 车间领用材料

6. 企业将现金存入银行应编制（   ）。

A. 银行存款付款凭证　　　　　　　　B. 现金付款凭证

C. 银行存款收款凭证　　　　　　　　D. 现金收款凭证

7. 外来原始凭证一般都是（　　　）。

A. 一次凭证　　　B. 累计凭证　　　　C. 汇总原始凭证　　D. 记账凭证

8. 企业的"限额领料单"属于（　　　）。

A. 一次凭证　　　B. 累计凭证　　　　C. 记账编制凭证　　D. 汇总原始凭证

9. 在经济业务发生时取得或填制的会计凭证是（　　　）。

A. 原始凭证　　　B. 记账凭证　　　　C. 记账编制凭证　　D. 汇总原始凭证

10. 连续记载一定时间内不断重复发生的同类经济业务的原始凭证是（　　　）。

A. 一次凭证　　　B. 累计凭证　　　　C. 汇总原始凭证　　D. 自制原始凭证

11. 不能作为记账依据的是（　　　）。

A. 发料单　　　B. 住宿费收据　　　C. 实存账存对比表　D. 购料合同

12. 下列单证中，可作为记账依据的原始凭证是（　　　）。

A. 材料请购单　　B. 购销合同　　　　C. 生产计划　　　　D. 限额领料单

13. 下列凭证中，（　　　）属于外来原始凭证。

A. 购货发票　　　B. 领料单　　　　　C. 销货发票　　　　D. 工资结算单

14. "材料领用汇总表"是一种（　　　）。

A. 一次凭证　　　B. 累计凭证　　　　C. 原始凭证汇总表　D. 复式凭证

二、多选题

1. 下列属于一次原始凭证的有（　　　）。

A. 限额领料单　　B. 领料单　　　　　C. 领料登记表　　　D. 购货发票

E. 销货发票

2. 记账凭证编制的依据可以是（　　　）。

A. 收、付款凭证　B. 一次凭证　　　　C. 累计凭证　　　　D. 汇总原始凭证

E. 转账凭证

3. 企业购入材料一批，货款用存款支付，材料验收入库，则应编制的全部会计凭证是（　　　）。

A. 收料单　　　　B. 累计凭证　　　　C. 收款凭证　　　　D. 付款凭证

E. 转账凭证

4. 下列科目中可能成为付款凭证借方科目的有（　　　）。

A. 库存现金　　　B. 银行存款　　　　C. 应付账款　　　　D. 应交税费

E. 销售费用

5. 转账凭证属于（　　　）。

A. 记账凭证　　　B. 专用记账凭证　　C. 会计凭证　　　　D. 复式记账凭证

E. 通用记账凭证

6. 涉及库存现金与银行存款相互划转的业务应编制的记账凭证有（　　　）。

A. 现金收款凭证　　　　　　　　　　B. 现金付款凭证

C. 银行存款收款凭证　　　　　　　　D. 银行存款付款凭证

E. 转账凭证

7. 以下经济业务中，应当填制付款凭证的业务有（　　）。

A. 用现金购买办公用品　　　　　　　　B. 将现金存入银行

C. 用银行存款交纳税金　　　　　　　　D. 生产产品领用材料

E. 用现金支付员工借款

8. 以下经济业务中，应当填制转账凭证的业务有（　　）。

A. 收到投资者投入企业材料　　　　　　B. 用银行存款支付购买材料货款

C. 将盈余公积金转为资本金　　　　　　D. 企业管理部门领用材料

9. 专用记账凭证可以分为（　　）。

A. 转账凭证　　　B. 记账编制凭证　　　C. 收款凭证　　　D. 付款凭证

10. 下列科目中，可能成为收款凭证借方科目的有（　　）。

A. 库存现金　　B. 银行存款　　　　C. 应收账款　　　D. 预收账款

11. 可以作为记账直接依据的会计凭证有（　　）。

A. 收款凭证　　B. 自制原始凭证　　　C. 付款凭证　　　D. 外来原始凭证

E. 转账凭证

12. 原始凭证的基本内容包括（　　）。

A. 原始凭证的名称　　　　　　　　　　B. 原始凭证的编号

C. 填制原始凭证的日期　　　　　　　　D. 接受原始凭证的单位名称

E. 有关负责人的签章

13. 销毁会计档案时，应当由（　　）共同派员监销。

A. 董事会　　　B. 财政局　　　　　C. 档案机构　　　D. 监事会

E. 会计机构

14. 下列业务中，应填制付款凭证的是（　　）。

A. 提现金备用　　　　　　　　　　　　B. 购买材料预付定金

C. 购买材料未付款　　　　　　　　　　D. 以存款支付前欠某单位账款

15. 原始凭证按其填列的方法不同，可分为（　　）。

A. 付款凭证　　　　　　　　　　　　　B. 原始凭证汇总表（或汇总原始凭证）

C. 累计凭证　　　　　　　　　　　　　D. 一次凭证

三、判断题

1. 一次凭证是指只反映一项经济业务的凭证，如"领料单"。　　　　　　　（　　）

2. 累计凭证是指在一定时期内连续记载若干项同类经济业务，其填制手续是随经济业务发生而分次完成的凭证，如"限额领料单"。　　　　　　　　　　　　（　　）

3. 汇总原始凭证是指在会计核算工作中，为简化记账凭证编制工作，将一定时期内若干份记录同类经济业务的记账凭证加以汇总，用于集中反映某项经济业务总括发生情况的会计凭证。　　　　　　　　　　　　　　　　　　　　　　　　　　　　　　（　　）

4. 在一笔经济业务中，如果既涉及库存现金和银行存款的收付，又涉及转账业务时，应同时填制收（或付）款凭证和转账凭证。　　　　　　　　　　　　　　　　（　　）

5. 原始凭证是登记日记账、明细账的根据。　　　　　　　　　　　　　　（　　）

6. 记账凭证的填制日期同原始凭证的填制日期应当相同。　　　　　　（　　）

7. 记账编制凭证也是一种记账凭证。　　　　　　　　　　　　　　　（　　）

8. 汇总记账凭证是根据各种专用记账凭证汇总而成的。　　　　　　　（　　）

9. 为了便于编制汇总记账凭证，不要编制多借一贷和多借多贷的会计分录。（　　）

10. 从银行提取现金或把现金送存银行，为避免重复记账，一般只编制付款凭证，而不再编制收款凭证。　　　　　　　　　　　　　　　　　　　　　　（　　）

11. 原始凭证金额有错误的，应当由出具单位重开，不得在原始凭证上更正。（　　）

12. 差旅费报销单属于累计凭证。　　　　　　　　　　　　　　　　　（　　）

13. 原始凭证可以由非财会部门和人员填制，但记账凭证只能由财会部门和人员填制。
　　　　　　　　　　　　　　　　　　　　　　　　　　　　　　　（　　）

14. 有关库存现金、银行存款收支业务的凭证，如果填写错误，不能在凭证上更改，应加盖"作废"戳记，重新填写，以免错收错付。　　　　　　　　　　　（　　）

15. 企业将现金2 000元存入银行的业务，会计人员应编制银行收款凭证。（　　）

四、业务题

大华机械制造厂2013年7月发生下列经济业务：

1. 7月2日，收到某单位投入资金500 000元，存入银行。

2. 7月6日，从银行提取现金5 000元备用。

3. 7月11日，购买甲材料3 000千克，单价10元，增值税款5 100元，款项均通过银行付清，材料验收入库。

4. 7月15日，销售A产品1 000台，单价20元，增值税税率17%，已收款存入银行。

5. 7月20日，以银行存款偿还前欠B公司的货款100 000元。

6. 7月28日，收到上个月某公司所欠货款11 700元，存入银行。

要求：（1）根据所给资料填制相应的通用记账凭证。

（2）假如采用专用记账凭证，判断应填制哪种记账凭证。

第七章

会计账簿

 知识目标

1. 了解会计账簿的更换与保管的有关规定和要求；
2. 熟悉会计账簿的含义、会计账簿的设置原则和会计账簿的种类；
3. 熟悉各类会计账簿的格式，并掌握其登记方法、登记规则；
4. 掌握错账的更正方法、结账与对账的方法。

能力目标

1. 能够准确辨认会计账簿的类型，陈述各类账簿的登记依据；
2. 能够独立建账并熟练登记不同类型的会计账簿；
3. 能够运用正确的错账更正方法，更正记账过程中发生的错误；
4. 能够在会计期末对不同类型的会计账簿进行结账和对账。

第一节　账簿的作用和种类

会计账簿，是以会计凭证为依据，由相互联系的具有专门格式的账页所组成，用于连续、系统、全面地记录和反映各项经济业务的簿籍。通过会计账簿的登记，把分散在会计凭证上的大量零星资料，分类整理，汇总登记到账簿上，为经济管理提供需要的会计信息。会计账簿是否正确、完整，将直接影响会计报表的质量好坏。会计账簿是提供高质量经济信息的基础，对加强经营管理、实现会计目标具有重要作用。

一、账簿的作用

设置和登记账簿是会计核算工作的重要环节，在经济管理中具有重要作用。

（一）账簿可以为企业的经营管理提供系统、完整的会计信息

通过设置和登记账簿，可以把会计凭证所反映的经济业务进行归类汇总，序时分类地记录、计算。这样，可以连续、系统、全面地提供企业财务状况和经营成果的会计资料。

对正确计算成本、费用和收入，加强经营管理，合理使用资金，监督各项财产物资的安全完整起到十分重要的作用。

（二）账簿是考核企业的经营成果，进行会计审计的重要依据

账簿记录了一定时期资金的取得与运用情况，提供了各项资金、成本和利润等经济指标，借以考核资金、成本、利润计划的执行情况。利用账簿提供的资料来进行会计分析和会计检查，能有效地加强会计监督，促使企业不断地总结经验，采取有效措施，改善经营管理，提高经济效益。

（三）账簿记录是编制会计报表的主要依据

账簿分门别类地对经济业务进行登记，积累了一定时期的会计核算资料，通过加工整理，就成为编制会计报表的主要依据。账簿记录是否及时、详尽，数字是否真实、可靠，决定着会计报表的质量高低。

二、设置账簿的原则

为了科学地记录和反映各项经济业务，任何单位都应当根据本单位经济业务的特点和经营管理的需要，设置一定种类和数量的账簿。一般说来，应遵循以下原则。

（一）统一性原则

各单位应按照国家会计制度的统一规定设置账簿，所设置的账簿应全面反映企业各项经济活动的情况，满足各方面了解企、事业单位财务状况和经营成果的需要，满足内部管理者经营决策的需要。

（二）科学性原则

设置账簿要组织严密、层次分明，避免记录重复或遗漏。各种账簿之间要互相衔接、互相补充、互相制约，能清晰地反映账户的对应关系，以便提供完整、系统的资料。这样才能保证账簿记录全面、系统、正确地提供管理所需的各项指标。

（三）实用性原则

账簿设置应从实际情况出发，区别不同的企业类型、企业规模和特点，设置不同的账簿。在保证满足实际需要的前提下，账簿设置力求简单明了。一般来讲，业务复杂、规模大、会计人员多、分工较细的单位，账簿设置可以详细一些；而业务简单、规模小、会计人员少的单位，账簿设置则相应简化一些。

三、账簿的基本内容

由于各单位记录的经济业务错综复杂、形式多种多样，账簿的格式和内容也各不相同，但各种账簿都应具备以下基本内容：

1. 封面：标明单位、账簿名称和会计年度，如总账、债权债务明细账等。

2. 扉页：填列账簿启用日期和截止日期；页数、册次；经管账簿人员一览表和签章；会计主管人员签章，以及账户目录等。

3. 账页：账页是账簿的主要内容，根据其反映经济业务的不同，具有多种格式，但基本应包括：

（1）账户名称（或称会计科目、二级科目或明细科目）；

（2）记账日期栏；

（3）凭证种类和编号栏；

（4）摘要栏（对经济业务内容的简要说明）；

（5）金额栏（借、贷方金额及余额）；

（6）总页数和分户页数（按账户先后顺序编号为总页数，每个账户内按时间顺序编号为分户页数）。

四、账簿的种类

会计核算中应用的账簿种类多种多样，按不同的标准和依据可以对账簿进行以下分类。

（一）账簿按其用途分类

账簿按其用途不同，可以分为序时账簿、分类账簿和备查账簿三种。

1. 序时账簿

序时账簿也称日记账或流水账，是指按照经济业务发生时间的先后顺序，逐日逐笔连续登记经济业务的账簿。序时账簿按其记录内容的不同又分为以下两种：

（1）普通日记账，是用来登记全部经济业务的序时账。由于该账簿主要有两个金额栏，所以又称为两栏式日记账。这种日记账是对发生的所有经济业务，都需要在该账簿中确定应借应贷账户名称及其金额，并予以全面连续地登记，所以也称作分录日记账。

（2）特种日记账，是用来登记某一类经济业务的序时账，如现金日记账、银行存款日记账。在实际工作中，将某类经济业务，按其发生时间的先后顺序记入账簿中，反映该类经济业务的详细情况。

2. 分类账簿

分类账簿，是对全部经济业务按照会计科目进行分类登记的账簿。分类账簿按反映内容详细程度的不同，分为总分类账和明细分类账。

（1）总分类账，简称总账，是指根据一级科目或总分类科目设置的，用来反映经济业务的总括内容。

（2）明细分类账，简称明细账，是指根据二级科目或明细科目设置的，用来详细记录某一类中某一种经济业务增减变化及其结果的账簿。

总分类账的总和与各有关明细分类账的总和相等，作用各不相同，但互为补充。明细分类账是对总账的补充和具体化，并受总账的控制和统驭。

3. 备查账簿

备查账簿，又叫辅助账簿，是指对某些在日记账和分类账等主要账簿中未能记载的事项，进行补充登记的账簿。它可以为某些经济业务的内容提供必要的参考资料，如"代销商品登记簿"、"租入固定资产登记簿"、"受托加工材料登记簿"等。备查账簿只是对其他主要账簿登记的一种补充，它与其他账簿之间不存在严密的依存、钩稽关系，没有固定的格式，由各单位根据实际需要进行设置。

（二）账簿按其外表形式分类

各种账簿都有一定的形式，账簿按其外表形式不同，可分为订本式账簿、活页式账簿和卡片式账簿。

1. 订本式账簿

订本式账簿，是指在未启用之前，就把编有顺序号的一定数量的账页固定装订成册的账簿。这种账簿最大的优点是账页固定，既可以防止账页散失，也可以防止抽换账页。其缺点是由于账页固定，不能随意增减，开设分类账户时必须为每个账户预留账页，使用起来不灵活，在同一时间内只能由一人登记账簿，不便于分工记账。订本账主要适用于总账、现金和银行存款日记账。

2. 活页式账簿

活页式账簿，是指在启用和使用过程中，把一定数量的账页置于活页账夹内，可根据记账内容多少的变化，随时增加或减少部分账页的账簿。这种账簿最大的优点是可根据实际需要，随时加入、抽出或移动账页，不会浪费账页，使用起来比较灵活，而且也便于分工记账、分类计算和汇总。其缺点是这种账簿的账页容易散失和被抽换。因此，要加强管理，领用应登记，使用时按顺序编号并在账页上加盖有关人员图章，年度终了时，应将活页式账簿装订成册，并存档由专人保管，以防止产生舞弊现象。活页账主要适用于各种明细分类账。

3. 卡片式账簿

卡片式账簿，是指由具有一定格式的卡片式的账页所组成，存放在专设的卡片箱内，其卡片式账页，可以根据一些核算和管理的特殊需要随时增添的一种账簿。卡片账的优缺点与活页账基本相同，登记时必须按顺序编号并放置于卡片箱内，由专人保管。卡片账主要适用于内容比较复杂且不易频繁变化的财产明细账，如固定资产、低值易耗品明细账。

第二节　账簿的格式和登记方法

为了反映发生经济业务的特征，按照经济业务发生或完成时间及经济业务涉及会计要素的内容，可以使用不同格式的账簿来反映经济业务。

一、序时账簿的格式和登记方法

（一）普通日记账的设置与登记

普通日记账是用来逐日逐笔记录全部经济业务发生情况的日记账。一般的格式设有借方和贷方两个金额栏，亦称两栏式日记账。

普通日记账是由会计人员直接根据原始凭证，按每天发生的经济业务的先后顺序逐笔登记，所以也称为原始分录簿。一个规模较小、经济业务不多且比较简单的单位，应用普通日记账便可以集中序时地记录全部经济业务，满足了管理的需要。但是规模较大、经济业务繁多、会计人员分工较细的单位，往往不采用这种日记账。

（二）分栏式普通日记账的设置与登记

分栏式普通日记账，是指在日记账中分设专栏，把经常重复发生的经济业务在分栏中登记，并汇总发生额，一次过入分类账的一种普通日记账。在企业经营活动中，为了减少很多重复业务的逐笔过账，可在普通日记账增设一些专栏，把同类业务在专栏中登记，然后汇总一次过账，这样就产生了分栏式普通日记账。

分栏式普通日记账中"专栏"的设置，应根据业务量的多少来确定，一般适用于业务内容较单一的单位。分栏式普通日记账虽可简化过账工作，但只能由一人记账，而且专栏设置过多，账页过宽，记账也不方便。为了克服这个缺点，适应会计人员分工和方便记账的需要，可以把大量重复发生的同类经济业务在一本日记账中集中登记，这样就产生了特种日记账。

（三）特种日记账的设置与登记

特种日记账，是专门用来登记某一类经济业务的日记账。它是从普通日记账和分栏日记账发展而来的。设置特种日记账的主要目的，是为了突出该日记账的重要性，加强对特种业务的反映和监督。常用的特种日记账，有现金日记账和银行存款日记账。

1. 三栏式现金日记账和银行存款日记账的设置与登记

这种日记账通常设置借方、贷方、余额三个主要栏次，用来登记库存现金和银行存款收支及其结存情况。其账簿的一般格式见账 7-1、账 7-2。

账 7-1

现金日记账

2013年		凭证号	摘　要	对方科目	借　方	贷　方	借或贷	余额
月	日							
5	1	略	期初余额				借	850
	3	略	提取现金	银行存款	1 600		借	2 450
	7	略	购办公用品	管理费用		800	借	1 650
			……					
5	31		本月发生额及月末余额		1 600	800	借	1 650

（1）现金日记账登记方法。现金日记账，是由现金出纳员根据现金收款凭证、现金付款凭证及银行付款凭证（记录从银行提取现金业务），按经济业务发生时间的先后顺序，逐日逐笔登记的账簿。其中：

① 日期栏：根据记账凭证（收款凭证、付款凭证）的日期登记，应与现金实际收付日期一致。

② 凭证号栏：根据收付款凭证的种类和编号登记。其中，种类是指收款或付款凭证。如现金收款凭证，可简写为"现收"，现金付款凭证和银行付款凭证（提取现金业务），可简写为"现付"、"银付"等。号数按凭证的编号登记。

③ 摘要栏：简要说明登记入账的经济业务内容。文字简明扼要，但要说明问题，一般根据所依据凭证中的摘要登记。

④ 对方科目栏：现金收入的来源科目或付出的用途科目。如从银行提取现金，其来源科目（即对方科目）为"银行存款"。其作用是为了了解现金收付的来龙去脉。应根据所依据凭证中的对方科目登记。

⑤ 借方栏：根据现金收款凭证和银行付款凭证（提取现金业务）中所列金额登记。

⑥ 贷方栏：应根据现金付款凭证中所列金额登记。

每日终了时，应分别计算现金收入和支出的合计数，并结出余额，与实际结存现金数相核对，即通常所说的"日清"。如账款不符，应及时查明原因，并记录备案。月终同样要计算现金收、付和结存的合计数，即通常所说的"月结"。

（2）银行存款日记账的登记方法。银行存款日记账，是由出纳员根据银行存款收款凭证、银行存款付款凭证和现金付款凭证（记录将现金存入银行业务）按经济业务发生时间的先后顺序，逐日逐笔登记的账簿。银行存款日记账的登记方法与现金日记账基本相同。见账 7-2。

账 7-2

银行存款日记账

第　页

2013 年		凭证号	摘　要	对方科目	结算种类	结算凭证号	借方	贷方	借或贷	余额
月	日									
5	1	略	期初余额						借	200 000
	6	略	提　现	库存现金	现支	0457		60 000	借	140 000
	8	略	收回货款	应收账款			30 000		借	170 000
			……				……	……		……
			……				……	……		……
5	31		本月发生额及月末余额				30 000	60 000	借	170 000

① 结算种类和结算凭证号栏：应分别登记结算凭证种类和号码。例如，用现金支票提取现金，就应将"现金支票"登记在"种类"栏，支票上的号码登记在"号数"栏；如果用的是转账支票，则应在"种类"栏登"转账支票"，在"号数"栏登转账支票号码。这样做的目的是便于与银行对账。

② 对方科目栏，是指银行存款收入的来源科目或支出的用途科目。应根据所依据的收、付款凭证中所列的对方科目登记。如开出支票一张支付购料款，其支出的用途科目为"材料采购"科目，其作用在于了解经济业务的来龙去脉。

③ 借方栏和贷方栏，是指银行存款实际收、付金额。应根据所依据的收、付款凭证中所列金额登记。

银行存款日记账与现金日记账一样，每日终了时要结出余额，做到日清；每月终了，应计算出银行存款全月收入、支出的合计数，结出余额，做到月结。以便检查监督各项收支款项，避免出现透支现象，同时也便于同银行对账单核对。

2. 多栏式现金日记账和银行存款日记账的设置与登记

为了更清晰地反映每一笔收支业务的来龙去脉，以便分析和汇总对应科目的发生额，也可以按收付的对方科目设专栏，形成多栏式日记账。多栏式银行存款日记账的格式，见账 7-3。

账 7-3

银行存款日记账

第　页

2013 年		凭证号	摘　要	收入的对方科目			支出的对方科目				结余
月	日			应收账款	……	合计	在途物资	库存现金	……	合计	
12	1		期初余额								6 000
	5		付材料款				2 500			2 500	3 500
	9		收回货款	4 000		4 000					7 500
	10		提　现					800		800	6 700
			……								
			……								
12	31		本月发生额及月末余额	8 500		8 500	2 500	3 000		13 600	900

　　采用多栏式日记账时，按收入、付出的对应科目分设专栏登记。到月末结账时，分栏累计发生额，对全月银行存款（或现金）的收入来源、付出去向，一目了然，为经济活动分析和财务收支分析，提供更详细的资料。但是，在应用会计科目较多时，账页必然过宽，登记不便，容易发生错栏串行的错误。为避免上述错误的发生，可以将日记账分设两本，即多栏式银行存款（或现金）收入日记账和多栏式银行存款（或现金）支出日记账。其格式见账 7-4 和账 7-5。

账 7-4

银行存款收入日记账

第　页

年		凭证		摘要	结算凭证		贷　方　科　目					支出合计	结余
月	日	种类	编号		种类	编号	主营业务收入	应收账款	其他应收款	其他业务收入	收入合计		

账 7-5

银行存款支出日记账

第　页

年		凭证		摘要	结算凭证		借　方　科　目				
月	日	种类	编号		种类	编号	在途物资	库存现金	应付账款	管理费用	支出合计

二、分类账簿的格式和登记方法

（一）总分类账的格式和登记方法

总分类账简称总账，是指按照总分类账户分类登记全部经济业务的账簿。在总分类账中，按照规定的一级会计科目分设账页，用于总括、全面、集中地反映会计要素的增减变动及结果。所以，每一个企业必须设置总分类账簿。

总分类账的格式因采用的记账方法和会计核算形式不同而不同，一般有三栏式、多栏式等不同形式。

1. 三栏式总分类账的登记

三栏式总账的登记，可以根据记账凭证逐笔登记，也可以通过一定的方式汇总，按日、按旬、按月进行汇总登记，其格式见账 7-6。

账 7-6

总分类账

会计科目：银行存款　　　　　　　　　　　　　　　　　　　　　　　　　　　　　　1

2013 年		凭证号	摘　要	借　方	贷　方	核对号	借或贷	余　额
月	日							
5	1		期初余额				借	50 000
	15		1—15 日汇总	200 000	150 000		借	100 000

2. 多栏式总分类账的登记

多栏式总账，就是将所有总账科目全部设在一张账页上，按会计科目分设专栏，根据记账凭证汇总后的数字定期登记。

多栏式总账有两种设计方法，一种是按经济业务性质分设专栏，一种是按会计科目设专栏。按会计科目采用纵横交叉结构的多栏式总账，又称棋盘式或矩阵式总账。

采用这种总分类账簿，优点是可以减少记账的工作量，提高工作效率，并能较全面地反映资金运动的情况，便于分析经济情况，适用于经济业务较少的单位；缺点是篇幅较大，不便于登记和保管。

（二）明细分类账的格式和登记方法

明细分类账简称明细账，是指分类登记某类经济业务详细情况的账簿。各种明细分类账是根据实际需要，分别按照二级科目或明细科目开设账户，用来分类、连续地记录有关资产、负债和所有者权益及收入、费用和利润的详细资料，对于加强财产物资管理、往来款项结算、收入和费用开支的监督等，有着重要意义。明细分类账应根据原始凭证或原始凭证汇总表登记，但记账凭证已列明细项目时，也可以根据记账凭证登记。每个企业都应该设置必要的明细分类账。

根据经济管理的要求和各明细分类账记录的内容不同，明细分类账分别采用三栏式、数量金额式、多栏式、横线登记式四种格式。

1. 三栏式

三栏式明细账与三栏式总账格式相同，即账页只设有借方、贷方和余额三个金额栏。这种格式主要适用于只要求金额核算而不要求进行数量核算的债权债务结算科目，如"应收账款"、"应付账款"等结算业务的明细分类核算。它是根据记账凭证和有关原始凭证逐笔登记，见账7-7。

账 7-7

明细账

总页____

会计科目：__应付账款__ 明细科目：__东方公司__

分页____

2013 年		凭证号	摘 要	对方科目	借 方	贷 方	核对号	借或贷	余额
月	日								
5	1		期初余额					贷	120 000
	9		还 款	银行存款	110 000			贷	10 000

2. 数量金额式

数量金额式明细账的账页，分别设有收入、发出和结余的数量栏和金额栏。这种格式适用于既需反映金额、又需反映数量的经济业务，如"原材料"、"库存商品"等明细分类核算，它是根据原材料或产成品等收发凭证进行逐笔登记。这种明细账提供了原材料、产成品等收、发、存的详细资料，便于加强对这些物资的实物管理和使用监督。其格式见账7-8。

账 7-8

库	
区	
架	
层	位

原材料明细账

编号	
名称	
材质	
规格	

最低存量_____ 计划单位_____ 总页____

最低存量_____ 储蓄天数_____ 计量单位_____ 分页____

2013 年		凭证号	摘 要	借 方			贷 方			借或贷	余 额		
月	日			数量	单价	金额	数量	单价	金额		数量	单价	金额
5	1		期初余额							借	400	9	3 600
	4		购入材料	300	9	2 700				借	700	9	6 300
	10		车间领用				200	9	1 800	借	500	9	4 500
5	31		本月发生额及月末余额	900	9	8 100	700	9	6 300	借	600	9	5 400

3. 多栏式

多栏式明细分类账是根据经济业务的特点和经营管理的需要，在一张账页内按有关明细项目或明细科目分设若干专栏，用于在同一张账页上集中反映各有关明细项目或明细科目的详细资料的账簿，主要适用于明细项目多、借贷方单一的经济业务，如生产成本、制造费用、管理费用、财务费用、营业费用等明细分类核算。现列示一种多栏式明细账格式，见账7-9。

账 7-9

生 产 成 本

科目编号_____　会计科目_____　细目_____　子目_____

2013 年		凭证号	摘　要	直　接　材　料				直接工资	其他直接支出
月	日			原材料			小计		

明 细 账

本期完工产量_____
期初在产品产量_____　期末在产品产量_____　总页____
本期投入产量_____　本期完工产品单位成本____　分页____

制造费用	合计	完 工 产 品 成 本					余额
		直接材料	直接工资	其他直接支出	制造费用	合计	

4. 横线登记式

横线登记式明细分类账也称平行式明细分类账。它的账页结构特点是将相关的经济业务在同一横行内进行详细登记，以检查该相关经济业务完成及变动情况。这种明细账适用于登记"材料采购"、"应收票据"和"其他应收款"等账。现举例"材料采购"明细账的格式，见账7-10。

账 7-10

材料采购明细账

明细科目：　　　　　　　　　　　　　年　　月　　　　　　　　　采购资金限额：

记账凭证		发票编号	收料凭证			供货单位名称	材料名称及其规格	借　方				贷　方			成本差异	备注
日期	编号		日期	编号	数量			买价	运费	其他	合计	计划成本	其他	合计		

第三节　账簿的登记规则和错账的更正

登记账簿是会计核算的方法之一。为了保证会计核算质量，完成会计工作任务，除了以审核无误的会计凭证作为登记账簿的依据以外，还应遵守合理的记账规则。

一、记账的规则

（一）账簿的启用

账簿是储存数据资料的重要会计档案，登记账簿要有专人负责。为了保证账簿记录的严肃性和合法性，明确记账责任，保证账簿完整，在账簿启用时，应填写"账簿启用和经管人员一览表"，格式参见表7-1。记账人员调动工作或因故离职时，应办理交接手续，在交接记录栏内填写交接日期和交接人员的姓名，并加盖印章等。

表 7-1

账簿使用登记表

贴印花处

辽财会账 5-2 号

单位名称	羽飞公司			
账簿名称	银行存款明细账			
册次及起讫页数	自　　　页起至　　　　页止共　　　页			
启用日期	年　　　月　　　日			
停用日期	年　　　月　　　日			
经管人员姓名	接管日期	交出日期	经管人员盖章	会计主管人员盖章
	年　月　日	年　月　日		
	年　月　日	年　月　日		
	年　月　日	年　月　日		
	年　月　日	年　月　日		
	年　月　日	年　月　日		
	年　月　日	年　月　日		
备注			单位公章	

（二）账簿登记的规则

《会计法》中规定："会计账簿登记，必须以经过审核的会计凭证为依据，并符合有关法律、行政法规和国家统一的会计制度的规定。"会计人员应当依据《会计法》的要求，根据审核无误的会计凭证登记会计账簿。登记账簿的基本规则如下。

1. 登记账簿时，必须根据审核无误的会计凭证将凭证日期、编号、业务内容摘要、金额和其他有关资料逐项记入账内，做到数字准确、摘要清楚、登记及时、字迹工整。

2. 登记完毕后，要在记账凭证上签名或者盖章，并注明已经登账的符号，表示已经记账，避免重记或漏记。

3. 账簿中书写的文字或数字上面要留有适当空格，不要写满格，一般应占格距的1/2。这样，一旦发生登记错误时，能比较容易地进行更正，同时也方便查账工作。

4. 为了保持账簿记录的持久性，防止涂改，登记账簿要用蓝墨水或者碳素墨水书写，不得使用圆珠笔（银行的复写账簿除外）或者铅笔书写。

5. 下列情况，可以用红色墨水记账：

（1）按照红字冲账的记账凭证，冲销错误记录；

（2）在不设借贷等栏的多栏式账页中，登记减少数；

（3）在三栏式账户的余额栏前，如未印明余额方向的，在余额栏内登记负数余额；

（4）根据国家统一会计制度的规定可以用红字登记的其他会计记录。

6. 各种账簿按页次顺序连续登记，不得跳行、隔页。如果发生跳行、隔页，应当将空行、空页处用红色墨水画对角线注销，或者注明"此行空白"、"此页空白"字样，并由记账人员签名或者盖章。

7. 凡需要结出余额的账户，结出余额后，应当在"借或贷"栏内写明"借"或者"贷"字样。没有余额的账户，应当在"借"或"贷"栏内写"平"字，并在余额栏内用"0"表示。现金日记账和银行存款日记账必须逐日结出余额。

8. 每一账页登记完毕结转下页时，应当在摘要栏内注明"过次页"，并结出本页合计数及余额，在下页第一行摘要栏内，注明"承前页"字样，以保证账簿记录的连续性。

实行会计电算化的单位，用计算机打印的会计账簿必须连续编号，经审核无误后装订成册，并由记账人员和会计机构负责人、会计主管人员签字或者盖章。发生收款和付款业务的，在输入收款凭证和付款凭证的当天必须打印出现金日记账和银行存款日记账，并与库存现金核对无误。

9. 订本式的账簿，都编有账页的顺序号，不得任意撕毁。活页式账簿也不得随意抽换。

10. 记账时书写文字和数码要符合规范。不要写怪体字、错别字。

11. 账簿记录发生错误，不准涂改、挖补、刮擦或者用药水消除字迹，不准重新抄写，必须根据错误性质和错误发生时间的不同，按规定的正确方法进行更正。

二、错账的查找

查找错账的方法主要有两种：个别检查法和全面检查法。

（一）个别检查法

所谓个别检查法是指针对错账的数字进行检查的方法。这种方法适用于检查方向记反、数字错位和数字颠倒等造成的记账错位。个别检查法又可以分为差数法、除 2 法、除 9 法三种。

1. 差数法

差数法就是记账人员首先确定错账的差数，再根据差数回忆查找所发生的经济业务和账簿、凭证中有无与错账相同的数字，这种办法对于发现漏记账目最为简便。

例如，一笔业务只在借方账户作了记录，而贷方漏记或者相反，则差数即是漏记账目的数字。

2. 除 2 法

除 2 法也称倍数法，即是先将差数用 2 来除，如果能除尽，有可能是一方重复记录的错误，且商数就可能是重记的数字。因为如果记账记错了方向，如应记贷方的，记成了借方或者相反，就使一方的合计数加大，而另一方的合计数减少，其差数正好是记错了方向数字的一倍。例如，已查明，借方合计数大于贷方合计数 380 元，除以 2 得 190 元。这时就可查找有无一笔 190 元的贷方记录被错记为借方记录。

这种类型的错误，将使错账差额能被 2 除尽。如果不是这样，那就可能是其他类型的错误。

3. 除 9 法

即是先将差数用 9 来除，如果能除尽，可能属于下列两种错误：① 顺序错位。如将 300 元写成了 3 000 元、30 元、3 元等，这样就将原来的数字扩大或缩小了 9 倍、99 倍等等。如已查明借方合计数大于贷方合计数 2 700 元，用 9 除商数为 300 倍，这时就查有无一笔 3 000 元的贷方记录错记为 300 元。② 相邻的两个数字颠倒。如将 98 写成 89，其差数为 9（98-89），差数除以 9 得商数为 1，颠倒的两个数字之差也为 1。

（二）全面检查法

全面检查法就是对一定时期的账目进行全面核对的检查方法。按照账务检查的先后顺序分为顺查法和逆查法。

顺查法就是按照会计核算的程序，从头至尾依次检查原始凭证、记账凭证、总账、明细账以及会计报表等。

逆查法是与上述顺序相反，先检查会计报表，再检查账簿与会计凭证，最后检查记账凭证与原始凭证是否相符。

三、错账更正的方法

账簿记录应保持整齐清洁，记账时应力求正确清楚。在记账过程中，特别是手工记账条件下，由于种种原因，难免会发生各种错误。为防止非法改账，保证账簿记录的真实性，对于出现的错误不准采用刮擦挖补、涂改和用药水消字的办法更正，应视记账差错的具体情况采用不同的错账更正方法进行更正。常用的错账更正的方法有划线更正法、红字更正法和补充登记法三种。

（一）划线更正法

划线更正法是先将错误数字或文字全部划一条红线予以注销，并使原来的字迹仍然清晰可见，然后在红线上方空白处，做出正确的记录，并由记账人员在更正处盖章。

例如：账簿中把 7 653.00 元误记为 7 635.00 元时，应采用划线更正法。要把 7 635.00（整体数字）用红线划掉，再在上方用蓝字写上正确数字 7 653.00，并由记账人员在更正处盖章。注意不能只划去其中的"35"，改为"53"。

划线更正法适用于结账前或结账时发现账簿记录中文字或数字有错误，而记账凭证没有错误，即纯属文字或数字过账时的笔误及账簿数字计算错误等情况。

（二）红字更正法

红字更正法也叫赤字冲转法或红笔订正法。应用该种方法时应先用红字金额填制一张内容与错误记账凭证完全相同的记账凭证，并在摘要栏中写明"更正第×号凭证错误"，并据以用红字金额登记入账，冲销原有的错误记录，然后，再用蓝字重填一张正确的记账凭证，并登记入账。

红字更正法一般适用更正以下两种错账。

1. 记账以后，发现原记账凭证中的应借、应贷会计科目有错误，导致账簿登记错误。

【例 7-1】 某企业以银行存款 3 000 元支付销售产品广告费。

编制会计分录时，误用下列账户，并已记账。

借：管理费用　　　　　　　　　　　　　　3 000
　　贷：银行存款　　　　　　　　　　　　　　　　　3 000

采用红字更正法的具体步骤是：先用红字填制一份与原用科目、借贷方向和金额相同的记账凭证，以冲销原来的记录：

借：管理费用　　　　　　　　　　　　　　3 000
　　贷：银行存款　　　　　　　　　　　　　　　　　3 000

然后用蓝字重新填制一份正确的记账凭证，一并登记入账。

借：销售费用　　　　　　　　　　　　　　3 000
　　贷：银行存款　　　　　　　　　　　　　　　　　3 000

上述会计分录过账后，有关账户中的记录结果如下：

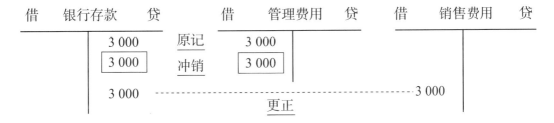

2. 记账后，原记账凭证中应借、应贷科目没有错误，但所写金额大于应记金额，导致账簿出现多记金额的错误，也可采用红字更正法予以更正。

【例 7-2】 某企业以现金 70 元支付购买办公用品费。原会计分录误写为 700 元，并已登记入账。

错误分录为：

借：管理费用　　　　　　　　　　　　　　700

　　　　　贷：库存现金　　　　　　　　　　　　　　　　　700
　　更正如下：将多记的差额 630 元用红字编制一笔会计分录，据以记账，将多记金额加以冲销。

　　　　　借：管理费用　　　　　　　　　　　630
　　　　　　贷：库存现金　　　　　　　　　　　　　630

　　上述会计分录过账后，则有关账户中错误记录得以更正如下：

　　红字更正法适用于记账凭证填错，并已经登记入账而形成的错账。这种差错，无论在结账前还是结账后发现，无论是分录所用科目错误还是金额错误，都可以采用此方法更正。

　　（三）补充登记法

　　在记账以后，如果发现原编制的记账凭证中应借应贷科目没有错误，但所记金额少于正确金额，用补充登记法进行更正。

　　【例 7-3】收到某单位还欠款 6 000 元存入银行。原会计分录把金额误写为 600 元，并已记账。

　　原错误分录是：

　　　　　借：银行存款　　　　　　　　　　　　　600
　　　　　　贷：应收账款　　　　　　　　　　　　　600

　　更正如下：把少记的金额 5 400 元（6 000-600）编制一笔与原会计分录相同的蓝字会计分录，并注明补记某月某日的金额，将其补记入账。其会计分录是：

　　　　　借：银行存款　　　　　　　　　　　　　5 400
　　　　　　贷：应收账款　　　　　　　　　　　　　5 400

　　上述会计分录过账后，"银行存款"和"应收账款"账户的记录如下：

借	应收账款	贷		借	银行存款	贷
600		原记		600		
5 400		补记		5 400		

第四节 对账和结账

在每个会计期末（月末、季末和年末），为了保证账簿记录的正确性、真实性和完整性，及时总结企业的财务状况和经营成果，企业要进行对账和结账。

一、对账

（一）对账的含义

对账就是核对账目。一般是在会计期间（月份、季度、年度）终了时，检查和核对账证、账账、账实、账表是否相符，以确保账簿记录的正确性。会计人员在填制凭证、登记账簿等一系列工作中出现的差错，因管理工作不善而带来的财产管理中的各种问题以及其他一些因素的影响，都可能给账簿记录的真实性、正确性带来影响。为了确保各种账簿记录的完整和正确，如实地反映和监督经济活动的状况，必须对账簿和账户所记录的有关数据加以检查和核对，为编制会计报表提供真实可靠的资料，保证向管理者及其他关系人提供准确无误的经济信息。

（二）对账的内容

对账是对账簿和账户所记录的有关数据加以检查和核对，从而保证会计记录真实可靠、正确无误。对账的内容，一般包括以下几个方面。

1. 账证核对

账证核对是指将各种账簿记录与会计凭证进行核对。这种核对主要是在日常编制凭证和记账过程中进行。必要时，也可以采用抽查核对和目标核对的方法进行。核对的重点是凭证所记载的业务内容、金额和分录是否与账簿中的记录一致。若发现差错，应重新对账簿记录和会计凭证进行复核，直到查出错误的原因为止，以保证账证相符。

2. 账账核对

账账核对是对各种账簿之间的有关数字进行核对。账账核对包括：

（1）总分类账各账户的借方期末余额合计数与贷方期末余额合计数核对相符；

（2）明细分类账各账户的余额合计数与有关的总分类账的余额核对相符；

（3）日记账的余额与总分类账各账户的余额核对相符；

（4）会计部门各种财产物资明细分类账的期末余额与保管或使用部门的财产物资明细分类账的期末余额核对相符。

3. 账实核对

账实核对是指各种财产物资的账面余额与实存数额相核对。具体内容包括：

（1）现金日记账的账面余额与现金实际库存数相核对；

（2）银行存款日记账的账面余额与开户银行对账单相核对；

（3）各种材料物资明细的账面余额与材料物资的实存数相核对；

（4）各种应收、应付款项明细账账面余额与有关的债权、债务单位相互核对，保证账实相符，一般通过财产清查来进行。

二、结账

结账是指按规定将一定时期（可按月、按季、按年）内所发生的全部经济业务登记入账后，在期末计算并结转各账户的本期发生额和期末余额的会计工作过程。通过结账可以总结一定时期的经济活动情况，并为编制会计报表提供资料。

（一）结账的内容

1. 将本期内所发生的全部经济业务全部记入有关账簿，既不能提前结账，也不能将本期发生的业务延至下期登记。

2. 编制结账分录，将收入和费用类账户结清。对于收入和费用类账户，因其是在一定会计期间内积累有关数据的过渡性账户，设置和运用这些账户，是为了提供编制利润表的有关资料。因此，期末应将这些账户结清，余额为零。即将这些账户在计算发生额的基础上确定差额，并将差额转记到有关账户，编制结账分录。

所谓结账分录，是指把一个账户的差额转记到另一个账户中所编制的会计分录。例如将"收入"和"费用"账户的数字转记到"本年利润"账户中的会计分录。根据结账分录登记入账后，所有的收入、费用类账户全部结清，期末没有余额。

3. 计算登记本期发生额及余额。对于资产、负债和所有者权益类账户，由于它们往往都有余额，所以只需将其本期发生额合计计算出来，并求出余额，在其各栏目中写明并将余额结转到下期即可。

（二）结账的方法

结账工作分月结、季结和年结三种。

1. 月结：月末在账簿中进行月终结账。就是要计算出"本月发生额"和"月末余额"，记在账簿中最后一笔记录的下一行，在摘要栏注明"×月份月结"字样，并在月结下面通栏划一道红线。对于本月份未发生金额变化的账户，不进行月结。

2. 季结：季末结算出本季度三个月的发生额合计数。写在月结数的下一行内，在摘要栏注明"×季度季结"字样，并在季结下面划一道红线。

3. 年结：年末在账簿中进行年度结账。就是结算出本年四个季度的发生额合计数，记入第四季度季结下一行，在摘要栏注明"年结"字样。年度结账，为求得借贷双方合计数平衡，应将上年结转的借（贷）方余额，列入本年度发生额下行的借（贷）方栏内，在摘要栏注明"上年余额"，然后再将本年度余额记入再下一行的贷（借）方，转入下年，在摘要栏内注明"结转下年"字样。最后，将借贷双方数字加总，并在摘要栏内注明"合计"字样。借贷双方数字应当相等，再在合计数下面通栏划两道红线表示平衡，本年度结账完毕。

现将结账方法举例，见账7-11。

账 7-11

总 分 类 账

会计科目：

2013 年		凭证		摘　要	借　方	贷　方	借或贷	余　额
月	日	种类	号数					
1	1			年初余额			借	30 000
				……				
	31			本月合计	146 900	154 100	借	22 800
2	1							
				……				
	28			本月合计	135 200	126 000	借	32 000
3	1							
				……				
	31			本月合计	181 100	179 000	借	34 100
				第一季度合计	463 200	459 100	借	34 100
				……				
12	1							
				……				
	31			本月合计	120 000	118 000	借	36 000
	31			第四季度合计	450 000	453 000	借	36 000
	31			本年合计	1 725 000	1 719 000	借	36 000
	31			年初余额	30 000			
	31			结转下年		36 000		
	31			合　计	1 755 000	1 755 000		

　　因此，不应为了赶编会计报表而提前结账，或者先编报表而后结账。注意：结转下年既不需要编制记账凭证，也不必以相反的方向记入下一行（"结转下年"行）的发生额栏内。

　　年度终了结账时，所有总账账户都应结出全年发生额和年末余额，并把各账户的余额结转到下一会计年度，在摘要栏注明"结转下年"字样；在下一年新建有关会计账簿的第一行余额栏内填写上年结转的余额，并在摘要栏注明"上年结转"字样。做好结账工作，可以使账簿记录完整、正确，提高会计报表的质量。

第五节　账簿的更换和保管

　　账簿是各单位需要长期保存的一种重要的经济档案，为了确保账簿的安全性、合法性和完整性，必须由专人更换和保管，严格遵守相关规定和方法，有效地进行账簿的年度更换，确实保管好会计账簿。

一、账簿的更换

账簿是企业重要的会计档案和历史资料，在会计工作实践中，账簿应及时更换并妥善保管。

账簿的更换是指在会计年度终了时，将上年度的账簿更换为次年度的新账簿。通常按规定，在每一会计年度结束，新会计年度开始时，应按会计制度的规定，更换一次总账、日记账和大部分明细账。一小部分明细账还可以继续使用，年初可以不必更换账簿，如固定资产等明细账可以跨年继续使用，不必每年更换新账。更换账簿时，应将上年度各账户的余额都要直接记入下一年度启用的有关新账的第一页第一行，并在旧账簿中各账户年终余额的摘要栏内注明"结转下年"。同时，在新账簿中相关账户的第一行摘要栏内注明"上年结转"，并在余额栏内记入上年余额。新旧账簿账户之间的转记余额，无须编制记账凭证。

二、账簿的保管

会计账簿是会计工作的重要历史资料，也是重要的经济档案，在经营管理中具有重要作用。因此，每一个企业、单位都应按照国家有关规定，加强对会计账簿的管理，做好账簿的管理工作。

（一）账簿日常管理

1. 账簿的保管，应该明确责任，保证账簿的安全和会计资料的完整。防止交接手续不清和可能发生的舞弊行为，在账簿交接保管时，应将该账簿的页数、记账人员姓名、启用日期、交接日期等列表附在账簿的扉页上，并由有关方面签字盖章。账簿要定期（一般为年终）收集，审查核对，整理立卷，装订成册，专人保管，严防丢失和损坏。

2. 账簿日常应由各自分管的记账人员专门保管，会计账簿未经领导和会计负责人或者有关人员批准，非经管人员不能随意翻阅查看、摘抄和复制等。会计账簿除需要与外单位核对外，一般不能携带外出，对需要携带外出的账簿，一般应由经管人负责或会计主管人员指定专人负责。

（二）旧账归档保管

年度终了，更换并启用新账后，对更换下来的旧账，要进行整理、装订、造册，按规定办理移交手续，归档保管。其具体内容如下。

1. 归档前应对更换下来的旧账进行整理。其工作主要包括：检查和补齐应办的会计手续。首先检查应归档的旧账是否收集齐全，检查各种账簿应办的会计手续是否完备，对于手续不完备的应补办手续。例如，改错盖章，注销空页空行，结转余额等。活页账应撤出尚未使用的空白账页，再装订成册，连续编号，并注明总页数、起止号数等。

2. 更换下来的旧账簿，在进行整理的基础上装订成册。装订时应注意，活页账一般按账户分类装订成册，加具封面，一个账户可装订一册或数册。某些账户的账页较少，也可以几个账户合并装订成一册。装订时应检查账簿的扉页内容是否填写齐全，手续完备。

装订后应由经办人员、装订人员和会计主管人员在封口处签名或盖章。

3. 更换下来的账簿，经过整理装订后，应编制目录，填写移交清单，办理移交手续，按期归档保管。保管人员应按照档案管理办法的要求，编制索引、分类储存、妥善保管，以便于日后查阅，要注意防火、防盗，库房通风良好，以防毁损、霉烂等。

4. 各种账簿同会计凭证、会计报表一样，都是重要的经济资料、重要的经济档案，必须按照财政部、国家档案局规定的《会计档案管理办法》妥善保管，不得丢失和任意销毁。保管期满后，应按照规定的审批程序报经批准后才能销毁。各账簿的保管期限分为：日记账一般为 15 年，其中现金日记账和银行存款日记账为 25 年；固定资产卡片在固定资产报废清理后应继续保存 5 年；其他总分类账、明细分类账和辅助账簿应保存 15 年。保管期满后，要按照会计档案管理办法的规定，由财会部门和档案部门共同鉴定，报经批准后进行处理。

5. 合并、撤销单位的会计账簿，要根据不同情况，分别移交给并入单位、上级主管部门或主管部门指定的其他单位接收保管，并由交接双方在移交清册上签名盖章。

自　测　题

一、单选题

1. 日记账按用途分类属于（　　　）。

A. 备查账簿　　　　B. 序时账簿　　　　　　C. 订本账簿　　　　　　D. 分类账簿

2. "委托加工材料登记簿"按用途分类属于（　　　）。

A. 三栏式明细分类账　　　　　　　　　B. 备查账簿

C. 分类账簿　　　　　　　　　　　　　D. 日记账

3. 从银行提取现金时，登记现金日记账的依据是（　　　）。

A. 现金收款凭证　　　　　　　　　　　B. 现金付款凭证

C. 银行存款收款凭证　　　　　　　　　D. 银行存款付款凭证

4. 活页式账簿和卡片式账簿主要适用于（　　　）。

A. 特种日记账　　　B. 普通日记账　　　　　C. 总分类账簿　　　　　D. 明细分类账簿

5. 下列账户中，适用于三栏式明细分类账簿的有（　　　）。

A. "管理费用"明细账　　　　　　　　　B. "库存商品"明细账

C. "应付账款"明细账　　　　　　　　　D. "财务费用"明细账

6. 固定资产明细账一般采用（　　　）形式。

A. 订本式账簿　　　　　　　　　　　　B. 卡片式账簿

C. 活页式账簿　　　　　　　　　　　　D. 多栏式明细分类账

7. "实收资本"明细账一般采用（　　　）格式。

A. 三栏式明细分类账　　　　　　　　　B. 活页式

C. 数量金额式明细分类账　　　　　　　D. 卡片式

8. 某会计人员根据记账凭证登记入账时，误将 600 元填写为 6 000 元，而记账凭证无误，应用（　　　）予以更正。

A. 红字更正法　　B. 补充登记法　　　C. 划线更正法　　　D. 黑字更正法

9. 新的会计年度开始，启用新账时，（　　）可以继续使用，不必更换新账。

A. 日记账　　　B. 总分类账　　　C. 明细账　　　D. 固定资产卡片

10. 在结账以前，如果发现记账凭证没错，但账簿中有文字或数字过账错误，可用的更正方法是（　　）。

A. 红字更正法　　B. 划线更正法　　　C. 补充登记法　　　D. 更换账页法

11. 记账后发现记账凭证中会计科目正确，但所记金额小于应记金额时，应采用的更正方法是（　　）。

A. 划线更正法　　　　　　　　B. 补充登记法

C. 红字更正法　　　　　　　　D. 重新编制记账凭证法

12. 会计档案的保管期限不包括（　　）。

A. 5 年　　B. 10 年　　　C. 30 年　　　D. 25 年

13. 现金日记账和银行存款日记账由（　　）登记。

A. 财务负责人　　B. 经办人员　　　C. 总账会计　　　D. 出纳人员

14. 在启用前就按序号账页固定装订成册的账簿是（　　）。

A. 总账　　　B. 明细账　　　C. 订本账　　　D. 活页账

二、多选题

1. 账簿按其用途分类，可以分为（　　）。

A. 序时账簿　　B. 订本式账簿　　　C. 分类账簿　　　D. 备查账簿

E. 活页式账簿

2. 账簿按其形式分类，可以分为（　　）。

A. 订本式账簿　　B. 三栏式账簿　　　C. 卡片式账簿　　　D. 活页式账簿

E. 多栏式账簿

3. 任何会计主体必须设置的账簿有（　　）。

A. 现金日记账　　B. 银行存款日记账　　　C. 总分类账　　　D. 明细分类账

E. 备查类账簿

4. 现金、银行存款日记账的账页格式主要有（　　）。

A. 三栏式　　　B. 多栏式　　　C. 卡片式　　　D. 数量金额式

E. 活页式

5. 明细分类账可以根据（　　）登记。

A. 原始凭证　　B. 汇总记账凭证　　　C. 记账凭证　　　D. 经济合同

E. 会议记录

6. 三栏式明细分类账的账页格式，适用于（　　）。

A. "管理费用"明细账　　　　　　B. "原材料"明细账

C. "应付账款"明细账　　　　　　D. "预收账款"明细账

E. "生产成本"明细账

7. 数量金额式明细分类账的账页格式适用于（　　）。

A. "库存商品"明细账　　　　　　B. "生产成本"明细账

C. "应付账款"明细账　　　　　　　　D. "原材料"明细账

E. "在途物资"明细账

8. 多栏式明细分类账的账页格式适用于（　　　）。

A. "应收账款"明细分类账　　　　　　B. "原材料"明细分类账

C. "管理费用"明细分类账　　　　　　D. "生产成本"明细分类账

E. "利润分配"明细分类账

9. 用红色墨水登记账簿时，适用于下列情况（　　　）。

A. 按照红字冲账的记账凭证，冲销错误记录

B. 在不设借贷栏的多栏式账页中，登记减少金额

C. 在期末结账时，用红色墨水划通栏红线

D. 三栏式账户的余额栏前，如未注明余额方向，在余额栏内登记负数余额

E. 期末结账

10. 总分类账登记的依据可以是（　　　）。

A. 记账凭证　　　　B. 原始凭证　　　　C. 科目汇总凭表　　　D. 汇总原始凭证

E. 汇总记账凭证

11. 销毁会计档案时，应当由（　　　）共同派员监销。

A. 董事会　　　　B. 财政局　　　　　C. 档案机构　　　　D. 监事会

E. 会计机构

12. 定期会计档案保管期限有（　　　）。

A. 3 年　　　　　B. 5 年　　　　　C. 10 年　　　　　D. 15 年

E. 20 年

13. 用划线更正法更正错误时（　　　）。

A. 应用红笔将错误数字全部划销

B. 用红笔在错误数字上方写上正确数字

C. 用蓝黑或碳素笔在错误数字上方写上正确数字

D. 由更正人员在更正处盖章以示负责

E. 应用蓝黑或碳素笔将错误数字全部划销

二、判断题

1. 现金日记账和银行存款日记账，必须采用订本式账簿。　　　　　　　　（　　　）

2. 如果账簿记录发生错误，应根据错误的具体情况，采用规定的方法予以更正，不允许用涂改、挖补、刮擦、药水消除字迹等手段更正错误。　　　　　　　　（　　　）

3. 会计档案保管期限届满后，会计人员便可以销毁会计档案。　　　　　　（　　　）

4. 三栏式总分类账一般采用订本式账簿。　　　　　　　　　　　　　　（　　　）

5. 各种明细账的登记依据，既可以是原始凭证，也可以是记账凭证。　　（　　　）

6. 各种明细账的登记，可以逐日逐笔登记，也可以在月末汇总登记。　　（　　　）

7. 登记账簿必须用蓝、黑墨水书写，不得使圆珠笔、铅笔书写，更不得用红色墨水书写。　　　　　　　　　　　　　　　　　　　　　　　　　　　　　　　　（　　　）

8. 某会计人员在填制记账凭证时，误将 9 800 元记为 8 900 元，并已登记入账。月终

结账前发现错误，更正时应采用划线更正法。　　　　　　　　　　（　　）

9. 总分类账户和明细分类账户登记方向必须相同。　　　　　　　　（　　）

10. 新的会计年度开始时，必须更换全部账簿，不得只更换总账和现金日记账、银行存款日记账。　　　　　　　　　　　　　　　　　　　　　　　　（　　）

11. 在记账过程中，一律不得使用红色墨水笔书写。　　　　　　　　（　　）

12. 根据记账规则的要求，账簿中书写的文字和数字上面要留有适当空格，不写满格，一般应占格距的1/3。　　　　　　　　　　　　　　　　　　　　（　　）

13. 未设立会计档案机构的可以不保存会计档案。　　　　　　　　　（　　）

14. 各单位发生的各项经济业务事项可以在依法设置的会计账簿上统一登记、核算，也可以私设账簿登记、核算。　　　　　　　　　　　　　　　　　　　（　　）

第八章

财产清查

 知识目标

1. 了解财产清查的意义、作用和种类；
2. 熟悉各种财产物资、货币资金和往来款项的清查方法；
3. 掌握两种存货的盘存制度；
4. 掌握"待处理财产损溢"账户的使用及财产清查结果的会计处理方法。

能力目标

1. 能够通过编制银行存款余额调节表进行银行存款清查；
2. 能够按照规定的程序对库存现金、存货、固定资产、往来款项等各种
财产物资进行清查；
3. 能够正确处理财产清查的结果。

第一节　财产清查概述

财产清查，是根据账簿记录，对企业的货币资金、存货、固定资产、债务、票据等进行盘点或核对，查明各项财产的实存数与账面结存数是否相符，发生账实不符的原因以及对账实不符进行处理的一种会计核算方法。财产清查不但是会计核算的一种专门方法，也是财产管理的一项重要制度。

一、财产清查的意义及作用

（一）财产清查的意义

企业日常发生的各项经济业务，都要通过填制和审核会计凭证、登记账簿、试算平衡和对账等一系列严密的会计处理方法，来保证账簿记录的正确性。因此从理论上来说，会计账簿上所记载的财产的增减和结存情况，应该与实际的财产收发和结存相符。但在实际工作中，有很多原因会使各项财产的账面数额与实际结存数额发生差异，即通常所说的账

实不符。主要表现在以下几个方面：

1. 财产物资在运输或保管中有时会发生自然损溢，如干耗、销蚀、挥发、升重等自然现象引起的数量或质量上的变化，这种变化在日常会计核算中是不反映的，于是出现了账实不符。

2. 财产物资在收发或检验过程中有时会因计量或检验不准确，如品种、数量、质量上检验标准的差异，使原始凭证填列的数字与实际情况不符。

3. 在财产物资增减变动时，没有及时地填制凭证、登记账簿，或者在填制凭证和登记账簿时发生了计算或登记的错误。

4. 财产物资在保管中有时会发生因水灾、火灾等自然灾害造成的损失。

5. 企业各种管理制度尚未建立、健全，或者有关工作人员玩忽职守，而造成的财产物资的破损、变质或短缺，以及货币资金往来款项的差错。

6. 违法分子贪污、盗窃和营私舞弊等造成的财产物资的损失。

7. 核算过程中，由于未达账项和拒付等原因造成的企业与银行账簿记录不相符。

除了上述原因所造成的财产物资在数量上的账实不符以外，在实际工作中，还存在隐性账实不符的情况。例如，财产物资由于企业外部环境的变化，而产生了价值的贬值；应收账款因长期未能回收而成为坏账等。

为了保证会计账簿记录的真实性和准确性，进一步建立健全财产物资的管理制度，确保企业财产的完整无损，就必须运用财产清查这一行之有效的会计核算方法，对各项财产进行定期或不定期的清查。对账实不符的差异，则要调整账簿记录，并查明原因和责任，按有关规定做出处理。

（二）财产清查的作用

1. 保证会计核算的真实性

通过财产清查，可以查明各项财产的实存数同账存数的差异，以及发生差异的原因和责任，以便采取措施，保证账实相符和会计资料的真实可靠。

2. 保护财产物资的安全完整

通过财产清查，可以查明各项财产物资的保管情况是否良好，有无损失浪费、霉烂变质和非法挪用、贪污盗窃等情况，以便查明原因进行处理。同时要从中吸取教训，采取措施，堵塞漏洞，建立健全各项物资管理制度。

3. 挖掘财产物资潜力，合理使用企业资产

通过财产清查，可以查明各种财产物资的储备、管理、使用情况，以及有无超储、积压等情况，从而可以采取措施充分挖掘物资潜力，加速资金周转，提高物资使用效率。

4. 维护财经纪律，遵守结算制度

通过财产、物资、货币资金及往来账款的清查，可以查明单位有关业务人员是否遵守财经纪律和结算制度，有无贪污盗窃、挪用公款的情况；查明各项资金使用是否合理，是否符合党和国家的方针、政策和法律，从而使工作人员更加自觉地遵纪守法，自觉维护和遵守财经纪律。

5. 促使企业对外经济往来的正常进行

通过财产清查，查明各种往来款项的结算情况，以便及时处理债权债务的长期拖欠、

发出商品的无故拒付等现象。

二、财产清查的种类

（一）按照清查的范围，可分为全面清查和局部清查

1. 全面清查

全面清查是指对全部财产物资进行盘点和核对。就工业企业清查对象来说，一般包括：货币资金、存货、固定资产、债权债务及对外投资等。

全面清查的范围较广，时间长，工作量大，参加的人员也多，有时还会影响企业的生产经营的正常进行，所以一般只在以下几种情况下才采用全面清查：

（1）年终决算之前，为确保年终决算会计信息的真实和准确；

（2）企业关停并转或改变其隶属关系；

（3）中外合资、国内联营；

（4）开展清产核资；

（5）企业主要负责人调离工作。

2. 局部清查

局部清查是指根据需要对企业的一部分财产进行的清查。主要是针对比较敏感的财产进行定期和不定期的清查。

局部清查范围小、内容少，涉及的人也少，专业性较强。如对库存现金应每日盘点一次；对银行存款至少每月同银行核对一次；对各种材料、在产品和产成品除年度清查外，应有计划地每月重点抽查，尤其对贵重的财产物资应至少每月清查一次；对债权债务，应在会计年度内至少核对一至两次。

（二）按照清查的时间不同，可分为定期清查和不定期清查

1. 定期清查

定期清查是指根据预先计划安排的时间对财产所进行的清查。这种清查的对象不定，可以是全面清查也可以是局部清查，一般在财产管理制度中予以规定，通常在年末、季末或月末结账时进行，如对货币资金的日清月结。

2. 不定期清查

不定期清查是指根据需要所进行的临时清查。同定期清查一样，它可以是全面清查，也可以是局部清查，通常在以下几种情况下进行。

（1）更换财产物资保管员和现金出纳员时；

（2）发生非常损失时；

（3）有关单位对企业进行审计查账时；

（4）企业关停并转、清产核资、破产清算时。

（三）按照清查的执行单位不同，可分为内部清查和外部清查

1. 内部清查

内部清查（也称为自查）是指由本企业自行组织清查小组的有关人员对本企业的财产所进行的清查。多数的财产清查都属于内部清查。

2. 外部清查

外部清查是指由企业外部的有关部门或人员根据国家法律或制度的规定对企业所进行

的财产清查。如注册会计师对企业报表进行审计；司法机关对企业在检查、监督中所进行的清查工作等。

三、财产清查前的准备工作

财产清查是一项复杂的工作，其工作内容涉及面广、涉及人员多，在财产清查之前应充分做好组织上和物资及业务上的准备工作。

（一）组织上的准备

为了保证财产清查能够有效地进行，保证财产清查的工作质量，财产清查时必须成立专门领导小组，即在主管厂长和总会计师的领导下，成立由财会、设备、技术、生产及行政等有关部门组成的财产清查领导小组。该领导小组的主要任务是：

1. 制订清查工作计划，明确清查范围和对象，安排财产清查工作的详细步骤，配备有能力的财产清查人员；

2. 检查和督促清查工作，及时解决清查工作中出现的问题；

3. 在清查工作结束后，总结清查工作的经验和教训，写出清查工作的总结报告，并提出财产清查结果的处理意见，将结果报有关部门审批。

（二）业务上的准备

业务准备是进行财产清查的关键条件，所以各有关部门必须做好如下准备工作：

1. 会计部门要在财产清查之前将所有的经济业务登记入账并结出余额，做到账账相符、账证相符，为财产清查提供可靠的依据。

2. 财产物资保管部门要在财产清查前为各项财产物资的收发办好凭证手续，全部登记入账，结出各科目余额，并与会计部门的有关总分类账核对相符，同时将各种财产物资排列整齐，挂上标签，标明品种、规格及结存数量，以便进行实物盘点。

3. 财产清查人员在清查业务上也要进行必要的准备，如准备好计量器具，准备好各种必要的登记表格等。

第二节　存货的盘存制度

财产清查的重要环节是盘点财产物资尤其是存货的实存数量。为使财产清查工作顺利进行，企业应建立科学而适用的存货盘存制度。在实际工作中，存货的盘存制度，有实地盘存制和永续盘存制两种。现以商品流通企业经济业务为例，说明这两种盘存制度的特点。

一、永续盘存制

（一）永续盘存制的概念

永续盘存制，亦称账面盘存制，是指通过设置存货明细账，逐日逐笔地登记收入数、发出数，并随时计算出结存数的一种存货盘存制度。采用这种方法，存货明细账按品种规格设置，在明细账中除需登记收、发、结存数量外，通常还要登记金额。采用永续盘存制时，对存货仍需进行实地盘点，至少每年实地盘点一次，以验证账实是否相符。

（二）永续盘存制下的账簿组织

在永续盘存制下，各企业存货核算的账簿组织不尽相同。如果企业经营商品的品种较多，通常除品种外还要按大类核算。其一般的账簿组织如下：

会计部门设置"库存商品"总分类账，其下按商品大类设置二级账户，进行金额核算；在二级账户下，按每种商品设置明细分类账，进行金额、数量双重计量。

仓储部门按每种商品分户设置保管账和保管卡，保管账由记账员根据收货单、发货单登记收、发数量，进行数量控制。保管卡挂在每种商品的堆垛存放处，由保管员根据收货单、发货单逐笔登记数量，以控制实存商品。

存货核算的这种总账、二级账、明细账的设置，可以进行逐级控制，相互核对，起到随时反映库存情况和保护存货安全完整的作用。在这种账簿组织下，一旦库存实物中发生差错，也很容易及时发现，从而便于加强对存货的日常管理。

（三）当期发出存货和结存存货成本的计算

由于商品流通企业的进货费用作为期间费用处理，并不计入商品采购成本，所以，计算期末存货成本时所采用的单价即为进货原价。这样，若商品购进价格保持不变，期末存货的计价是十分简单的。然而，在实际工作中，同一商品的购进价格在会计期内往往不同，期末存货势必存在一个按什么价格计算的问题。

在永续盘存制下，存货明细分类账能随时反映商品的结存数量和销售数量，至于存货的计价方法，则主要有先进先出法、加权平均法和个别计价法等。

1. 先进先出法

先进先出法是假设先入库的存货先发出，即按照存货入库的先后顺序，用先入库存货的单位成本确定发出存货成本的一种方法。采用先进先出法对存货进行计价，可以将发出存货的计价工作分散在平时进行，减轻了月末的计算工作量；期末存货的计价标准为后入库存货的价格，从而使反映在资产负债表上的存货价值比较接近当前市价。但在物价上涨时，本期发出存货成本要比当前市价低，从而使本期利润偏高，需多缴所得税。现举例说明如下：

【例8-1】 A商品的期初结存和本期购销情况如下：

12月1日	期初结存	100件	单价20元	计2 000元
12月8日	销售	70件		
12月15日	购进	100件	单价22元	计2 200元
12月20日	销售	50件		
12月24日	销售	60件		
12月28日	购进	200件	单价28元	计5 600元
12月30日	销售	60件		

根据上述实例，采用先进先出法计算本期发出商品成本和期末结存商品成本？

（1）本期发出商品成本=70×20+30×20+20×22+60×22+20×22+40×28=5 320（元）

期末结存商品成本=2 000+2 200+5 600-5 320=4 480（元）

（2）存货采用先进先出法计价，库存商品明细分类账的登记结果，见账8-1：

账 8-1 库存商品明细账

品名：A 商品 单位：元/件

2013 年		摘 要	收 入			发 出			结 存		
月	日		数量	单价	金额	数量	单价	金额	数量	单价	金额
12	1	期初结存							100	20	2 000
	8	销 售				70	20	1 400	30	20	600
	15	购 进	100	22	2 200				30 100	20 22	600 2 200
	20	销 售				30 20	20 22	600 440	80	22	1 760
	24	销 售				60	22	1 320	20	22	440
	28	购 进	200	28	5 600				20 200	22 28	440 5 600
	30	销 售				20 40	22 28	440 1 120	160	28	4 480
	31	本期销售成本				240		5 320			

2. 加权平均法

加权平均法是把可供销售的商品总成本平均分配于所有可供销售的商品数量。因此，本期销售成本和期末存货成本都要按这一平均单价计算。在平均单价的计算中，考虑了各批商品的数量因素，即批量越大的进价，对平均单价的影响也越大。由于数量对单价起权衡轻重的作用，故由此计算的平均单价称为加权平均单价。永续盘存制下存货计价的加权平均法，分为一次加权平均法和移动加权平均法两种。

（1）一次加权平均法。采用一次加权平均法，对于本月发出的存货，平时只登记数量，不登记单价和金额，月末按一次计算的加权平均单价，计算本期发出存货成本和期末存货成本。一次加权平均法计算比较简单，计算出的期末存货成本和本期发出存货成本都比较稳定，但由于计价工作集中在月末进行，所以平时不能从账簿中看到存货发出和结存的金额，从而不便于加强存货资金的日常管理。一次加权平均单价的计算公式如下：

$$一次加权平均单价 = \frac{期初结存存货成本 + 本期入库存货成本}{期初结存存货数量 + 本期入库存货数量}$$

沿用例 8-1 所给资料，按一次加权平均法计算本期发出商品成本和期末结存商品成本如下：

$$加权平均单价 = \frac{2\,000 + 2\,200 + 5\,600}{100 + 100 + 200} = 24.5（元）$$

本期发出商品成本 =（70 + 50 + 60 + 60）× 24.5 = 5 880（元）

期末结存商品成本=2 000+2 200+5 600-5 880=3 920（元）

存货采用一次加权平均法计价，库存商品明细账的登记结果，见账8-2：

账 8-2　　　　　　　　　　　**库存商品明细账**

品名：A 商品　　　　　　　　　　　　　　　　　　　　　　　单位：元/件

2013 年		摘　要	收　入			发　出			结　存		
月	日		数量	单价	金额	数量	单价	金额	数量	单价	金额
12	1	期初结存							100	20	2 000
	8	销　售				70			30		
	15	购　进	100	22	2 200				130		
	20	销　售				50			80		
	24	销　售				60			20		
	28	购　进	200	28	5 600				220		
	30	销　售				60			160	24.5	3 920
	31	本期销售成本				240	24.5	5 880			

（2）移动加权平均法。采用移动加权平均法，当每次入库存货单价与结存单价不同时，就需要重新计算一次加权平均价，并据此计算下次购货前的发出存货成本和结存存货成本。采用移动加权平均法，可以随时结转销售成本，随时提供存货明细账上的结存数量和金额，有利于对存货进行数量、金额的日常控制。但这种方法由于每次进货后都要计算一次平均价，势必会增加会计核算工作量。移动加权平均单价的计算公式为：

$$移动加权平均单价=\frac{本次入库前结存成本+本次入库存货成本}{本次入库前结存数量+本次入库存货数量}$$

仍沿用例8-1所给资料，按移动加权平均法计算本期发出商品成本和期末结存商品成本如下：

第一批商品购入后的平均单价为：

$$移动加权平均单价=\frac{600+2 200}{30+100}=21.54（元）$$

第二批购入后的平均单价为：

$$移动加权平均单价=\frac{430.8+5 600}{20+200}=27.41（元）$$

存货采用移动加权平均法计价，库存商品明细账的登记结果，见账8-3：

账 8-3　　　　　　　　　　　　　　**库存商品明细账**

品名：A 商品

2013 年		摘　要	收　入			发　出			结　存		
月	日		数量	单价	金额	数量	单价	金额	数量	单价	金额
12	1	期初结存							100	20	2 000
	8	销　售				70	20	1 400	30	20	600
	15	购　进	100	22	2 200				130	21. 54	2 800. 2
	20	销　售				50	21. 54	1 077	80	21. 54	1 723. 2
	24	销　售				60	21. 54	1 292. 4	20	21. 54	430. 8
	28	购　进	200	28	5 600				220	27. 41	6 030. 2
	30	销　售				60	27. 41	1 644. 6	160	27. 41	4 385. 6
	31	本期销售成本				240		5 414			

3. 个别计价法

个别计价法又称个别认定法，是指每次发出存货的成本按其购入或生产的实际成本分别计价的方法。采用个别计价法需要逐一辨认各批发出存货和期末存货的购进或生产批别，分别以购入或生产时确定的单位成本来计算确定各批发出和期末存货的成本。这种方法的优点是成本计算准确，符合实际情况。其缺点是发出存货成本分辨的工作量繁重。个别计价法适用于容易辨认，品种数量不多，且单位较高的存货计价。

沿用例 8-1 所给资料，若通过辨认确定各批销售商品的购进批别为：

12 月 8 日出售的 70 件商品系期初结存的存货；

12 月 20 日出售的 50 件商品系 12 月 15 日的进货；

12 月 24 日出售的 60 件商品中有 20 件系期初结存的存货，有 40 件系 12 月 15 日的进货；

12 月 30 日出售的 60 件商品中有 5 件系期初结存的存货，有 5 件系 12 月 15 日的进货，有 50 件系 12 月 28 日的进货。

按个别计价法计算本期发出商品成本和期末结存水平成本如下：

本期发出商品成本 = 70×20+50×22+20×20+40×22+5×20+5×22+50×28

　　　　　　　　= 5 390（元）

期末结存商品成本 = 5×20+5×22+150×28 = 4 410（元）

　　　　　　或 = 2 000+2 200+5 600−5 390 = 4 410（元）

存货采用个别计价法计价，库存商品明细账的登记结果，见账 8-4：

账 8-4   库存商品明细账

品名：A 商品

2013 年		摘 要	收 入			发 出			结 存		
月	日		数量	单价	金额	数量	单价	金额	数量	单价	金额
12	1	期初结存							100	20	2 000
	8	销 售				70	20	1 400	30	20	600
	15	购 进	100	22	2 200				30 100	20 22	2 800
	20	销 售				50	22	1 100	30 50	20 22	1 700
	24	销 售				20 40	20 22	1 280	10 10	20 22	420
	28	购 进	200	28	5 600				10 10 200	20 22 28	6 020
	30	销 售				5 5 50	20 22 28	1 610	5 5 150	20 22 28	4 410
	31	本期销售成本				240		5 390			

（四）永续盘存制的优缺点

永续盘存制的优点是：在存货明细账中，可以随时反映出每种存货的收入、发出和结存情况，并能进行数量和金额的双重控制；明细账的结存数量可与实际盘存数进行核对，如发生库存溢余或短缺，可查明原因，及时纠正；还可以随时与预定的最高和最低库存限额进行比较，取得库存积压或不足的信息，从而及时采取相应的对策。

永续盘存制的主要缺点是：存货的明细分类核算工作量较大，需要较多的人力和费用。但同实地盘存制相比，它在控制和保护财产物资的安全完整方面具有明显的优越性，所以在实际工作中，为多数企业所采用。

二、实地盘存制

（一）实地盘存制的概念及其一般程序

1. 实地盘存制的概念

实地盘存制是在期末通过盘点实物来确定存货的数量，并据以计算出期末存货成本和本期发出存货成本的一种存货盘存制度。它用于商品流通企业时，又称"以存计销制"或"盘存计销制"；用于制造业企业时，又称"以存计耗制"或"盘存计耗制"。采用这一方法，平时只登记存货的购进或收入，不登记发出，期末通过盘点实物确定实存数，采用倒挤的方法，轧计出存货的发出数。

2. 实地盘存制的一般程序

实地盘存制的程序通常为：

（1）确定期末存货数量。每期期末实地盘点存货，确定存货的实际结存数量。

（2）计算期末存货成本。某种存货成本等于该项存货的数量乘以适当的单位成本，将各种存货成本相加，即为存货总成本。

（3）计算本期可供发出存货成本。本期可供发出存货的成本也称本期可供销售或耗用的存货成本，它等于期初存货成本加本期入库存货成本。

（4）计算本期发出存货成本。它等于可供发出存货成本减期末存货成本。其计算公式为：

$$本期发出存货的成本 = \frac{期初结存}{存货成本} + \frac{本期入库}{存货成本} - \frac{期末结存}{存货成本}$$

$$期末结存存货成本 = 期末存货实地盘存数 \times 单价$$

（二）期末存货数量的确定

在实地盘存制下，期末存货数量的确定，一般包括以下两个步骤：

1. 进行实地盘点，确定盘存数。存货的盘点方法因存货性质而异。盘点时间通常在本期营业或生产活动结束，下期营业或生产活动开始前进行。盘存结果应填列在存货盘存表中。

2. 调整盘存数，确定存货结存数。将临近会计期末的购销单据或收发凭证进行整理，在盘存数量的基础上，考虑有关影响因素，调整求得存货实际结存数量。在商品流通企业中，对于企业已经付款但尚未收到的商品即在途商品、已经出库但尚未销售的商品，以及已销售但尚未提走的商品都要进行调整，以计算出实际库存数量。其计算公式如下：

实际结存数量 = 存货盘点数量 + 在途商品数量 + 已提未销数量 − 已销未提数量

（三）当期发出存货和结存存货成本的计算

实地盘存制下的存货计价方法主要有先进先出法、一次加权平均法和个别计价法。现举例说明各种存货计价方法的具体运用。

【例8-2】某商品流通企业 M 商品的期末实际盘点数为 220 件，期初库存和本期购进情况为：

12月1日	期初库存	200件	单价10元	计2 000元
12月15日	购　进	400件	单价12元	计4 800元
12月28日	购　进	200件	单价15元	计3 000元
	合　计			9 800元

现分别采用先进先出法、一次加权平均法和个别计价法计算实地盘存制下期末结存商品成本和本期发出商品成本为：

（1）按先进先出法计算：

期末结存商品成本 = 200×15 + 20×12 = 3 240（元）

本期发出商品成本 = 2 000+4 800+3 000−3 240 = 6 560（元）

（2）按一次加权平均法计算：

$$加权平均单价 = \frac{2\,000 + 4\,800 + 3\,000}{200 + 400 + 200} = 12.25（元/件）$$

期末结存商品成本 = 200×12.25 = 2 695（元）

本期发出商品成本 = 2 000+4 800+3 000−2 695 = 7 105（元）

（3）按个别计价法计算：

（若期末结存 220 件商品中有 50 件系期初结存的存货，有 70 件系 12 月 15 日的进货，有 100 件系 12 月 28 日的进货）

期末结存商品成本 = 50×10+70×12+100×15 = 2 840（元）

本期发出商品成本 = 2 000+4 800+3 000−2 840 = 6 960（元）

（四）实地盘存制的优缺点

实地盘存制的最大优点是不需要每天记录存货的发出和结存数量，核算工作简单，工作量小。但这种方法不能随时反映存货的发出和结存成本，倒轧出的各项存货的销售或耗用成本中，除了正常销售或耗用外，可能隐含存货损耗、短缺等非正常因素，因而不便于对存货进行控制和监督，影响成本计算的准确性。因此，这种方法只适用于经营那些品种多、价值低、交易频繁的商品，以及数量不稳定、损耗大且难以控制的鲜活商品的商品流通企业。在制造业企业中，很少采用这种存货盘存制度。

知识加油站 《企业会计准则第 1 号——存货》（以下简称新存货准则）是财政部 2006 年 2 月 15 日发布的 39 个会计准则之一，它是对 2001 年 11 月 9 日发布的《企业会计准则——存货》的修订。新存货准则中取消了"后进先出法"。这种发出存货计价方法不具有普遍性，不能真实反映企业存货的流转情况。一些企业采用后进先出法确定发出存货的实际成本，但为避免货物变质或毁损，便将先入库的货物先发出，造成了存货的实物流与成本流相互脱节。新准则限制了企业调节存货的计价方法，防止企业利用存货成本操纵利润。随着我国的经济发展，会计也随之与国际会计准则接轨。为了与国际会计准则趋同，我国便将后进先出法取消了。

第三节 财产清查的内容和方法

财产清查是一项涉及面广、业务量大的会计工作。为了保证财产清查的工作质量，提高工作效率，达到财产清查的目的，在财产清查时应针对不同的清查内容而采用不同的方法。

一、货币资金的清查

货币资金的清查包括对库存现金、银行存款和其他货币资金的清查。下面具体说明每类货币资金的清查方法。

（一）库存现金的清查

库存现金清查的基本方法是实地盘点法。它是将库存现金的盘点实有数与库存现金日记账的余额进行核对的方法，来查明账实是否相符。

库存现金的清查可分为以下两种情况：

1. 出纳员自查。在日常工作中，现金出纳员每日清点库存现金实有数额，并及时与库存现金日记账的余额相核对。这种清查方法实际上是现金出纳员的分内职责。

2. 专门人员清查。在由专门清查人员进行的清查工作中，为了明确经济责任，出纳员必须在场。清查人员要认真审核收付凭证和账簿记录，检查经济业务的合理性和合法性。此外，清查人员还应检查企业是否以"白条"或"借据"抵充现金。

现金盘点结束后，应根据盘点的结果，填制"库存现金盘点报告表"。该表是重要的原始凭证，既有实物财产清查的"盘存单"的作用，又有"实存账存对比表"的作用。"库存现金盘点报告表"填制完毕，应由盘点人和出纳员共同签章方能效。"库存现金盘点报告表"的格式见表8-1：

表8-1　　　　　　　　　　库存现金盘点报告表

实存金额	账存金额	实存与账存对比		备　注
		盘　盈	盘　亏	

单位名称：　　　　　　　　　　　　　　　　　　　　年　月　日
盘点人签章：　　　　　　　　　　　　　　　　　　　出纳员签章：

（二）银行存款的清查

银行存款的清查，通常采用银行存款日记账与开户银行提供的"对账单"相核对的方法。核对前，首先把截至清查日所有银行存款的收款、付款业务登记入账，对发生的错账、漏账应及时查清更正。然后再与银行的对账单逐笔核对。若二者余额相符，则说明无错误；若二者不相符，则可能存在两种情况：一是企业或银行存在记账过程中发生的差错；另一种可能存在着未达账项。

未达账项，是指在企业和银行之间，由于凭证的传递时间不同，导致双方记账时间不一致，一方已接到有关结算凭证并已经登记入账，而另一方由于尚未接到有关结算凭证尚未入账的款项。概括来说，未达账项总的来说有两大类型：一是企业已经入账而银行尚未入账的款项；二是银行已经入账而企业尚未入账的款项。具体来讲有以下四种情况：

1. 企业已收款入账，银行未收款入账的款项。

2. 企业已付款入账，银行未付款入账的款项。

3. 银行已收款入账，企业未收款入账的款项。

4. 银行已付款入账，企业未付款入账的款项。

上述任何一种未达账项的存在，都会使企业银行存款日记账余额与银行转来的对账单的余额不符。在与银行对账时，应首先查明有无未达账项，如果存在未达账项，可编制"银行存款余额调节表"予以调整。"银行存款余额调节表"的编制应在企业银行存款日记账余额和银行对账单余额的基础上，分别加减未达账项，调整后的双方余额应该相符，并且是企业当时实际可以动用的款项。其计算公式如下：

企业银行存款日记账余额+银行已收企业未收款项－银行已付企业未付款项＝银行对账单余额+企业已收银行未收款项－企业已付银行未付款项

现举例说明"银行存款余额调节表"的具体编制方法。

【例8-3】星河机械有限公司2013年8月31日银行存款日记账的余额为92 700元，银行对账单的余额为95 210元，经核对发现以下未达账项：

（1）公司将收到的销货款2 000元存入银行，公司已记银行存款增加，而银行尚未记增加；

（2）公司开出转账支票3 000元支付购料款，公司已记银行存款减少，而银行尚未记减少；

（3）银行收到某企业汇来的购货款3 210元，银行已记增加，公司尚未记增加；

（4）银行代公司支付运费1 700元，银行已记减少，公司尚未记减少。

根据上述资料编制"银行存款余额调节表"，见表8-2：

表8-2　　　　　　　　　　　　　银行存款余额调节表

2013年8月31日

项　　目	金　　额	项　　目	金　　额
企业银行存款日记账余额 加：银行已收企业未收 减：银行已付企业未付	92 700 3 210 1 700	银行对账单余额 加：企业已收银行未收 减：企业已付银行未付	95 210 2 000 3 000
调节后的存款余额	94 210	调节后的存款余额	94 210

值得注意的是，"银行存款余额调节表"的编制只是银行存款清查的方法，它只起到对账作用，不能作为调节账面余额的原始凭证。银行存款日记账的登记，还应待收到有关原始凭证后再进行。上述银行存款的清查方法也适用于其他货币资金的清查。

二、实物财产的清查

实物财产是指具有实物形态的各种财产，包括：原材料、半成品、在产品、产成品、低值易耗品、包装物和固定资产等。

（一）实物财产的清查方法

不同品种的实物财产，由于实物形态、体积重量、堆放方式等的不同，所采用的清查方法也有所不同。常用的实物财产的清查方法包括以下几种：

1. 实地盘点法，是指通过点数、过磅、量尺等方法来确定财产的实有数额。这种方法一般适用于机器设备、包装好的原材料、产成品和库存商品等的清查。

2. 技术推算法，这是指利用技术方法对财产的实存数进行推算的一种方法。这种方法又称"估推"，一般适用于散装的、大量成堆且难以逐一清点其实存数的各种资产，如煤、盐、化肥、饲料等物资的清查。

3. 抽样盘存法，这是指采用抽取一定数量样品的方式对实物资产的实有数进行估算确定的一种方法。这种方法一般适用于数量多、重量和体积比较均衡的实物财产的清查。

4. 函证核对法，这是指通过向对方发函方式对实物资产的实有数进行确定的一种方法。这种方法一般适用于对委托外单位加工或保管的实物物资的清查。

（二）实物财产清查使用的凭证

为了明确经济责任，进行财产清查时，有关实物财产的保管人员必须在场，并参加盘点工作。对各项财产的盘点结果，应如实准确地登记在"盘存单"上，并由参加盘点的有关人员同时签章方能生效。"盘存单"是财产盘点结果的书面证明，也是反映实物财产实有数额的原始凭证。"盘存单"的一般格式见表8-3：

表8-3　　　　　　　　　　　盘　存　单

单位名称：　　　　　　　　　盘点时间：　　　　　　　　编号：
财产类别：　　　　　　　　　存放地点：

序号	名称	规格型号	计量单位	实存数量	单价	金额	备注

盘点人签章：　　　　　　　　　　　　　　保管人签章：

盘点完毕，将"盘存单"中所记录的实存数与账面结存数余额相核对，如发现实物盘点结果与账面结存结果不相符时，应根据"盘存单"和有关账簿记录，填制"实存账存对比表"，以确定实物财产的盘盈数或盘亏数。"实存账存对比表"是记录财产清查结果的原始凭证，也是分析盈亏原因、明确经济责任的重要依据。"实存账存对比表"的格式与"库存现金盘点报告表"的格式基本相似，这里不再赘述。

三、应收款的清查

对各种应收款的清查，应采取"询证核对法"，即同对方核对账目的方法。清查单位应在其各种应收款项记录准确的基础上，编制"往来款项对账单"，寄发或派人送交对方单位进行核对。"往来款项对账单"的格式和内容见表8-4：

表 8-4　　　　　　　　　　　　往来款项对账单

_____单位：

你单位 2009 年 8 月 25 日购入我单位 A 产品 500 件，已付货款 8 000 元，尚有 22 000 元货款未付，请核对后将回联单寄回。

核查单位：（盖章）

2013 年 12 月 18 日

沿此虚线裁开，将以下回联单寄回！

- -

往来款项对账单（回联）

_____核查单位：

你单位寄来的"往来款项对账单"已经收到，经核对相符无误。

××单位（盖章）

2013 年 12 月 22 日

第四节　财产清查结果的处理

企业对财产清查的结果，应当按照国家有关财务制度的规定进行认真处理。财产清查中发现的盘盈和盘亏等问题，首先要核准金额，然后按规定的程序报经上级部门批准后，才能进行会计处理。

一、财产清查结果的处理步骤

财产清查结果的处理主要步骤如下。

（一）核准金额，查明原因

在对财产清查结果进行具体的处理之前，应对有关原始凭证中所记录的盈亏数据做全面的核实，即核准货币资金、财产物资和债权资产的盈亏金额，并对各项差异的性质及其原因进行分析，以便针对不同原因所造成的盈亏确定处理方法，提出处理意见，报送有关领导和部门批准。

（二）调整账簿记录，做到账实相符

在核准金额、查明原因的基础上，为了做到账实相符，保证会计信息真实正确，对财产清查中发现的盘盈或盘亏，应及时进行批准前的会计处理，即根据"实存账存对比表"等原始凭证编制记账凭证，并据以调整账簿记录。

（三）进行批准后的会计处理

在有关领导、部门对所呈报的财产清查结果处理意见做出批示后，企业应严格按照批复意见编制有关的记账凭证，登记有关账簿，及时进行批准后的会计处理。

二、财产清查结果的会计处理

为了反映和监督各单位在财产清查过程中查明的各种财产的盈亏或毁损及其报经批准后的转销数额，企业应设置"待处理财产损溢"账户。该账户属于双重性质的账户，下设"待处理流动资产损溢"和"待处理固定资产损溢"两个明细分类账户，以进行明细分类核算。该账户借方登记各项财产的盘亏或毁损数额和各项盘盈财产报经批准后的转销数；贷方登记各项财产的盘盈数额和各项盘亏或毁损财产报经批准后的转销数。企业的财产损溢，应查明原因，在期末结账前处理完毕，处理后本科目应无余额。

（一）库存现金清查结果的会计处理

库存现金清查中发现库存现金短缺或盈余时，除了设法查明原因外，还应及时根据"库存现金盘点报告单"进行会计处理。应通过"待处理财产损溢"账户核算，按短款或长款的金额记入该账户，待查明原因后再转账。举例说明如下：

【例8-4】星河机械有限公司2013年3月份进行库存现金清查中发现长款200元，其会计处理如下：

（1）批准前：

        借：库存现金　　　　　　　　　　　　　　　　　200

          贷：待处理财产损溢——待处理流动资产损溢　200

（2）经反复核查，为查明原因，报经批准转做营业外收入：

        借：待处理财产损溢——待处理流动资产损溢　200

          贷：营业外收入　　　　　　　　　　　　　　200

【例8-5】某企业在库存现金清查中发现短款400元，其会计处理如下：

（1）批准前：

        借：待处理财产损溢——待处理流动资产损溢　400

          贷：库存现金　　　　　　　　　　　　　　　400

（2）经查，该短款属于出纳员王立的责任，应由出纳员赔偿：

        借：其他应收款——王立　　　　　　　　　　　400

          贷：待处理财产损溢——待处理流动资产损溢　400

（二）存货清查结果的会计处理

1. 存货盘盈的会计处理

当发现存货盘盈时，应根据"实存账存对比表"，将盘盈存货的价值记入"原材料"、"生产成本"、"库存商品"等账户的借方，同时记入"待处理财产损溢——待处理流动资产损溢"账户的贷方。报经批准后，冲减管理费用。

【例8-6】星河机械有限公司经财产清查中发现盘盈钢材2 000千克。经查明是由于收发计量上的错误所造成的，按每千克4元入账。其会计处理如下：

（1）批准前：

        借：原材料　　　　　　　　　　　　　　　　　8 000

          贷：待处理财产损溢——待处理流动资产损溢　8 000

（2）批准以后，冲减管理费用：

借：待处理财产损溢——待处理流动资产损溢 8 000
　　贷：管理费用 8 000

2. 存货盘亏的会计处理

当发现存货盘亏或毁损时，批准以前应先记入"待处理财产损溢——待处理流动资产损溢"账户的借方，同时记入有关存货账户的贷方。报经批准后，再根据造成亏损的原因，分别按以下情况进行会计处理：

（1）属于自然损耗产生的定额内的合理亏损，经批准后计入管理费用。

（2）属于超定额短缺的，能确定过失人的应由过失人负责赔偿；属于保险责任范围的，应向保险公司索赔。扣除过失人或保险公司赔款和残料价值后的余额，应计入管理费用。

（3）属于非常损失所造成的存货毁损，扣除保险公司赔款和残料价值后，应计入营业外支出。

【例8-7】星河机械有限公司盘亏A产品100千克，单位实际成本100元。经查明，属于定额内合理损耗。其会计处理如下：

（1）批准前，调整存货账的实存数：
　　借：待处理财产损溢——待处理流动资产损溢 11 700
　　　　贷：库存商品 10 000
　　　　　　应交税金——应交增值税（进项税额转出） 1 700

（2）经查属于合理损耗，批准后，计入管理费用：
　　借：管理费用 11 700
　　　　贷：待处理财产损溢——待处理流动资产损溢 11 700

【例8-8】星河机械有限公司盘亏甲材料10吨，每吨200元。经查明，是由于工作人员失职造成的材料毁损，应由过失人赔偿1 000元，毁损材料残料价值300元。其会计处理如下：

（1）批准前：
　　借：待处理财产损溢——待处理流动资产损溢 2 340
　　　　贷：原材料 2 000
　　　　　　应交税费——应交增值税（进项税额转出） 340

（2）批准后，分别不同情况处理：
① 由过失人李红赔偿1 000元。
　　借：其他应收款——李红 1 000
　　　　贷：待处理财产损溢——待处理流动资产损溢 1 000
② 残料作价入库。
　　借：原材料 300
　　　　贷：待处理财产损溢——待处理流动资产损溢 300
③ 扣除过失人的赔款和残值后的盘亏数，计入管理费用。
　　借：管理费用 806
　　　　贷：待处理财产损溢——待处理流动资产损溢 806

【例 8-9】 星河机械有限公司 B 材料盘亏一批，实际成本为 5 000 元。经查明，属于意外事故造成的损失，安达保险公司应给予 3 000 元的赔偿。其会计处理如下：

（1）批准前：

借：待处理财产损溢——待处理流动资产损溢　　　5 850

　　贷：原材料　　　　　　　　　　　　　　　　　　　5 000

　　　　应交税费——应交增值税（进项税额转出）　　　850

（2）批准后，分别不同情况处理：

① 经查，属于应由安达保险公司赔偿的：

借：其他应收款——安达保险公司　　　　　　　3 000

　　贷：待处理财产损溢待——待处理流动资产损溢　　3 000

② 计入营业外支出部分：

借：营业外支出　　　　　　　　　　　　　　　2 850

　　贷：待处理财产损溢——待处理流动资产损溢　　2 850

（三）固定资产清查结果的会计处理

在固定资产清查过程中，如果发现有盘亏的固定资产，应查明原因，填制固定资产盘亏报告表并写出书面报告，报经企业主管部门领导批准后才能计入营业外支出。在批准之前，只能作为待处理财产损溢处理。

对于盘亏的固定资产，企业应按盘亏固定资产的净值借记"待处理财产损溢"账户，按已提折旧额借记"累计折旧"账户，按原值贷记"固定资产"账户。按规定程序批准之后，应按盘亏固定资产的净值借记"营业外支出"账户，贷记"待处理财产损溢"。

【例 8-10】 星河机械有限公司在财产清查中，发现盘亏设备 1 台，其原价为 300 000 元，已计提折旧为 80 000 元。其会计处理如下：

（1）批准前：

借：待处理财产损溢——待处理固定资产损溢　　220 000

　　累计折旧　　　　　　　　　　　　　　　　　80 000

　　贷：固定资产　　　　　　　　　　　　　　　　　300 000

（2）批准后予以转销：

借：营业外支出　　　　　　　　　　　　　　　220 000

　　贷：待处理财产损溢——待处理固定资产损溢　　220 000

（四）应收款清查结果的会计处理

在财产清查过程中，如发现长期应收而收不回的款项，即坏账损失，经批准予以转销。坏账损失不需要通过"待处理财产损溢"账户进行核算。转销方法通常采用：备抵法。备抵法，是指按期估计坏账损失，形成坏账准备，当某一应收账款全部或部分被确认为坏账时，应根据其金额冲减坏账准备，同时转销相应的应收账款金额的一种核算方法。估计坏账损失的方法有应收账款余额百分比法、账龄分析法和销货百分比法等，这里主要介绍常用的应收账款余额百分比法。

采用备抵法，企业需设置"坏账准备"账户。企业计提坏账准备时，借记"资产减值损失"账户，贷记"坏账准备"账户；实际发生坏账时借记"坏账准备"账户，贷记

"应收账款"等账户。如果确认并转销的坏账以后又收回，则应按收回的金额，借记"应收账款"账户，贷记"坏账准备"账户，以恢复企业债权，冲回已转销的坏账准备金额；同时，借记"银行存款"账户，贷记"应收账款"账户，以反映款项收回情况。"坏账准备"账户平时（1~11 月）期末余额可能在借方，也可能在贷方。但其年末余额则一定在贷方。

【例 8-11】星河机械有限公司自 2007 年年末开始计提坏账准备。2007 年年末应收账款余额为 2 000 000 元，2008 年 6 月份发生坏账 11 000 元，2008 年年末应收账款余额为 2 200 000元，2009 年 1 月份收回上年已转销的坏账 10 000 元，2009 年年末应收账款余额为 2 500 000 元。该公司各年坏账准备提取比例为 5。其有关会计处理如下：

（1）2007 年年末提取坏账准备 100 000 元（2 000 000×5%）

　　　借：资产减值损失　　　　　　　　　　　　　　　100 000
　　　　　贷：坏账准备　　　　　　　　　　　　　　　　　　100 000

（2）2008 年 6 月发生坏账 10 000 元：

（3）2008 年年末补提坏账准备 21 000 元（2 200 000×5%−100 000+11 000）

　　　借：资产减值损失　　　　　　　　　　　　　　　21 000
　　　　　贷：坏账准备　　　　　　　　　　　　　　　　　　21 000

（4）2009 年 1 月收回已转销坏账 10 000 元：

　　　借：银行存款　　　　　　　　　　　　　　　　　10 000
　　　　　贷：应收账款　　　　　　　　　　　　　　　　　　10 000
　　　借：应收账款　　　　　　　　　　　　　　　　　10 000
　　　　　贷：坏账准备　　　　　　　　　　　　　　　　　　10 000

（5）2009 年年末补提坏账准备 14 000 元（2 500 000×5%−110 000−1 000）

　　　借：资产减值损失　　　　　　　　　　　　　　　14 000
　　　　　贷：坏账准备　　　　　　　　　　　　　　　　　　14 000

自 测 题

一、单选题

1. 现金的清查，是通过（　　　）的方法进行的。

　A. 实地盘点　　　　　　　　　　　B. 技术推算法

　C. 查询核对　　　　　　　　　　　D. 与银行核对账目

2. 财产物资的盘盈和盘亏数，都应通过（　　　）账户核算，然后查明原因按规定处理。

　A. 管理费用　　　　　　　　　　　B. 待处理财产损溢

　C. 营业外收入　　　　　　　　　　D. 营业外支出

3. 由于自然灾害造成的材料盘亏，在报经批准后，应计入（　　　）账户。

　A. 管理费用　　　　　　　　　　　B. 营业外支出

　C. 待处理财产损溢　　　　　　　　D. 其他应收款

4. 根据管理上的需要，贵重的材料和现金要（　　）。

A. 进行轮流清查或重点清查　　　　B. 每日盘点一次

C. 至少每月盘点一次　　　　　　　D. 每日与银行核对

5. 采用实地盘存制，平时对财产物资的记录（　　）。

A. 只记收入数，不计支出数　　　　B. 只记支出数，不计收入数

C. 先记收入数，后记支出数　　　　D. 先记支出数，后记收入数

6. 实地盘存制与永续盘存制的主要区别是（　　）。

A. 盘点的方法不同　　　　　　　　B. 盘点的目的不同

C. 盘点的工具不同　　　　　　　　D. 盘点结果的处理不同

7. 对于现金的清查，应将其结果及时填列（　　）。

A. 盘存单　　　　　　　　　　　　B. 实存账存对比表

C. 现金盘点报告表　　　　　　　　D. 对账单

8. 实存账存对比表是调整账面记录的（　　）。

A. 记账凭证　　　B. 转账凭证　　　C. 原始凭证　　　D. 累计凭证

9. 在直接转销法下，对于无法收回的应收账款，应借记的会计科目是（　　）。

A. 财务费用　　　　　　　　　　　B. 营业外支出

C. 待处理财产损溢　　　　　　　　D. 管理费用

10. 对于自然灾害造成的存货盘亏，按其净损失经批准后应借记的会计科目是（　　）。

A. 管理费用　　　　　　　　　　　B. 营业外支出

C. 待处理财产损溢　　　　　　　　D. 销售费用

二、多选题

1. 财产清查按其清查对象和范围分为（　　）。

A. 全面清查　　　B. 重点抽查　　　C. 局部清查　　　D. 随时清查

2. 工业企业的全面清查对象一般包括（　　）。

A. 库存现金、银行存款等货币资金　B. 各种在途材料、物资、产品

C. 各种债权债务　　　　　　　　　D. 所有的固定资产、存货等

3. 采用实地盘点的清查对象有（　　）。

A. 库存现金　　　B. 应收账款　　　C. 存货　　　D. 固定资产

4. 财产物资盘亏应视不同情况进行处理，计入（　　）账户。

A. 管理费用　　　B. 其他应收款　　　C. 营业外收入　　　D. 营业外支出

5. 一般在（　　）情况下，需进行全面清查。

A. 年终决算之前　　　　　　　　　B. 企业关停并转或改变其隶属关系

C. 中外合资、国内联营　　　　　　D. 开展清产核资

E. 企业主要负责人调离工作

6. 财产清查按照清查的时间可分为（　　）。

A. 全面清查　　　B. 局部清查　　　C. 定期清查　　　D. 不定期清查

7. 下列表格中，可用作原始凭证调整账簿记录的有（　　）。

A. 实存账存对比表　　　　　　　　B. 未达账项登记表

C. 现金盘点报告表　　　　　　　　　　D. 银行存款余额调节表

8. 在永续盘存制下，存货的计价方法有（　　）。

A. 先进先出法　　　B. 后进先出法　　　C. 个别计价法　　　D. 加权平均法

三、判断题

1. 定期清查一般是全部清查，不定期清查一般是局部清查。　　　　　　（　　）

2. 采用永续盘存制，平时对各项财产的收发可不做详细记录。　　　　　（　　）

3. 企业银行存款日记账余额与银行对账单余额不相符的原因，都是由于存在未达账项。
（　　）

4. 在财产清查中，对于确实无法收回的应收账款，经批准后可作为企业损失处理，记入"待处理财产损溢"科目核算。　　　　　　　　　　　　　　　　　（　　）

5. 在实地盘存制下，盘存后的实物量是登记账簿中财产物资发出数的唯一依据。
（　　）

6. 采用先进先出法，在物价上涨时，会过低估计企业的当期利润和存货价值；反之，会高估企业存货价值和当期利润。　　　　　　　　　　　　　　　　　　（　　）

7. 在物价持续上涨时，存货采用后进先出法，能减少通货膨胀给企业带来的不利影响，这是会计核算谨慎性原则的具体体现。　　　　　　　　　　　　　　　（　　）

8. 对在银行存款清查时出现的未达账项，可编制银行存款余额调节表来调整，该表是调节账面余额的原始凭证。　　　　　　　　　　　　　　　　　　　　（　　）

9. 存货发出的计价方法不同，不仅会影响企业资产负债表中的负债和损益项目，同时也会影响企业资产负债表中资产项目。　　　　　　　　　　　　　　　（　　）

10. 为了反映和监督各单位在财产清查过程中查明的各种资产的盈亏或毁损及报经批准后的转销数额，应设置"待处理财产损溢"账户，该账户属于负债类账户。（　　）

四、业务题

（一）资料：2014年12月30日，公司银行存款余额为18 000元，银行对账单余额为18 485元，经过逐笔核对，发现下列未达款项：

1. 公司于12月30日存入从其他单位收到的转账支票一张，计1 600元，银行尚未入账。

2. 公司于12月30日开出转账支票1 200元，现金支票100元，持票人尚未到银行办理转账和取款手续，银行尚未入账。

3. 公司于12月30日委托银行代收的外埠销货款800元，银行已收妥入账，但收款通知尚未到达企业，企业尚未入账。

4. 12月29日，银行受运输机构委托代收公司运费，已从公司存款中付出30元，但公司尚未收到银行通知，尚未入账。

5. 12月31日，银行计算公司的存款利息15元，已计入公司存款账户，但公司尚未入账。

要求：根据上述资料，编制银行存款余额调节表。

（二）资料：2014年10月末，企业存货盘点情况如下：

1. 盘亏甲材料200吨，单位成本50元；

2. 盘盈 A 库存商品 10 件，同类库存商品单位成本 30 元；

3. 盘亏 B 库存商品 30 公斤，单位成本 15 元；

4. 企业发生水灾造成乙材料毁损 400 吨，单位成本 25 元。

上述盘盈盘亏事项，经查明报经批准做如下处理：

（1）盘亏甲材料 200 吨，其中 50 吨为经管人员责任，由其赔偿，其余为管理不善造成，计入管理费用；

（2）盘盈的产品成本冲减管理费用；

（3）盘亏的 B 库存商品全部由保管员赔偿；

（4）毁损的乙材料 400 吨，其中 50 吨可入库作材料用，应由保险公司赔偿 6 000 元，其余为非常损失。

要求：根据上述资料编制会计分录。

第九章

财务报告

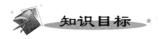 **知识目标** *

1. 了解财务报表的概念、作用、种类和编制要求；
2. 熟悉不同财务报表的结构和内容、财务报表之间的钩稽关系；
3. 掌握资产负债表、利润表、现金流量表等报表的编制依据和方法。

能力目标 *

1. 能够编制资产负债表；
2. 能够编制利润表；
3. 能够编制现金流量表。

第一节　财务报表概述

财务报表是指会计要素确认、计量的结果和综合性描述。投资者等报表使用者通过全面阅读和综合分析财务报表，可以了解和掌握企业过去和当前的状况，预测企业的未来发展趋势，从而做出相关决策。一套完整的财务报表至少应当包括"四表一注"，即资产负债表、利润表、现金流量表、所有者权益变动表以及附注。

列报，是指交易和事项在报表中的列示和在附注中的披露。在财务报表的列报中，"列示"通常反映资产负债表、利润表、现金流量表和所有者权益变动表等报表中的信息，"披露"通常反映附注中的信息。

一、财务报表的意义和作用

（一）财务报表的意义

财务报表，是指根据会计账簿所记录的资料编制，具有一定指标体系和格式，用来综合反映企业一定日期和期间的财务状况、经营成果和现金流量的会计报告。为了满足企业的投资者、债权人、主管部门及财税机关等对会计信息的要求，每一个企业都必须在日常会计核算的基础上，按照统一的表格形式和编制方法，把分散在各种账簿上的资料进行加工整理，定期编制财务报表，形成相互衔接、清晰明了的会计指标体系，更集中、更概括、更深刻地反映会计要素的变化情况，更全面地提供会计信息，从而便于企业管理部门及财务报表的其他使用者对企业的经营活动及其成果做出客观评价，为企业自身的发展和国家宏观经济管理做出合理的决策。因此，为了集中地反映企业的经济活动状况和经营成果，企业就有必要定期编制财务报表。

（二）财务报表的作用

（1）提供对决策有用的财务信息。编制财务报表的最终目的，是为了企业及其现在和潜在的投资者、债权人以及其他财务报表使用者提供对决策有用的财务信息。有用的财务信息是建立在真实可靠的基础上。真实可靠通常是指财务报表提供的财务信息与所报告企业的客观财务状况、经营成果和现金流量相符合，与我国的会计制度和会计准则的要求相一致。所以，财务报表是提供财务信息的一种载体，应以会计制度和会计准则的规定为基础进行编制。通过财务报表提供的有用的财务信息以及其他相关信息，有助于财务报表的使用者做出相关的决策。

（2）有利于企业加强内部管理。财务报表能提供企业经济活动和经营成果等一系列经济指标，使企业领导、各职能部门及职工全面了解企业经营情况和财务变动情况，便于进行分析对比、总结经验、发现问题，并及时采取相应的措施，加强和改善企业各方面的管理，以不断提高企业的经济效益。

（3）有利于国家财政、银行、税务、审计等部门加强经济监督。通过阅读、分析企业的财务报表，财政、银行、税务、审计等部门可以了解企业的资金筹集、运用情况以及资产的使用情况，了解企业税金的缴纳情况，了解企业的获利能力、偿债能力、支付能力，从而监督企业是否合理、节约地使用资金，经营活动是否符合国家的产业政策，是否严格遵守了国家的有关政策、法规和财经纪律。

二、财务报表的种类和内容

（一）财务报表的种类

按照我国现行会计制度的规定，企业的财务报表主要包括资产负债表、利润表、现金流量表、所有者权益变动表以及报表附注。不同的财务报表是相互联系的，它们从不同的角度说明企业的财务状况、经营业绩和现金流量情况，组成一个完整的报表体系。为了深入地了解和利用财务报表，根据需要，财务报表可以按照不同的标准进行分类。

（1）按财务报表编报期间分类。按照财务报表的编报期间，可以分为中期财务报表和年度财务报表。中期财务报表是以短于一个完整会计年度的报告期间为基础编制的财务报表，包括月报、季报和半年报等。中期财务报表至少应当包括资产负债表、利润表、现金流量表和附注，其中，中期资产负债表、利润表和现金流量表应当是完整报表，其格式和内容应当与年度财务报表相一致。与年度财务报表相比，中期财务报表中的附注披露可适当简略。

按照《会计法》规定，我国会计年度采用公历年度，即企业的年度财务报表的会计期间从1月1日至12月31日。中期财务报表的会计期间截至各会计中期期末。如季度财务报表，截止时间为季度末月月底，一季度是该年度的 3 月 31 日，二季度和半年度财务报表是 6 月 30 日。每个会计期间的期末日即是报表日。

（2）按照财务报表编报主体分类。财务报表按照编报主体的不同分类，可以分为个别财务报表和合并财务报表。个别财务报表是由企业在自身会计核算基础上对账簿记录进行加工而编制成的财务报表，它主要用于反映企业自身的财务状况、经营成果和现金流量等财务数据。合并财务报表是由母公司和子公司组成的企业集团为会计主体，根据母公司和所属子公司的财务报表，由母公司编制的综合反映企业集团财务状况、经营成果和现金流量等会计信息的财务报表。

（二）财务报表的内容

（1）反映企业财务状况。企业财务状况的好坏受许多因素的影响，如企业控制的经济资源产生现金和现金等价物的能力等。提供企业财务状况的资料，有助于预计企业的综合能力。

（2）反映企业经营业绩，尤其是获利能力。企业经营业绩特别是获利能力，是评价企业对所控制的经济资源的利用程度，并预计未来可能产生的现金流量的重要资料。

（3）反映企业现金流量。通过反映企业现金流量的资料，可以了解企业在某一时期内的经营活动、投资活动和筹资活动对现金及现金等价物的流量影响的情况。

（4）反映其他相关信息。如股东权益增减变动情况、利润分配情况等。

三、财务报表的编制要求

为了保证财务报表的质量，充分发挥财务报表的作用，企业必须按照规定，认真编制报表和报送财务报表。编制财务报表除了按照《企业会计准则》的要求，要以企业持续经营为列报基础、遵循重要性要求以外，还要求做到以下四点：

（一）数字真实

财务报表中所反映的各项数字，必须真实可靠，如实地反映企业经济情况，这是编制财务报表的最基本的要求，也是满足报表使用者的需要、充分发挥财务报表作用的前提。因此，企业在编制财务报表前，应该将报告期已经发生的会计事项全部登记入账，必须做到账账相符、账实相符，不得弄虚作假。

（二）计算准确

会计必须严格遵守现行会计制度的规定。在日常会计核算中，统一会计指标的计量方法、计算内容和计算口径，严格执行成本、费用的开支范围和利润分配比例，切实保证日常核算资料的准确性。只有准确地进行计算，才能如实反映企业的财务状况和经营成果，以满足报表使用者的要求。

（三）内容完整

财务报表应该按照会计制度统一规定的报表格式、内容和编制方法进行编制。各种财务报表之间以及财务报表的各项指标之间是相互联系、互为补充的。因此，必须按照会计制度规定的报表种类、格式和内容填报。汇总单位应将所属单位的报表全部汇总在内，不得遗漏。只有内容完整，才能全面、系统地反映企业经营活动的全貌。

（四）报送及时

为了满足报表使用者的需要，企业必须在保证财务报表质量的前提下，按照统一规定的期限，及时向有关方面报送报表，以便报表使用者充分利用报表资料分析和解决问题，及时做出正确的决策，也便于有关部门及时了解、检查和分析企业在报告期内的经济活动、经营成果和资金运用的基本情况。

通常，年度财务报表应于年度终了后的 4 个月内对外提供，半年度财务报表于年度中期结束后 60 天内对外提供。

第二节　资产负债表

资产负债表是反映企业在某一特定日期财务状况的财务报表。利用资产负债表的资料，可以了解企业拥有或控制的资产总额及其构成情况、企业负债和所有者权益状况；评价企业的偿债能力和筹资能力；考察企业资本的保值和增值情况；分析企业的偿债能力；考察企业资本的保值、增值情况；分析企业财务结构的优劣和负债经营的合理程度；预测企业未来的财务状况和财务安全程度等。

一、资产负债表的概念和作用

（一）资产负债表的概念

资产负债表，是指反映企业某一特定日期财务状况的财务报表。它是根据资产、负债和所有者权益（或股东权益）之间的相互关系，按照一定的分类标准和一定的顺序，把企业一定日期的资产、负债和所有者权益各项目予以适当排列，并对日常工作中形成的大量数据进行加工整理后编制而成的。它表明企业在某一特定日期所拥有或控制的经济资源、所承担的现有义务和所有者对净资产的要求权，反映了企业资产、负债、所有者权益的总体情况。

> **知识加油站**
>
> "资产负债表日" 资产负债表是在"特定日期"编制的，"特定日期"指的是该会计期间的期末日。如编制年度资产负债表时，该"特定日期"就是年度的最后一日，即 12 月 31 日。这一"特定日期"也称"资产负债表日"。资产负债表是以"资产＝负债＋所有者权益"这一会计等式作为理论基础而设立和编制的，是静态报表。强调"特定日期"有其实际意义：该会计等式只有在期末成立，而企业的经营是持续的，其财务状况在每一时点上都会呈现出不同的状况，只有在期末日编制资产负债表来反映企业的财务状况才是恰当的和必要的。

（二）资产负债表的作用

通过资产负债表，可以反映某一日期的资产总额及其结构，表明企业为了进行经营活动所拥有的经济资源总量及其结构是否合理。可以反映负债总额以及结构，表明企业未来需要用多少资产或劳务清偿债务。还可以反映所有者权益的情况，表明投资者在企业资产中所占的份额，了解所有者权益的构成情况。资产负债表还能够提供进行财务分析的基本资料，如通过资产负债表可以计算流动比率、速动比率等，以了解企业的偿债能力。

二、资产负债表的格式和内容

（一）资产负债表的格式

资产负债表的格式有账户式和报告式两种。账户式资产负债表也称"T"形式，它是根据资产等于负债加上所有者权益的平衡原理，将资产负债表分为左右两边，左边反映资产项目，右边反映负债及所有者权益，左右双边平衡。在我国，资产负债表的格式通常采用账户式。其格式见表9-1。

报告式资产负债表，也称垂直式，它是将资产、负债及所有者权益的项目垂直排列，通常将资产排在上边，负债及所有者权益排在下边，其格式见表9-2：

表 9-1　　　　　　　　　一般企业资产负债表（账户式）

会企 01 表

编制单位：　　　　　　　　　20＊4 年 12 月 31 日　　　　　　　　　金额单位：元

资　产	行次	年初数	期末数	负债和所有者权益	行次	年初数	期末数
流动资产：				流动负债：			
货币资金				短期借款			
交易性金融资产				交易性金融负债			
应收票据				应付票据			
应收账款				应付账款			
预付账款				预收账款			
应收利息				应付职工薪酬			
应收股利				应交税费			
其他应收款				应付利息			
存货				其他应付款			
一年内到期的非流动资产				一年内到期的非流动负债			
其他流动资产				其他流动负债			
流动资产合计				流动负债合计			
非流动资产：				非流动负债：			
可供出售金融资产				长期借款			
持有至到期投资				应付债券			
长期应收款				长期应付款			

资　产	行次	年初数	期末数	负债和所有者权益	行次	年初数	期末数
长期股权投资							
投资性房地产				预计负债			
固定资产				递延所得税负债			
在建工程				其他流动负债			
工程物资				非流动负债合计			
固定资产清理				负债合计			
无形资产				所有者权益：			
开发支出				实收资本（股本）			
				资本公积			
长期待摊费用				其他综合收益			
递延所得税资产				盈余公积			
其他非流动资产				未分配利润			
非流动资产合计				所有者权益合计			
资产总计				负债和所有者权益总计			

表 9-2　　　　　　　　　资产负债表（报告式）

编制单位：　　　　　　　　　年　月　日　　　　　　　金额单位：元

项　目	金　额
资　产	
……	
……	
资产合计	
负债及所有者权益	
……	
……	
负债及所有者权益合计	

（二）资产负债表的内容

资产负债表的内容是反映资产、负债、所有者权益三个会计要素。这三个会计要素及每个会计要素包含的项目，在资产负债表排列的规律是按其流动性大小排列，流动性大的项目在前，流动性小的项目在后。因此，资产负债表左方的资产项目中是按流动资产、非流动资产来列示；右方先列示负债项目，在负债中按流动负债、非流动负债列示；最后是所有者权益项目。

三、资产负债表的编制方法

资产负债表的"年初数"栏各项目数字，应根据上年末资产负债表的"期末数"栏所列数字填列。如本年度资产负债表规定的各个项目的名称和内容同上年不相一致，应对上年年末资产负债表各项目的名称和数字按照本年度的规定进行调整，填入报表中的"年初数"栏内。资产负债表的"期末数"栏各项目主要是根据有关科目记录填列编制的。同一张报表上反映相关两个会计期间的数据，可以提供比较数据，便于不同会计期间的比较。资产负债表的"期末数"主要通过以下几种方式取得。

（一）根据总账科目余额直接或计算填列

资产负债表中的很多项目的数据来源，主要是根据总账科目期末余额直接填列。如"交易性金融资产"、"固定资产清理"、"短期借款"、"应付股利""资本公积"等。

资产负债表有些项目需要根据若干个总账科目的期末余额计算填列。如"货币资金"、"存货"等。

（二）根据明细账科目余额计算填列

如"开发支出"项目，应根据"研发支出"科目中所属的"资本化支出"明细科目期末余额填列；"应付账款"项目，应根据"应付账款"和"预付账款"科目所属的相关明细科目的期末贷方余额合计数填列等。

（三）根据总账科目和明细科目余额分析计算填列

资产负债表上有些项目需要根据总账科目和明细科目余额分析计算填列。如"长期借款"、"长期待摊费用"等项目。

（四）根据有关科目余额减去其备抵科目余额后的净额填列

如"可供出售金融资产"、"持有至到期投资"、"固定资产"、"存货"等计提了减值准备的各项目，需要按其科目余额减去其减值准备之后的数额填列。

现将一般资产负债表的主要项目的填列说明如下：

（1）"货币资金"项目，根据"库存现金"、"银行存款"、"其他货币资金"科目的期末余额合计数填列。

（2）"应收票据"项目，根据"应收票据"科目的期末余额减去相关的"坏账准备"科目的期末余额后的净额填列。

（3）"应收账款"项目，根据"应收账款"和"预收账款"科目所属各明细科目的期末借方余额合计，减去"坏账准备"科目所属"应收账款"明细科目期末余额后的差额填列。

（4）"预付账款"项目，根据"预付账款"和"应付账款"科目所属各明细科目的

期末借方余额合计数，减去"坏账准备"科目有关"预付账款"明细科目期末余额后的
金额列。

（5）"存货"项目，根据"材料采购"、"原材料"、"发出商品"、"库存商品"、"周
转材料"、"委托加工物资"、"委托代销商品"、"受托代销商品"、"生产成本"等科目的
期末余额合计减去"受托代销商品款"、"存货跌价准备"科目的期末余额后的金额填列。
存货采用计划成本核算的企业，还需加或减"材料成本差异"科目余额。

（6）"可供出售金融资产"、"持有至到期投资"和"长期股权投资"等项目，根据
各自科目的期末余额减去减值准备科目的期末余额后的净额填列。

（7）"固定资产"和"无形资产"项目，根据"固定资产"和"无形资产"科目的
期末余额，减去"累计折旧（累计摊销"）科目期末余额，再减去"固定资产（无形资
产）减值准备"科目期末余额后的净额填列。

（8）"短期借款"、"交易性金融资产"、"应付票据"、"应付职工薪酬"、"应交税
费"、"应付股利"、"应付利息"、"其他应付款"、"预计负债"、"实收资本（股本）"、
"资本公积"、"库存股"、"盈余公积"等项目，根据各自总账科目余额填列。

（9）"未分配利润"项目，根据"利润分配"科目所属的"未分配利润"明细账科
目的期末余额填列，若为负数则用负号"－"表示。

（10）"长期借款"和"应付债券"项目，根据"长期借款"和"应付债券"科目的
总账期末余额减去所属明细科目中将在资产负债表日起一年内到期且企业不能自主地将清
偿义务展期的长期借款后的差额列。

【编制举例1】星河机械有限公司是增值税一般纳税人，增值税率17%，所得税率为
25%。公司存货核算采用实际成本法。设星河机械有限公司2013年12月31日有关总账和
明细账科目余额如表9-3。

表9-3　　　　　　　　　　　　　　　　　　　　　　　　金额单位：元

账户名称	借方余额	贷方余额	备注
库存现金	2 000		
银行存款	4 000 000		
其他货币资金	1 900 000		
交易性金融资产	1 200 000		
应收票据	300 000		
应收账款	2 400 000		其中：A单位明细账借方余额2 900 000元，B单位贷方余额500 000元
坏账准备		80 000	
预付账款		40 000	其中：C单位明细账借方余额20 000元，D单位贷方余额60 000元

账户名称	借方余额	贷方余额	备 注
原材料	1 366 400		
生产成本	600 000		
库存商品	4 000 000		
可供出售金融资产	1 000 000		
长期股权投资	1 990 000		
固定资产	8 520 000		
累计折旧		2 500 000	
无形资产	200 000		
长期待摊费用	50 000		其中：摊销期在一年以内的有 30 000 元
短期借款		120 000	
应付票据			
应付账款		130 000	其中：F 单位明细账借方余额 20 000 元，G 单位贷方余额 150 000 元
预收账款	50 000		其中：M 单位明细账借方余额 70 000 元，N 单位贷方余额 20 000 元
应付职工薪酬		140 000	
应交税费		100 000	
其他应付款		800 000	
应付利息		10 000	
长期借款		400 000	其中：一年以内到期的有 150 000 元
实收资本		20 000 000	
资本公积		1 200 000	
盈余公积		518 400	
未分配利润		1 120 000	

现将星河机械有限公司编制的"资产负债表"列示如下，见表9-4。

表 9-4　　　　　　　　　　　**资产负债表**　　　　　　　　会企 01 表

编制单位：星河机械有限公司　　　　　2013 年 12 月 31 日　　　　　　金额单位：元

资　产	行次	年初数	期末数	负债和所有者权益	行次	年初数	期末数
流动资产：				流动负债：			
货币资金			5 902 000	短期借款			120 000
交易性金融资产			1 200 000	交易性金融负债			
应收票据			300 000	应付票据			
应收账款			*2 890 000	应付账款			*210 000
预付账款			20 000	预收账款			*520 000
应收利息				应付职工薪酬			140 000
应收股利				应交税费			100 000
其他应收款				应付利息			10 000
存货			*5 966 400	其他应付款			800 000
一年内到期的非流动资产			30 000	一年内到期的非流动负债			150 000
其他流动资产				其他流动负债			
流动资产合计			16 308 400	流动负债合计			2 050 000
非流动资产：				非流动负债：			
可供出售金融资产			1 000 000	长期借款			250 000
持有至到期投资				应付债券			
长期应收款				长期应付款			
长期股权投资			1 990 000				
投资性房地产				预计负债			
固定资产			6 020 000	递延所得税负债			
在建工程				其他流动负债			
工程物资				非流动负债合计			250 000
固定资产清理				负债合计			2 300 000
				所有者权益：			
				实收资本（股本）			20 000 000

资 产	行次	年初数	期末数	负债和所有者权益	行次	年初数	期末数
无形资产			200 000	资本公积			1 200 000
开发支出				其他综合收益			
				盈余公积			918 400
长期待摊费用			20 000	未分配利润			1 120 000
递延所得税资产				所有者权益合计			23 238 400
其他非流动资产							
非流动资产合计			9 230 000				
资产总计			25 538 400	负债和所有者权益总计			25 538 400

其中：应收账款=应收账款借方余额 290 万-坏账准备 8 万+预收账款借方余额 7 万=289（万元）

预收账款=预收账款贷方余额 2 万+应收账款贷方余额 50 万=52（万元）

应付账款=应付账款贷方余额 15 万+预付账款贷方余额 6 万=21（万元）

存货=原材料账户余额+库存商品账户余额+生产成本账户余额

=1 366 400+600 000+4 000 000=5 966 400（元）

第三节 利 润 表

一、利润表的概念和作用

（一）利润表的概念

利润表，是指反映企业在一定期间生产经营成果的财务报表。利润表把一定期间的营业收入与其同一会计期间相关的营业费用进行配比，计算出企业一定时期的净利润（或净亏损）。

（二）利润表的作用

通过利润表，可以从总体上了解企业收入、费用和净利润（或亏损）的实现及构成情况，用于分析企业的盈利能力和亏损原因，有助于考核管理人员的业绩；通过利润表反映的收入、费用等情况，可以判断企业净利润的质量及其风险；通过利润表提供的不同时期的比较数字（本月数、本年累计数），可以分析企业今后的发展趋势及获利能力，了解投资者投入资本的完整性。

利润表中的信息可以和资产负债表的有关信息结合起来，计算财务分析指标，有利于企业投资者和经营者进行财务决策。

二、利润表的格式和内容

利润表的格式有多步式和单步式。在我国，企业利润表的格式基本采用的是多步式结构。

（一）多步式利润表

多步式利润表是将利润指标的内容作为多项分类，将其收入与相配比的费用相联系，经过几次中间性计算编制而成，故称为多步式利润表。

多步式利润表通常包括六部分内容：一是营业收入，包括各种收入收益和成本费用项目；二是营业利润，即企业日常主要经营活动所取得的收入，扣除与其相关的费用后的余额；三是利润总额，即营业利润加上营业外收入，再减去营业外支出后的余额；四是净利润，即所得税后利润；五是每股收益，股份有限公司应在利润表中列示每股收益信息，包括基本每股收益和稀释每股收益两项指标；六是综合收益，包括其他综合收益和综合收益总额。其中，其他综合收益反映的是企业根据《企业会计准则》规定，未在损益中确认的各项利得和损失扣除所得税后的净额；综合收益总额是指企业净利润与其他综合收益的合计金额。多步式利润表的格式见表9-5。

表 9-5 　　　　　　　　　　利润表（多步式）　　　　　　　　会企 02 表

编制单位：　　　　　　　　　　年　　月　　日　　　　　　　金额单位：元

项　　目	本月数	本年累计数
一、营业收入		
减：营业成本		
税金及附加		
销售费用		
管理费用		
财务费用		
资产减值损失		
加：公允价值变动收益（损失以"-"号填列）		
投资收益（损失以"-"号填列）		
其中：对联营企业和合营企业的投资收益		
二、营业利润（亏损以"-"号填列）		
加：营业外收入		
减：营业外支出		
其中：非流动资产处置损失		
三、利润总额（亏损总额以"-"号填列）		
减：所得税费用		

续　表

项　目	本月数	本年累计数
四、净利润（净亏损以"-"号填列）		
五、每股收益		
（一）基本每股收益		
（二）稀释每股收益		
六、综合收益		
（一）其他综合收益		
（二）综合收益总额		

（二）单步式利润表

单步式利润表通常是将所有收入及所有费用分别汇总，两者相减而得出本期利润。因只有一个相减的步骤，故称为单步式利润表。

单步式利润表比较直观、简单，编制方便，但没有指出收入与费用之间的配比关系，不便于报表使用者进行具体分析，也不利于不同行业之间报表的比较评价。在我国，单步式利润表主要用于那些业务比较单纯的服务咨询行业和某些实行企业化管理的业务比较简单的事业单位。单步式利润表的格式见表9-6。

表 9-6 　　　　　　　　　　　利润表（单步式）

编制单位：　　　　　　　　　年　　月　　日　　　　　　　　　金额单位：元

项　目	金　额
一、收入	
……	
二、费用	
……	
三、净利润	

三、利润表的编制方法

（一）利润表的编制步骤

企业可以分如下三个步骤编制利润表：

第一步，以营业收入为基础，减去营业成本、税金及附加、销售费用、管理费用、财务费用、资产减值损失，加上公允价值变动收益（减去公允价值变动损失）和投资收益（减去投资损失），计算出营业利润；

第二步，以营业利润为基础，加上营业外收入，减去营业外支出，计算出利润总额；

第三步，以利润总额为基础，减去所得税费用，计算出净利润（或净亏损）。

（二）具体填列方法

下列项目根据各损益类科目的发生额分析填列：

（1）"营业收入"项目，应根据"主营业务收入"账户和"其他业务收入"的发生额分析填列。

（2）"营业成本"项目，应根据"主营业务成本"和"其他业务成本"账户发生额分析填列。

（3）"税金及附加"、"销售费用"、"管理费用"、"财务费用"项目、"投资收益"和"营业外收入"、"营业外支出"、"所得税费用"项目等，分别根据各自账户的发生额分析填列。

下列项目需经过计算之后填列：

"营业利润"项目、"利润总额"项目、"净利润"项目每股收益和综合收益项目，根据表中所列示的各项目关系计算填列。

其中，$$综合收益 = 其他综合收益 + 净利润$$

$$基本每股收益 = \frac{归属于普通股股东的当期净利润}{发行在外的普通股加权平均数}$$

$$稀释每股收益 = \frac{经过调整的归属于普通股股东的当期净利润}{发行在外的普通股加权平均数 + 因转换而增加的普通股加权平均数}$$

【编制举例 2】星河机械有限公司是增值税一般纳税人，增值税率 17%，所得税率为 25%。公司存货核算采用实际成本法。设星河机械有限公司 2013 年 12 月 31 日有关损益类科目本年累计发生净额如表 9-7。

表 9-7

科目名称	借方余额	贷方余额	备　注
主营业务收入		1 250 000	
其他业务收入		20 000	
主营业务成本	750 000		
其他业务成本	13 000		
税金及附加	2 000		
销售费用	20 000		
管理费用	157 100		
财务费用	41 500		
资产减值损失	30 900		
投资收益	1 366 400	31 500	
营业外收入		50 000	
营业外支出	19 700		
所得税费用	85 300		
可供出售金融资产涨价			150 000（未确认损益）

现将星河机械有限公司编制的"利润表"列示如下，见表9-8：

表 9-8   **利润表**   会企 02 表

编制单位：星河机械有限公司   2013 年 12 月   金额单位：元

项　　目	本月数	本年累计数
一、营业收入	1 270 000	
减：营业成本	763 000	
税金及附加	2 000	
销售费用	20 000	
管理费用	157 100	
财务费用	41 500	
资产减值损失	30 900	
加：公允价值变动收益（损失以"-"号填列）		
投资收益（损失以"-"号填列）	31 500	
其中：对联营企业和合营企业的投资收益		
二、营业利润（亏损以"-"号填列）	287 000	
加：营业外收入	50 000	
减：营业外支出	19 700	
其中：非流动资产处置损失		
三、利润总额（亏损总额以"-"号填列）	317 300	
减：所得税费用	85 300	
四、净利润（净亏损以"-"号填列）	232 000	
五、每股收益		
（一）基本每股收益		
（二）稀释每股收益		
六、综合收益		
（一）其他综合收益	150 000	
（二）综合收益总额	382 000	

第四节　所有者权益变动表

一、所有者权益变动表的概念和作用

（一）所有者权益变动表的概念

所有者权益变动表是反映构成所有者权益的各组成部分当期的增减变动情况的报表。所有者权益变动表应当全面反映一定时期所有者权益变动的情况，不仅包括所有者权益总量的增减变动，还包括所有者权益增减变动的重要结构性信息，特别是要反映直接计入所有者权益的利得和损失，让报表使用者准确理解所有者权益增减变动的根源。

（二）所有者权益变动表在一定程度上体现了企业综合收益

综合收益，是指企业在某一期间与所有者之外的其他方面进行交易或发生其他事项所引起的净资产变动。综合收益的构成包括两部分：净利润和直接计入所有者权益的利得和损失。其中，前者是企业已实现并已确认的收益，后者是企业未实现但根据会计准则的规定已确认的收益。用公式表示如下：

综合收益＝净利润＋其他综合收益－所得税

其中：净利润＝收入－费用＋直接计入当期损益的利得和损失

在所有者权益变动表中，净利润和其他综合收益均单列项目反映，体现了企业综合收益的构成。

二、所有者权益变动表的格式和内容

所有者权益变动表至少应当单独列示下列信息：

（1）净利润；

（2）其他综合收益；

（3）会计政策变更和差错更正的累积影响金额；

（4）所有者投入资本和向所有者分配利润等；

（5）按照规定提取的盈余公积；

（6）实收资本（股本）、资本公积、盈余公积、未分配利润的期初和期末余额及其调节情况。

一般企业所有者权益变动表见表9-9。

表 9－9

所有者权益变动表

编制单位：　　　　　　　　　　　　年　月

会企 03 表
金额单位：元

项　目	本年金额						上年金额					
	实收资本（股本）	资本公积	减:库存股	盈余公积	未分配利润	所有者权益合计	实收资本（股本）	资本公积	减:库存股	盈余公积	未分配利润	所有者权益合计
一、上年末余额												
加:会计政策变更												
前期差错更正												
二、本年初余额												
三、本年增减变动金额（减少用"－"）												
（一）净利润												
（二）其他综合收益												
1. 可供出售金融资产公允价值变动净额												
2. 权益法下被投资单位其他所有者权益变动的影响												
3. 与计入所有者权益项目相关的所得税影响												
4. 其他												
上述（一）和（二）小计												
（三）所有者投入和减少资本												
1. 所有者投入资本												
2. 股份支付计入所有者权益的金额												
3. 其他												
（四）利润分配												
1. 提取盈余公积												
2. 对所有者（股东）的分配												
（五）所有者权益内部结转												
1. 资本公积转增资本（股本）												
2. 盈余公积转增资本（股本）												
3. 盈余公积弥补亏损												
4. 其他												
四、本年末余额												

三、所有者权益变动表的列报方法

（一）上年金额栏的列报方法

所有者权益变动表"上年金额"栏内各项数字，应根据上年度所有者权益变动表"本年金额"栏内所列数字填列。如果上年度所有者权益变动表规定的各个项目的名称和内容同本年度不一致，应对上年度所有者权益变动表各项目的名称和数字按本年度的规定进行调整，填入所有者权益变动表"上年金额"栏内。

（二）本年金额栏的列报方法

所有者权益变动表"本年金额"栏内各项数字一般应根据"实收资本（或股本）"、"资本公积"、"盈余公积"、"利润分配"、"库存股"、"以前年度损益调整"等科目的发生额分析填列。各项目的列报说明如下：

1. "上年年末余额"项目

该项目反映企业上年资产负债表中实收资本（或股本）、资本公积、盈余公积、未分配利润的年末余额。

2. "会计政策变更"和"前期差错更正"项目

该项目分别反映企业采用追溯调整法处理的会计政策变更的累积影响金额和采用追溯重述法处理的会计差错更正的累积影响金额。

为了体现会计政策变更和前期差错更正的影响，企业应当在上期期末所有者权益余额的基础上进行调整，得出本期期初所有者权益，根据"盈余公积"、"利润分配"、"以前年度损益调整"等科目的发生额分析填列。

3. "本年增减变动额"项目分别反映如下内容：

（1）综合收益总额包括净利润和税后其他综合收益两部分内容。"净利润"项目，反映企业当年实现的净利润（或净亏损）金额，并对应列在"未分配利润"栏。"其他综合收益"项目，反映企业当年直接计入所有者权益的利得和损失金额。其中，"可供出售金融资产公允价值变动净额"项目，反映企业持有的可供出售金额资产当年公允价值变动的金额，并对应列在"其他综合收益"栏。

"权益法下被投资单位其他所有者权益变动的影响"项目，反映企业对按照权益法核算的长期股权投资，在被投资单位除当年实现的净损益以外其他所有者权益当年变动中应享有的份额，并对应列在"其他综合收益"栏。

"与计入所有者权益项目相关的所得税影响"项目，反映企业根据《企业会计准则第18号——所得税》规定应计入所有者权益项目的当年所得税影响金额，并对应列在"其他综合收益"栏。

（2）"所有者投入和减少资本"项目，反映企业当年所有者投入的资本和减少的资本。其中：

"所有者投入资本"项目，反映企业接受投资者投入形成的实收资本（或股本）和资本溢价或股本溢价，并对应列在"实收资本"和"资本公积"栏。

"股份支付计入所有者权益的金额"项目，反映企业处于等待期中的权益结算的股份支付当年计入资本公积的金额，并对应列在"资本公积"栏。

（3）"利润分配"下各项目，反映当年对所有者（或股东）分配的利润（或股利）金额和按照规定提取的盈余公积金额，并对应列在"未分配利润"和"盈余公积"栏。其中：

"提取盈余公积"项目，反映企业按照规定提取的盈余公积。

"对所有者（或股东）的分配"项目，反映对所有者（或股东）分配的利润（或股利）金额。

（4）"所有者权益内部结转"下各项目，反映不影响当年所有者权益总额的所有者权益各组成部分之间当年的增减变动，包括资本公积转增资本（或股本）、盈余公积转增资本（或股本）、盈余公积弥补亏损等项金额。为了全面反映所有者权益各组成部分的增减变动情况，所有者权益内部结转也是所有者权益变动表的重要组成部分，主要指不影响所有者权益总额、所有者权益的各组成部分当期的增减变动。其中：

"资本公积转增资本（或股本）"项目，反映企业以资本公积转增资本或股本的金额。

"盈余公积转增资本（或股本）"项目，反映企业以盈余公积转增资本或股本的金额。

"盈余公积弥补亏损"项目，反映企业以盈余公积弥补亏损的金额。

企业的净利润及其分配情况作为所有者权益变动的组成部分，不需要单独设置利润分配表列示。

第五节　现金流量表

一、现金流量表的概念和作用

（一）现金流量表的概念

现金流量表，是以现金为基础编制的财务状况变动表，反映企业一定期间内现金的流入量、流出量和净流量。现金流量表是以现金为基础编制的，这里的现金是指广义的现金，具体包括：

（1）库存现金。库存现金是指企业持有可随时用于支付的现金限额，即与会计核算中"库存现金"科目所包括的内容一致。

（2）银行存款。银行存款是指企业存入金融企业随时可以用于支付的存款，即与会计核算中"银行存款"科目所包括的内容基本一致，区别在于如果存入金融企业的款项中不能随时用于支付的存款，如不能随时支取的定期存款，不作为现金流量表中的现金，但提前通知金融企业便可支取的定期存款，则包括在现金流量表中的现金范围内。

（3）其他货币资金。其他货币资金是指企业存入金融企业有特定用途的资金，如外埠存款、银行汇票存款、银行本票存款、信用证保证金存款、信用卡存款等。

（4）现金等价物。现金等价物是指企业持有的期限短、流动性高、易于转换为已知金额现金的、价值变动风险很小的短期投资。现金等价物虽然不是现金，但其支付能力与现金的差别不大，可视为现金。在实务中，现金等价物通常指购买在 3 个月或更短时间内即到期或即可转换为现金的投资。如企业于 2013 年 12 月 1 日购入 2011 年 1 月 1 日发行的期限为 3 年的国债，购买时还有 1 个月到期，这项短期投资视为现金等价物；又如，企业 2013 年 12 月 1 日购入在当日发行的，期限为 6 个月的企业债券，则该项短期投资不能作为现金等价物。

（二）现金流量表作用

资产负债表、利润表和现金流量表，这 3 张表分别反映了企业的财务状况、经营成果和现金流量。资产负债表反映企业一定日期所拥有的资产、须偿还的债务，以及投资者所拥有的净资产的情况；利润表反映企业一定期间内的经营成果，即利润或亏损的情况，表明企业运用所拥有的资产的获利能力；现金流量表反映企业一定期间内现金的流入、流出和净流量的信息。通过对现金流量表的分析，可以表明企业获得现金和现金等价物的能力，评价企业偿还债务及支付投资者投资报酬的能力，了解企业本期净利润与经营活动产生的现金流量发生差异的原因，掌握本期内影响或不影响现金流量的投资活动与筹资活动，并可以据以预测企业未来的现金流量。

二、现金流量表的格式和内容

（一）现金流量表的格式

现金流量表分为正表和补充资料两部分，正表部分采用多步式格式，以分别反映企业不同经济活动产生的现金流量。补充资料是指未能列入正表，而需要予以披露的内容。现金流量表的基本格式见表 9-10：

（二）现金流量表的内容

现金流量表的正表部分由以下五部分内容组成：

（1）经营活动产生的现金流量。经营活动是指企业投资活动和筹资活动以外的所有交易和事项，包括销售商品或提供劳务、经营性租赁、购买货物、接受劳务、制造产品、广告宣传、推销产品、缴纳税款等活动。

（2）投资活动产生的现金流量。投资活动是指企业长期资产的购建和不包括在现金等价物范围内的投资及其处置活动。

（3）筹资活动产生的现金流量。筹资活动是指导致企业资本及债务规模和构成发生变化的活动，包括吸收投资、发行股票、分配利润等。

（4）汇率变动对现金的影响。汇率变动对现金的影响是指企业外币现金流量及境外子公司的现金流量折算为人民币时，所采用的现金流量发生日的汇率或平均汇率折算的人民币金额与"现金及现金等价物"中外币现金净增加额按期末汇率折算的人民币金额之间的差额。

（5）现金及现金等价物净增加额。现金及现金等价物净增加额是指企业现金及现金等价物的流入量与流出量之间的差额。

现金流量表补充资料由以下三部分内容组成：

（1）将净利润调节为经营活动的现金流量。

（2）不涉及现金收支的投资和筹资活动。

（3）现金及现金等价物净变动额。

现金流量表列示如下，见表 9-10：

表 9-10　　　　　　　　　　**现金流量表**　　　　　　　　会企04表

编制单位：　　　　　　　　　　　年度　　　　　　　　　　金额单位：元

项　目	本期金额	上期金额
一、经营活动产生的现金流量：		
销售商品、提供劳务收到的现金		
收到的税费返还		
收到的其他与经营活动有关的现金		
经营活动现金流入小计		
购买商品、接受劳务支付的现金		
支付给职工以及为职工支付的现金		
支付的各种税费		
支付的其他与经营活动有关的现金		
经营活动现金流出小计		
经营活动产生的现金流量净额		
二、投资活动产生的现金流量：		
收回投资所收到的现金		
取得投资收益所收到的现金		
处置固定资产、无形资产和其他长期资产所收回的现金净额		
处置子公司及其他营业单位收到的现金净额		
收到的其他与投资活动有关的现金		
投资活动现金流入小计		
购建固定资产、无形资产和其他长期资产所支付的现金		
投资所支付的现金		
取得子公司及其他营业单位支付的现金净额		
支付的其他与投资活动有关的现金		
投资活动现金流出小计		
投资活动产生的现金流量净额		

续　表

项　目	本期金额	上期金额
三、筹资活动产生的现金流量		
吸收投资所收到的现金		
取得借款所收到的现金		
收到的其他与筹资活动有关的现金		
筹资活动现金流入小计		
偿还债务所支付的现金		
分配股利、利润或偿付利息所支付的现金		
支付的其他与筹资活动有关的现金		
筹资活动现金流出小计		
筹资活动产生的现金流量净额		
四、汇率变化对现金及现金等价物的影响		
五、现金及现金等价物净增加额		
加：期初现金及现金等价物余额		
六、期末现金及现金等价物余额		

现金流量表补充资料

补充资料	本期金额	上期金额
1. 将净利润调节为经营活动现金流量		
净利润		
加：资产减值准备		
固定资产折旧		
无形资产摊销		
长期待摊费用摊销		
处置固定资产、无形资产和其他长期资产的损失 　（收益以"-"号填列）		
固定资产报废损失　（收益以"-"号填列）		
公允价值变动损失　（收益以"-"号填列）		
财务费用　　　　　（收益以"-"号填列）		
投资损失　　　　　（收益以"-"号填列）		
递延所得税资产减少（增加以"-"号填列）		

补充资料	本期金额	上期金额
递延所得税负债增加（减少以 "–" 号填列）		
存货的减少 （增加以 "–" 号填列）		
经营性应收项目的减少（增加以 "–" 号填列）		
经营性应付项目的增加（减少以 "–" 号填列）		
其他		
经营活动产生的现金流量净额		
2. 不涉及现金收支的投资和筹资活动：		
债务转为资本		
一年内到期的可转换公司债券		
融资租入固定资产		
3. 现金及现金等价物净变动额：		
现金的期末余额		
减：现金的期初余额		
加：现金等价物的期末余额		
减：现金等价物的期初余额		
现金及现金等价物净增加额		

第六节　会计报表附注

一、会计报表附注的概念

会计报表附注是财务报表不可或缺的组成部分，是对在资产负债表、利润表、现金流量表和所有者权益变动表等报表中列示项目的文字描述或明细资料，以及对未能在这些报表中列示项目的说明等。

财务报表中的数字是经过分类与汇总后的结果，是对企业发生的经济业务的高度简化和浓缩的数字。如没有形成这些数字所使用的会计政策、理解这些数字所必需的披露，财务报表就不可能充分发挥效用。因此，附注与资产负债表、利润表、现金流量表、所有者权益变动表等报表具有同等的重要性，是财务报表的重要组成部分。报表使用者了解企业的财务状况、经营成果和现金流量，应当全面阅读附注。

二、会计报表附注披露的内容

附注应当按照如下顺序披露有关内容：

（1）企业的基本情况（包括：企业注册地、组织形式和总部地址、企业的业务性质和主要经营活动、母公司以及集团最终母公司的名称、财务报告的批准报出者和财务报告批准报出日等）。

（2）财务报表的编制基础。

（3）遵循企业会计准则的声明。

（4）重要会计政策和会计估计（说明会计政策时还需要披露财务报表项目的计量基础和会计政策的确定依据两项内容）。

（5）会计政策和会计估计变更以及差错更正的说明。

（6）报表重要项目的说明。

（7）其他需要说明的重要事项。

三、会计报表附注披露的要求

（1）附注披露的信息应是定量、定性信息的结合，从而能从量和质两个角度对企业经济事项进行完整的反映，并能满足信息使用者的决策需求。

（2）附注应当按照一定的结构进行系统合理的排列和分类，有序地披露信息。由于附注的内容繁多，因此更应按逻辑顺序排列，分类披露，条理清晰，具有一定的组织结构，以便于使用者理解和掌握，也更好地实现财务报表的可比性。

（3）附注相关信息应当与资产负债表、利润表、现金流量表和所有者权益变动表等报表中列示的项目相互参照，以有助于使用者联系相关联的信息，并由此从整体上更好地理解财务报表。

自　测　题

一、单选题

1. 反映企业在一定时期内经营成果的报表是（　　　）。

A. 资产负债表　　　　　　　　　　　B. 利润表

C. 资产减值准备明细表　　　　　　　D. 现金流量表

2. 资产负债表中的"期末数"栏大多数项目填列的依据是（　　　）。

A. 有关总账账户期末余额　　　　　　B. 有关总账账户本期发生额

C. 有关明细账期末余额　　　　　　　D. 有关明细账本期发生额

3. 资产负债表中的资产项目是（　　　）排列。

A. 按其流动性　　　　　　　　　　　B. 按其重要性

C. 按其有用性　　　　　　　　　　　D. 按随意性

4. 以"收入−费用＝利润"这一会计等式作为编制基础的财务报表是（　　　）。

A. 资产负债表　　　　　　　　　　　B. 利润表

C. 所有者权益增减变动表　　　　　D. 现金流量表

5. 不能通过资产负债表了解的会计信息是（　　　）。

A. 企业所拥有或控制的资源构成及分布情况

B. 企业的偿债能力

C. 所有者权益的构成情况

D. 现金的流动情况

6. 资产负债表的下列项目中，需要根据几个总账账户的期末余额计算填列的是（　　　）。

A. 短期借款　　　B. 累计折旧　　　C. 货币资金　　　D. 资本公积

7. 下列资产负债表项目中，应根据相应总账账户期末余额直接填列的是（　　　）。

A. 应收账款　　　B. 存货　　　C. 长期借款　　　D. 应付职工薪酬

8. 下列属于静态报表的是（　　　）。

A. 资产负债表　　　　　　　　　B. 现金流量表

C. 利润表　　　　　　　　　　　D. 利润分配表

9. 下列项目中属于资产负债表中资产项目的是（　　　）。

A. 主营业务税金及附加　　　　　B. 应付股利

C. 未分配利润　　　　　　　　　D. 长期待摊费用

10. 资产负债表中短期借款项目的编制方法是（　　　）。

A. 按对应会计科目的期末余额来填列

B. 按对应会计科目的期末余额之和来填列

C. 按对应会计科目的本期借方发生额来填列

D. 按对应会计科目的本期贷方发生额来填列

11. 资产负债表中，负债是按照其（　　　）来排列。

A. 金额的大小　　　　　　　　　B. 偿还期限的长短

C. 重要性　　　　　　　　　　　D. 偿还单位

二、多选题

1. 财务报表的使用者有（　　　）。

A. 投资者　　　　　　　　　　　B. 债权人

C. 企业内部管理人员　　　　　　D. 各级主管机关和国家经济管理机关

E. 潜在的投资者

2. 根据《企业会计制度》的规定，企业应编制和对外报送的基本财务报表包括（　　　）。

A. 资产负债表　　　　　　　　　B. 利润表

C. 现金流量表　　　　　　　　　D. 所有者权益变动表

E. 生产成本报表

3. 为了保证财务报表质量、充分发挥财务报表的作用，在编制财务报表时，应做到（　　　）。

A. 内容完整　　　　　　　　　　B. 数字真实

C. 计算准确和指标可比　　　　　D. 编报及时

E. 财务报表华丽、美观

4. 财务报表附注应当包括的内容有（　　）。

A. 重大会计差错更正的说明　　　　B. 或有事项和承诺事项的说明

C. 企业合并、分立的说明　　　　　D. 重要资产转让及其出售的说明

E. 股东人数、股份变更情况

5. 按财务报表的编制基础，可以分为（　　）。

A. 个别财务报表　　　　　　　　　B. 汇总财务报表

C. 合并财务报表　　　　　　　　　D. 动态财务报表

E. 资产负债表

6. 财务报表一般由（　　）组成。

A. 表首　　　　　　B. 正表　　　　　　C. 补充资料

D. 财务情况说明书　　E. 附表

7. 通过资产负债表可以了解的信息有（　　）。

A. 企业某一日期所拥有或控制的各种资源的构成及其分布情况

B. 可以了解企业负担的长期债务和短期债务数额

C. 了解所有者权益的构成情况

D. 可以分析企业所面临的财务风险

E. 企业的盈利能力情况

8. 资产负债表的"期末数"栏项目数据可根据（　　）。

A. 总账账户的期末余额直接填列

B. 总账账户期末余额计算填列

C. 若干明细账余额计算填列

D. 账户余额减去其备抵项目后的净额填列

E. 若干明细账余额直接填列

9. 在资产负债表中，根据账户余额减去其备抵项目后的净额填列的项目有（　　）。

A. 交易性金融资产　　B. 无形资产　　　　　C. 在建工程

D. 长期股权投资　　　E. 本年利润

10. 通过利润表可以做到（　　）。

A. 了解企业的收入、费用及净利润（或亏损）的实现及构成情况

B. 了解投资者投入资本的保值、增值情况

C. 分析企业的获利能力及利润的未来发展趋势

D. 评价企业管理者的工作业绩

E. 了解所有者权益的构成情况

11. 按照我国《企业会计制度》规定，企业的利润表采用多步式结构。在计算营业利润步骤时，应考虑的项目有（　　）。

A. 资产减值损失　　B. 管理费用　　　　　C. 营业外收入

D. 投资收益　　　　E. 应付职工薪酬

12. 现金流量表中的"现金"包括（　　）。

A. 库存现金　　　　　　　　　　　B. 定期银行存款

C. 其他货币资金　　　　　　　　　　　D. 活期银行存款

E. 三个月到期的短期债券

13. 资产负债表中的"存货"项目根据下列有关账户的期末余额的代数和进行填列的有（　　）。

A. 生产成本　　　　B. 在途物资　　　　C. 周转材料

D. 原材料　　　　　E. 在建工程

三、判断题

1. 资产负债表的格式有多步式和单步式两种。　　　　　　　　　　　（　　）

2. 利润表是一张动态报表。　　　　　　　　　　　　　　　　　　　（　　）

3. 资产负债表结构的理论依据是"资产＝负债+所有者权益"会计等式。（　　）

4. 利润表结构的理论基础是"收入－费用＝利润"会计等式。　　　　（　　）

5. 资产负债表是反映企业在一定时期内财务状况的报表。　　　　　　（　　）

6. 资产负债表的"期末数"栏各项目主要是根据有关总账的本期发生额填列的。
（　　）

7. 利润表各项目的数据主要来源于各损益类账户的本期发生额。　　　（　　）

8. 现金流量表是以现金和现金等价物为基础编制的财务状况变动表。这里的"现金"是指企业的库存现金。　　　　　　　　　　　　　　　　　　　　　　（　　）

9. 利润表中"营业成本"项目，是反映企业销售产品和提供劳务等主要经营业务的各项营业费用和实际成本。　　　　　　　　　　　　　　　　　　　　　　（　　）

10. 利润表是反映特定时期企业财务状况的报表。　　　　　　　　　（　　）

四、业务题

资料：某公司2013年有关损益类账户发生额如下：（单位：元）

主营业务收入	890 000	主营业务成本	230 000
其他业务收入	360 000	税金及附加	4 500
营业外收入	1 000	销售费用	8 000
		管理费用	12 800
		财务费用	240
		营业外支出	1 500
		其他业务成本	200 000
		所得税费用	1 600

要求：根据上述资料编制该公司2013年利润表。

利润表

会企02表

编制单位：　　　　　　　　　年　　月　　日　　　　　　　金额单位：元

项　　　　目	本月数	本年累计数
一、营业收入		
减：营业成本		
税金及附加		
销售费用		
管理费用		
财务费用		
资产减值损失		
加：公允价值变动收益（损失以"－"号填列）		
投资收益（损失以"－"号填列）		
其中：对联营企业和合营企业的投资收益		
二、营业利润（亏损以"－"号填列）		
加：营业外收入		
减：营业外支出		
其中：非流动资产处置损失		
三、利润总额（亏损总额以"－"号填列）		
减：所得税费用		
四、净利润（净亏损以"－"号填列）		
五、每股收益		
（一）基本每股收益		
（二）稀释每股收益		
六、综合收益		
（一）其他综合收益		
（二）综合收益总额		

第十章
会计核算组织程序

 **知识目标**

1. 了解企业设计适用的会计核算组织程序的意义和应遵循的原则；
2. 掌握几种会计核算组织程序的基本内容，如账务处理步骤、各自的特点和适用范围。

 **能力目标**

1. 能够熟练编制科目汇总表；
2. 能够根据企业的特点选择适用的账务处理程序；
3. 能够熟练运用科目汇总表、汇总记账凭证核算组织程序的账务处理程序。

第一节　会计核算组织程序的意义和原则

会计核算组织程序是指会计凭证、账簿、会计报表和记账程序相互结合的方式，也称账务处理程序。其中，记账程序是指从填制、整理、传递会计凭证，到登记账簿、编制会计报表整个过程的工作步骤和方法。不同的会计核算组织程序，规定了填制会计凭证、登记账簿、编制会计报表的不同步骤和方法。会计核算组织程序是否合理、科学，将给整个会计核算工作带来多方面的影响。

一、会计核算组织程序的意义

合理的会计核算组织程序既是正确组织会计核算工作的一个重要问题，又是会计制度设计的一个重要内容。为了更好地反映和监督企业单位的经济活动，为经济管理提供全面系统的核算资料，必须相互结合地运用会计核算的专门方法，采用一定的组织程序，确定会计凭证、账簿、报表的种类、格式及其相互关系。因此，合理、适用的会计核算组织程序对于保证会计核算工作质量、提高会计核算工作效率、规范各种会计核算的组织工作、节约人力物力、充分发挥会计在经济管理中的应有作用，都具有非常重要的意义。

二、设计会计核算组织程序的原则

各企业单位在设计适用的会计核算组织程序时，应遵循如下几个原则：

（1）要与本单位经济活动的性质、经营管理的特点、规模的大小以及业务繁简等相适应。

（2）要能够正确、及时和完整地提供会计资料，以满足本企业、本单位经济管理的需要，同时也要能够为国家和有关部门提供必要的会计资料。

（3）要在保证会计资料正确、真实和完整的前提下，力求简化核算手续，节约人力物力，提高核算工作效率，并为逐步采用现代的核算工具创造条件。

（4）要有利于建立会计工作岗位责任制，有利于会计人员的分工和协作。

在实际工作中，由于各个企业、单位的具体情况不同，会计核算组织程序也不可能完全相同。新中国成立以来，我国曾出现过许多种不同的会计核算组织程序，经过多年来的实践、总结和发展，目前比较普遍采用的会计核算组织程序主要有以下几种：记账凭证核算组织程序、科目汇总表核算组织程序、汇总记账凭证核算组织程序和日记总账核算组织程序。

第二节　主要会计核算组织程序介绍

我国企业的会计核算组织程序发展至今共有四种形式：记账凭证核算组织程序、科目汇总表核算组织程序、汇总记账凭证核算组织程序、日记总账核算组织程序。目前，日记总账核算组织程序在实际工作中几乎没有被采用，所以本部分省略其相关内容。

一、记账凭证核算组织程序

记账凭证核算组织程序是最基本的一种核算组织程序。记账凭证核算组织程序区别于其他各种核算程序的主要特点是：根据各种记账凭证直接地、逐笔地登记总分类账。

在记账凭证核算组织程序下，记账凭证一般可以采用"收款凭证"、"付款凭证"和"转账凭证"三种格式，也可采用通用格式的记账凭证。账簿一般设置"现金日记账"、"银行存款日记账"、"总分类账"和"明细分类账"。"现金日记账"、"银行存款日记账"和"总分类账"均采用借、贷、余三栏式，明细分类账可以根据管理的需要，采用三栏式、多栏式和数量金额式。

（一）记账凭证核算组织程序下账务处理的步骤

（1）经济业务发生后，根据原始凭证或原始凭证汇总表填制记账凭证；

（2）根据现金收、付款凭证和银行存款收、付款凭证逐笔序时地登记现金日记账、银行存款日记账；

（3）根据记账凭证，并参考原始凭证或原始凭证汇总表，逐笔登记各种明细分类账；

（4）根据各种记账凭证逐笔登记总分类账；

（5）月末，根据对账的具体要求，将日记账余额、各种明细分类账余额定期与总分类账余额相互核对；

（6）月末，根据总分类账和明细分类账的记录编制会计报表。

记账凭证核算组织程序下的账务处理工作步骤如图 10-1 所示。

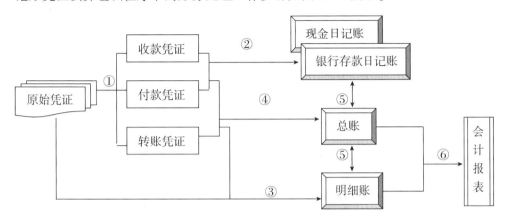

图 10-1 记账凭证核算组织程序图

（二）记账凭证核算组织程序的优缺点及适用范围

采用记账凭证核算组织程序，由于总分类账是直接根据记账凭证逐笔登记的，因此总分类账能够比较详细和具体地反映各项经济业务，便于查账。但登记总分类账工作量比较大，而且有一部分内容与明细分类账基本上是重复登记，所以只适用于一些规模较小、经济业务较少、记账凭证不多的单位。

二、科目汇总表核算组织程序

科目汇总表（也称为记账凭证汇总表）核算组织程序的特点是：定期根据所有记账凭证汇总编制科目汇总表，然后根据科目汇总表登记总分类账。其账簿组织与记账凭证核算组织程序基本相同。

（一）科目汇总表的编制方法

科目汇总表的编制方法是，定期或月终将全部记账凭证所涉及的会计科目，按照相同的科目归类，汇总每一科目的本期借方发生额和贷方发生额，填入科目汇总表的相应栏内。根据科目汇总表登记总账时，只要将科目汇总表中各科目的借方本期发生额和贷方本期发生额分次或月末一次记入相应的总分类账户的借方或贷方即可。

（二）科目汇总表核算组织程序下的账务处理步骤

（1）经济业务发生后，根据原始凭证、汇总原始凭证编制各种记账凭证；

（2）根据收款凭证、付款凭证逐笔登记现金和银行存款日记账；

（3）根据记账凭证，并参考原始凭证和汇总原始凭证登记各种明细账；

（4）根据各种记账凭证定期汇总编制科目汇总表；

（5）根据科目汇总表定期登记总分类账；

（6）月末，根据对账的具体要求，将日记账余额、各种明细分类账余额定期与总分类账余额相互核对；

（7）月末，根据总分类账和明细分类账的记录编制会计报表。

科目汇总表核算组织程序下的账务处理步骤如图10-2所示。

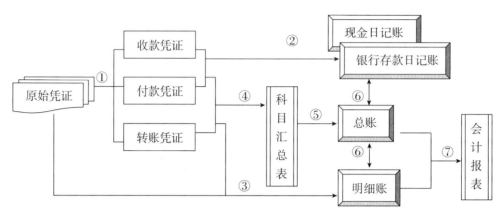

图10-2 科目汇总表核算组织程序图

（三）科目汇总表核算组织程序的优缺点及适用范围

在科目汇总表核算组织程序下，根据科目汇总表一次或分次登记总账，大大简化了总账的登记工作，账务处理程序清楚，应用方便，简单实用，适用性强，大、中、小型单位都可以采用。但科目汇总表不能清楚地反映各账户之间的对应关系，不便于分析资金运动的来龙去脉和查对账目，所以科目汇总表的主要作用是试算平衡和登记总分类账。

三、汇总记账凭证核算组织程序

汇总记账凭证核算组织程序，是将记账凭证定期加以汇总，分别编制汇总收款凭证、汇总付款凭证、汇总转账凭证，然后再根据汇总的记账凭证登记总分类账。

（一）汇总记账凭证的编制方法

汇总记账凭证核算组织程序的核心是各种汇总记账凭证的编制。现分别说明其编制方法。

1. 汇总收款凭证的编制方法

汇总收款凭证是按现金或银行存款的收款凭证中的借方科目设置，分别按贷方科目归类，定期（5天或10天）汇总填列一次，每月编制一张。月终登记总分类账时，应根据汇总收款凭证上的借方合计数，记入"库存现金"或"银行存款"总分类账户的借方，根据汇总收款凭证内各贷方科目的合计数分别记入有关总分类账户的贷方。现列示"现金"汇总收款凭证的格式，见表10-1：

2. 汇总付款凭证的编制方法

汇总付款凭证是按现金或银行存款科目贷方分别设置，根据一定时期内现金或银行存款的全部付款凭证，分别按借方科目归类，定期（5天或10天）汇总填列一次，每月编制一张，月终根据汇总付款凭证的合计数，记入"库存现金"、"银行存款"总分类账户的贷方；根据汇总付款凭证内各借方科目的合计数记入相应总分类账户的借方。现列示"银行存款"汇总付款凭证的格式，见表10-2：

表 10-1　　　　　　　　　　　　汇总收款凭证

借方科目：库存现金　　　　　　　2013 年 9 月　　　　　　　　　　第　　号

贷方科目	金　额				总账页数	
	1—10 日凭证	11—20 日凭证	21—30 日凭证	合计	借方	贷方
其他应收款	8 000			8 000	1	10
主营业务收入	60 000	20 000		80 000	1	48
其他业务收入		5 000	8 000	13 000	1	53
银行存款			10 000	10 000	1	5
其他应付款			1 000	1 000	1	32
合　计	68 000	25 000	19 000	112 000	—	—

表 10-2　　　　　　　　　　　　汇总付款凭证

贷方科目：银行存款　　　　　　　2013 年 9 月　　　　　　　　　　第　　号

借方科目	金　额				总账页数	
	1—10 日凭证	11—20 日凭证	21—30 日凭证	合计	借方	贷方
应付账款	10 000	5 000		15 000	8	5
原材料	35 000	12 000	20 000	67 000	15	5
固定资产	68 000			68 000	20	5
应付利息			500	500	35	5
管理费用	580	2 400	800	3 780	40	5
合　计	113 580	19 400	21 300	154 280	—	—

3. 汇总转账凭证的编制

汇总转账凭证通常是按照转账凭证中每一贷方科目分别设置，根据一定时期的全部转账凭证，按与该贷方科目相对应的借方科目归类，定期（5 天或 10 天）汇总填列一次，每月编制一张。为方便汇总转账凭证的编制，平时填制转账凭证时，应使各账户之间保持"一借一贷"或"多借一贷"的对应关系，而不宜采用"一借多贷"或"多借多贷"的对应关系。月终时，根据汇总转账凭证贷方科目的合计数，记入汇总转账凭证所列贷方科目相应的总分类账户的贷方；根据汇总转账凭证内各借方科目的合计数记入相应总分类账户的借方。现列示"原材料"汇总转账凭证的格式，见表 10-3：

表 10-3　　　　　　　　　　　**汇总转账凭证**

贷方科目：原材料　　　　　　　　　2013 年 9 月　　　　　　　　　第　　号

借方科目	金　额				总账页数	
	1—10 日凭证	11—20 日凭证	21—30 日凭证	合计	借方	贷方
生产成本	7 800	13 800	6 400	28 000	58	15
制造费用			10 000	10 000	60	15
管理费用		3 000	4 500	7 500	40	15
合　计	7 800	16 800	20 900	45 500	—	—

（二）汇总记账凭证核算组织程序的账务处理步骤

（1）经济业务发生后，根据原始凭证、汇总原始凭证编制各种记账凭证；

（2）根据收款凭证、付款凭证逐笔登记现金日记账和银行存款日记账；

（3）根据原始凭证、汇总原始凭证和记账凭证登记各种明细账；

（4）根据各种记账凭证分别编制汇总收款凭证、汇总付款凭证、汇总转账凭证；

（5）根据各种汇总记账凭证登记总分类账；

（6）月末，将现金日记账、银行存款日记账以及各种明细账的期末余额与相应总分类账的期末余额相核对；

（7）月末，根据总分类账和明细分类账的记录编制会计报表。

汇总记账凭证核算组织程序下的账务处理步骤如图 10-3 所示。

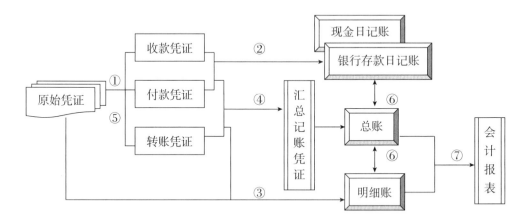

图 10-3　汇总记账凭证核算组织程序图

（三）汇总记账凭证核算组织程序的优缺点及适用范围

汇总记账凭证采用按会计科目对应关系进行分类汇总的办法，不但简化了凭证的整理归类工作，而且保证了科目之间清晰的对应关系，这就克服了科目汇总表核算形式的缺点；同时，根据汇总记账凭证月终一次登记总账，可以大大减少登记总账的工作量。这种核算组织程序的缺点是定期编制汇总记账凭证的工作量较大。一般适用于规模较大、经济业务较多的单位。

自 测 题

一、单选题

1. 记账凭证核算组织程序下登记总分类账的根据是（　　）。

A. 记账凭证　　　　B. 汇总记账凭证　　C. 科目汇总表　　　D. 原始凭证

2. 在下列核算组织程序中，被称为最基本的会计核算组织程序是（　　）。

A. 记账凭证核算组织程序　　　　　　B. 汇总记账凭证核算组织程序

C. 科目汇总表核算组织程序　　　　　D. 日记总账核算组织程序

3. 科目汇总表的编制方法是（　　）。

A. 按照不同会计科目进行归类定期汇总

B. 按照相同会计科目进行归类定期汇总

C. 按照借方会计科目进行归类定期汇总

D. 按照贷方会计科目进行归类定期汇总

4. 汇总收款凭证是按（　　）。

A. 收款凭证上的借方科目设置　　　　B. 收款凭证上的贷方科目设置

C. 付款凭证上的借方科目设置　　　　D. 付款凭证上的贷方科目设置

5. 汇总记账凭证核算组织程序的特点是（　　）。

A. 根据各种汇总记账凭证直接登记明细分类账

B. 根据各种汇总记账凭证直接登记总分类账

C. 根据各种汇总记账凭证直接登记日记账

D. 根据各种记账凭证直接登记总分类账

6. 科目汇总表核算组织程序的特点是（　　）。

A. 根据各种记账凭证直接登记总分类账

B. 根据科目汇总表登记总分类账

C. 根据汇总记账凭证登记总分类账

D. 根据科目汇总表登记明细分类账

7. （　　）核算形式适用于货币收付业务较多，转账业务较少，设置会计科目不多的单位。

A. 记账凭证　　　　　　　　　　　B. 汇总记账凭证

C. 科目汇总表　　　　　　　　　　D. 日记总账

8. 各种会计核算程序的主要区别是（　　）。

A. 登记明细分类账的依据不同　　　B. 总账的格式不同

C. 登记总分类账的依据和方法不同　　D. 编制会计报表的依据不同

二、多选题

1. 会计循环的主要环节有（　　）。

A. 设置账户　　　　　B. 填制会计凭证　　　　C. 成本计算

D. 登记账簿　　　　　E. 填制会计报表

2. 记账凭证核算组织程序的优点有（　　　）。

A. 在记账凭证上能够清晰地反映账户之间的对应关系

B. 在总分类账上能够比较详细地反映经济业务的发生情况

C. 总分类账登记方法易于掌握

D. 可以减轻总分类账登记的工作量

E. 账页耗用较少

3. 为便于汇总转账凭证的编制，日常编制转账凭证时，分录形式最好是（　　　）。

A. 一借一贷　　　　　B. 一贷多借　　　　　C. 一借多贷

D. 多借多贷　　　　　E. 一借两贷

4. 在各种会计核算形式下，明细分类账可以根据（　　　）登记。

A. 原始凭证　　　　　B. 原始凭证汇总表　　　C. 记账凭证

D. 汇总记账凭证　　　E. 科目汇总表

5. 在各种会计核算形式下，总分类账可以根据（　　　）登记。

A. 转账凭证和多栏式日记账　　　　　　　B. 原始凭证及原始凭证汇总表

C. 记账凭证　　　　　　　　　　　　　　D. 汇总记账凭证

E. 科目汇总表

三、判断题

1. 记账凭证核算组织程序是最基本的一种会计核算组织程序。　　　　　　（　　　）

2. 汇总记账凭证是根据各种专用记账凭证汇总而成的。　　　　　　　　　（　　　）

3. 汇总收款凭证、汇总付款凭证和汇总转账凭证应每月分别编制一张。　　（　　　）

4. 多借多贷的会计分录会使账户之间的对应关系变得模糊不清。　　　　　（　　　）

5. 编制汇总记账凭证的作用是可以对总分类账进行汇总登记。　　　　　　（　　　）

6. 科目汇总表也是一种具有汇总性质的记账凭证。　　　　　　　　　　　（　　　）

7. 科目汇总表的汇总结果体现了所有账户发生额的平衡相等关系。　　　　（　　　）

8. 各种核算组织程序下采用的总分类账均为借、贷、余三栏式。　　　　　（　　　）

参考答案

第一章　总论　自测题参考答案

一、单选题

1. B　2. B　3. C　4. A　5. D　6. B　7. C

二、多选题

1. AB　2. ABCD　3. ABCDE　4. ABCD　5. ABCE

三、判断题

1. ×　2. ×　3. √　4. ×　5. ×

第二章　会计要素与会计等式　自测题参考答案

一、单选题

1. A　2. B　3. D　4. C　5. C　6. A　7. A　8. A　9. D　10. D　11. B

12. D　13. C　14. B　15. A

二、多选题

1. ABCE　2. BCD　3. BC　4. AB　5. AB　6. CE　7. AB　8. ABC　9. CE

10. ABD

三、判断题

1. √　2. ×　3. √　4. ×　5. ×　6. ×　7. ×

四、业务题

（一）

（1）分析上述业务涉及何种会计要素及对会计等式有何影响？是否影响会计等式的平衡关系？

题号	涉及何种会计要素	对会计等式有何影响	是否影响会计等式的平衡关系
1	资产	等式左边一增一减	不影响
2	资产、所有者权益	等式两边同增	不影响
3	资产、费用	等式左边一增一减	不影响
4	资产、负债	等式两边同减	不影响
5	负债、所有者权益	等式右边一增一减	不影响
6	资产	等式左边一增一减	不影响
7	所有者权益	等式右边一增一减	不影响

（2）计算 7 月末华硕公司的资产总额、负债总额及所有者权益总额。

月初：资产 407 000−负债 242 000 元＝所有者权益 165 000（元）

月末：

资产＝407 000＋（30 000−30 000）＋10 000−800−5 000＋（50 000−50 000）＝411 200（元）

负债＝242 000−5 000−50 000＝187 000（元）

所有者权益＝165 000＋10 000＋50 000＋（200 000−200 000）＝225 000（元）

（二）

某公司有关账户资料

金额单位：元

账户名称	期初余额	本期增加发生额	本期减少发生额	期末余额
银行存款	200 000	30 000	50 000	（180 000）
应收账款	（80 000）	60 000	100 000	40 000
固定资产	300 000	60 000	（50 000）	310 000
生产成本	800 000	（1 050 000）	1 200 000	650 000
短期借款	100 000	30 000	20 000	（110 000）
应付账款	160 000	（120 000）	140 000	140 000
实收资本	700 000	20 000	—	（720 000）

（三）

作 业 用 表

单位：元

项 目	金 额	资 产	负 债	所有者权益	会计科目
1. 生产用厂房	190 000	190 000			固定资产
2. 库存产成品	450 000	450 000			库存商品
3. 仓库一栋	120 000	120 000			固定资产
4. 生产用材料	40 000	40 000			原材料

项 目	金 额	资 产	负 债	所有者权益	会计科目
5. 库存现金	2 000	2 000			库存现金
6. 货运汽车一辆	60 000	60 000			固定资产
7. 应收回的货款	50 000	50 000			应收账款
8. 银行存款	278 000	278 000			银行存款
9. 国家投入的资金	720 000			720 000	实收资本
10. 应付购料款	64 000		64 000		应付账款
11. 本年已实现利润	210 000			210 000	本年利润
12. 尚未缴纳的税金	10 000		10 000		应交税费
13. 银行借款	186 000		186 000		短（长）期借款
合 计	—	1 190 000	260 000	930 000	—

第三章　会计核算基础　自测题参考答案

一、单选题

1. A　2. C　3. A　4. C　5. B

二、多选题

1. AE　2. ABD　3. BCD　4. ABCD　5. AC　6. ABDE

三、判断题

1. ×　2. ×　3. ×　4. ×　5. ×

第四章　复式记账　自测题参考答案

一、单选题

1. D　2. D　3. A　4. D　5. C　6. A　7. D　8. B　9. D　10. C　11. B　12. A

二、多选题

1. ABCE　2. ACE　3. ACE　4. ACD　5. ADE　6. CD　7. ABC　8. BC　9. ABC

10. ABE

三、判断题

1. ×　2. ×　3. ×　4. ×　5. ×　6. √　7. √　8. √　9. √　10. ×　11. ×

12. √

四、业务题

（一）

（1）
1. 借：固定资产   10 000
     贷：银行存款   10 000
2. 借：库存现金   1 000
     贷：银行存款   1 000
3. 借：原材料   20 000
     贷：实收资本   20 000
4. 借：生产成本   40 000
     贷：原材料   40 000
5. 借：应付账款   22 500
     贷：银行存款   22 500
6. 借：银行存款   150 000
     贷：长期借款   150 000
7. 借：银行存款   16 000
     库存现金   2 000
     贷：应收账款   18 000
8. 借：短期借款   20 000
     应付账款   28 000
     贷：银行存款   48 000

（2）

总分类账户发生额及余额试算平衡表

2014 年 7 月 31 日   单位：元

账户名称	期初余额		本期发生额		期末余额	
	借方	贷方	借方	贷方	借方	贷方
库存现金	1 500		3 000		4 500	
银行存款	45 000		166 000	81 500	129 500	
原材料	90 000	47	20 000	40 000	70 000	
应收账款	700			18 000	29 700	
库存商品	60 000				60 000	
生产成本	500	22	40 000		40 500	
长期股权投资	180 000				180 000	
固定资产						
短期借款	600 000		10 000		610 000	
应付账款		195 000	20 000			175 000
应交税费		142 500	50 500			92 000
长期借款		9 000				9 000
实收资本		186 000		150 000		336 000
资本公积		304 200		20 000		324 200
盈余公积		140 000				140 000
		70 000				70 000
合　计	1 046 700	1 046 700	309 500	309 500	1 146 200	1 146 200

（二）

1. 借：原材料——甲材料　　　　　　　　150 000
　　　贷：银行存款　　　　　　　　　　　　　　150 000
2. 借：银行存款　　　　　　　　　　　　300 000
　　　贷：短期借款　　　　　　　　　　　　　　300 000
3. 借：应收账款　　　　　　　　　　　　500 000
　　　贷：主营业务收入　　　　　　　　　　　　500 000
4. 借：银行存款　　　　　　　　　　　　300 000
　　　贷：实收资本　　　　　　　　　　　　　　300 000
5. 借：库存商品　　　　　　　　　　　　200 000
　　　贷：生产成本　　　　　　　　　　　　　　200 000
6. 借：盈余公积　　　　　　　　　　　　300 000
　　　贷：实收资本　　　　　　　　　　　　　　300 000
7. 借：长期借款　　　　　　　　　　　　150 000
　　　贷：银行存款　　　　　　　　　　　　　　150 000

第五章　借贷记账法的应用　自测题参考答案

一、单选题

1. A　2. D　3. C　4. D　5. C　6. C　7. C　8. D　9. D

二、多选题

1. ABCDE　2. AC　3. BCD　4. ACE　5. ACDE　6. ABCDE　7. BCDE　8. ABCDE

9. ABE　10. ABD

三、判断题

1. ×　2. √　3. ×　4. ×　5. ×　6. √　7. ×　8. ×　9. ×　10. √　11. ×

12. √

四、计算题：

（一）（1）制造费用分配率＝制造费用额/分配标准之和＝70 500/（58 400＋35 600）×

100%＝75%

　　　　　A 产品负担的制造费用＝58 400×75%＝43 800（元）

　　　　　B 产品负担的制造费用＝35 600×75%＝26 700（元）

（2）A 产品完工总成本＝66 500+（165 000+58 400+43 800）－13 700＝320 000（元）

　　　A 产品单位成本＝320 000/500＝640（元/件）

　　　B 产品完工总成本＝43 300+（126 000+35 600+26 700）＝231 600（元）

　　　B 产品单位成本＝231 600/300＝772（元/件）

（二）公司年末的未分配利润＝120 000+（－400 000）+80 000＝－200 000（元）

公司年初的所有者权益总额＝1 600 000+160 000+120 000+120 000＝2 000 000（元）

公司年末的所有者权益总额＝1 600 000＋160 000＋（120 000－80 000）＋（－200 000）＝1 600 000（元）

公司年末的负债总额＝资产总额－所有者权益总额＝3 960 000－1 600 000＝2 360 000（元）

五、业务题

（一）

1. 借：银行存款　　　　　　　　　　　　　　　100 000
      贷：实收资本　　　　　　　　　　　　　　　100 000

2. 借：固定资产　　　　　　　　　　　　　　　200 000
      无形资产　　　　　　　　　　　　　　　100 000
      原材料　　　　　　　　　　　　　　　　50 000
      贷：实收资本　　　　　　　　　　　　　　　350 000

3. 借：银行存款　　　　　　　　　　　　　　　200 000
      贷：短期借款　　　　　　　　　　　　　　　200 000

4. 借：财务费用　　　　　　　　　　　　　　　1 000
      贷：应付利息　　　　　　　　　　　　　　　1 000

5. 借：资本公积　　　　　　　　　　　　　　　50 000
      贷：实收资本　　　　　　　　　　　　　　　50 000

6. 借：短期借款　　　　　　　　　　　　　　　100 000
      贷：银行存款　　　　　　　　　　　　　　　100 000

（二）

1. 借：在建工程　　　　　　　　　　　　　　　101 800
      应交税费——应交增值税（进项税额）　　　17 000
      贷：银行存款　　　　　　　　　　　　　　　118 800

2. 借：在建工程　　　　　　　　　　　　　　　6 000
      贷：银行存款　　　　　　　　　　　　　　　6 000

   借：固定资产　　　　　　　　　　　　　　　107 800
      贷：在建工程　　　　　　　　　　　　　　　107 800

3. 借：固定资产　　　　　　　　　　　　　　　10 300
      应交税费——应交增值税（进项税额）　　　1 700
      贷：银行存款　　　　　　　　　　　　　　　12 000

4. 借：在途物资——甲材料　　　　　　　　　　28 000
      应交税费——应交增值税（进项税额）　　　4 760
      贷：应付账款　　　　　　　　　　　　　　　32 760

5. 借：在途物资——甲材料　　　　　　　　　　1 750
      贷：银行存款　　　　　　　　　　　　　　　1 750

6. 借：在途物资——乙材料　　　　　　　　　　50 400
      应交税费——应交增值税（进项税额）　　　8 568
      贷：银行存款　　　　　　　　　　　　　　　58 968

7. 借：在途物资——甲材料   16 200

         ——丙材料   9 000

    应交税费—应交增值税（进项税额） 3 723

    贷：银行存款   28 923

8. 借：预付账款   10 000

    贷：银行存款   10 000

9. 借：在途物资——丁材料   72 000

    应交税费——应交增值税（进项税额） 12 200

    贷：预付账款   10 000

        银行存款   74 200

10. 借：原材料——甲材料   45 950

         ——乙材料   50 400

         ——丙材料   9 000

         ——丁材料   72 000

    贷：在途物资——甲材料   45 950

         ——乙材料   50 400

         ——丙材料   9 000

         ——丁材料   72 000

（三）

1. 借：生产成本   12 000

    制造费用   4 200

    管理费用   1 500

    贷：原材料   17 700

2. 借：管理费用   750

    贷：银行存款   750

3. 借：管理费用——保险费   4 000

    贷：银行存款   4 000

4. 借：财务费用   1 600

    贷：应付利息   1 600

5. 借：制造费用   1 100

    管理费用   500

    贷：累计折旧   1 600

6. 借：生产成本   34 000

    制造费用   16 000

    管理费用   8 000

    贷：应付职工薪酬——工资   58 000

7. 借：生产成本   21 300

    贷：制造费用   21 300

8. 借：库存商品   67 300

    贷：生产成本   67 300

（四）

1. 借：应收账款   46 800

    贷：主营业务收入   40 000

       应交税费——应交增值税（销项税额）   6 800

2. 借：银行存款   93 600

    贷：主营业务收入   80 000

       应交税费——应交增值税（销项税额） 13 600

3. 借：销售费用   1 500

    贷：银行存款   1 500

4. 借：银行存款   20 000

    贷：预收账款   20 000

5. 借：预收账款   46 800

    贷：主营业务收入   40 000

       应交税费——应交增值税（销项税额）   6 800

6. 借：主营业务成本   112 000

    贷：库存商品   112 000

7. 借：税金及附加   16 000

    贷：应交税费——应交消费税   16 000

（五）

1. 借：管理费用   4 500

    贷：银行存款   4 500

2. 借：营业外支出   6 000

    贷：银行存款   6 000

3. 借：管理费用   200

    贷：库存现金   200

4. 借：财务费用   450

    贷：应付利息   450

5. 借：银行存款   20 000

    贷：营业外收入   20 000

6. 借：主营业务收入   148 000

       营业外收入   32 000

    贷：本年利润   180 000

7. 借：本年利润   80 000

    贷：主营业务成本   40 000

       税金及附加   2 000

       销售费用   1 500

管理费用	33 600
财务费用	450
营业外支出	2 450

8. 本期应交所得税 =（180 000−80 000）* 25% = 25 000 元

借：所得税费用　　　　　　　　　　　　　25 000
　　贷：应交税费——应交所得税　　　　　　　　　25 000

借：本年利润　　　　　　　　　　　　　　25 000
　　贷：所得税费用　　　　　　　　　　　　　　　25 000

9. 提取法定盈余公积金 =（100 000−25 000）* 10% = 7 500

提取任意盈余公积金 =（100 000−25 000）* 5% = 3 750

借：利润分配——提取法定盈余公积　　　　7 500
　　　　　　——提取任意盈余公积　　　　3 750
　　贷：盈余公积——法定盈余公积　　　　　　　　7 500
　　　　　　　　——任意盈余公积　　　　　　　　3 750

分给投资人利润 =（100 000−25 000）* 40% = 30 000

借：利润分配——应付现金股利　　　　　　30 000
　　贷：应付股利　　　　　　　　　　　　　　　　30 000

10. 借：本年利润　　　　　　　　　　　　　75 000
　　　　贷：利润分配——未分配利润　　　　　　　75 000

借：利润分配——未分配利润　　　　　　　41 250
　　贷：利润分配——提取法定盈余公积　　　　　　11 250
　　　　利润分配——应付现金股利　　　　　　　　30 000

（六）

1. 借：银行存款　　　　　　　　　　　　　500 000
　　　贷：短期借款　　　　　　　　　　　　　　　500 000

2. 借：固定资产　　　　　　　　　　　　　80 000
　　　贷：实收资本　　　　　　　　　　　　　　　80 000

3. 借：应交税费　　　　　　　　　　　　　6 500
　　　贷：银行存款　　　　　　　　　　　　　　　6 500

4. 借：银行存款　　　　　　　　　　　　　8 000
　　　贷：应收账款　　　　　　　　　　　　　　　8 000

5. 借：银行存款　　　　　　　　　　　　　1 512 225
　　　贷：主营业务收入　　　　　　　　　　　　　1 292 500
　　　　　应交税费——应交增值税（销项税额）　219 725

6. 借：原材料——甲材料　　　　　　　　　38 000
　　　应交税费——应交增值税（进项税额）　6 460
　　　贷：预付账款　　　　　　　　　　　　　　　44 460

7. 借：生产成本——A 产品　　　　　　　　6 000

	——B 产品	5 000	
	制造费用	1 200	
	贷：原材料——甲材料		8 600
	——乙材料		3 600

8. 借：管理费用   800
        贷：库存现金   800

9（1）借：库存现金   300 000
          贷：银行存款   300 000

（2）借：应付职工薪酬—工资   300 000
          贷：库存现金   300 000

10. 借：应收账款   585 000
        贷：主营业务收入   500 000
            应交税费——应交增值税（销项税额）   85 000

11. 借：销售费用   1 000
        贷：银行存款   1 000

12. 借：税金及附加   25 000
        贷：应交税费——应交消费税   25 000

13. 借：固定资产   241 000
        应交税费——应交增值税（进项税额）   40 800
        贷：应付账款   281 800

14. 借：管理费用   780
        贷：库存现金   780

15. 借：制造费用   8 100
        管理费用   3 200
        贷：累计折旧   11 300

16. 借：财务费用   1 980
        贷：应付利息   1 980

17. 借：生产成本——A 产品   120 000
            ——B 产品   100 000
        制造费用   50 000
        管理费用   140 000
        贷：应付职工薪酬——工资   410 000

18. 借：生产成本——A 产品   12 000
            ——B 产品   8 000
        贷：制造费用   20 000

19. 借：库存商品——A 产品   138 000
        贷：生产成本——A 产品   138 000

20. 借：主营业务成本   1 380 000
        贷：库存商品——A 产品   1 000 000

	——B 产品	380 000

21. 借：主营业务收入　　　　　　　　　1 792 500
　　　贷：本年利润　　　　　　　　　　　　1 792 500
借：本年利润　　　　　　　　　　　　1 552 760
　　　贷：主营业务成本　　　　　　　　　　1 380 000
　　　　管理费用　　　　　　　　　　　　144 780
　　　　销售费用　　　　　　　　　　　　1 000
　　　　税金及附加　　　　　　　　　　　25 000
　　　　财务费用　　　　　　　　　　　　1 980

22.（1 792 500-1 552 760）*25% = 59 935
借：所得税费用　　　　　　　　　　　59 935
　　　贷：应交税费——应交所得税　　　　　59 935
借：本年利润　　　　　　　　　　　　59 935
　　　贷：所得税费用　　　　　　　　　　　59 935

23. 净利润 = 1 792 500-1 552 760-59 935 = 179 805
提取法定盈余公积金 = 179 805*10% = 17 980.5 元
提取任意盈余公积金 = 179 805*5% = 8 990.25 元
借：利润分配——提取法定盈余公积　　17 980.5
　　　　　——提取任意盈余公积　　8 990.25
　　　贷：盈余公积——法定盈余公积　　　　17 980.5
　　　　　——任意盈余公积　　　　8 990.25

24. 借：资本公积　　　　　　　　　　　60 000
　　　贷：实收资本　　　　　　　　　　　　60 000

25. 179 805*20% = 35 961 元
借：利润分配——应付现金股利　　　　35 961
　　　贷：应付股利　　　　　　　　　　　　35 961

26. 借：本年利润　　　　　　　　　　　179 805
　　　贷：利润分配——未分配利润　　　　　179 805
借：利润分配——未分配利润　　　　　62 931.75
　　　贷：利润分配——提取法定盈余公积　　17 980.5
　　　　　——提取任意盈余公积　　8 990.25
　　　　　——应付现金股利　　　　35 961

第六章　会计凭证　自测题参考答案

一、单选题

1. C　2. C　3. D　4. A　5. D　6. B　7. A　8. B　9. A　10. B　11. D　12. D　13. A
14. C

二、多选题

1. BDE 2. BCD 3. ADE 4. ABCDE 5. ABCD 6. BD 7. ABCE 8. ACD
9. ACD 10. AB 11. ACE 12. ABCDE 13. CE 14. ABD 15. BCD

三、判断题

1. × 2. √ 3. × 4. √ 5. × 6. × 7. × 8. √ 9. × 10. √ 11. √
12. × 13. √ 14. √ 15. ×

四、业务题

1. 编制的会计分录及通用记账凭证如下：

(1) 借：银行存款   500 000
   贷：实收资本   500 000

(2) 借：库存现金   5 000
   贷：银行存款   5 000

(3) 借：原材料——甲材料   30 000
   应交税费——应交增值税（进项税额）   5 100
   贷：银行存款   35 100

(4) 借：银行存款   23 400
   贷：主营业务收入——A 产品   20 000
     应交税费——应交增值税（销项税额）   3 400

(5) 借：应付账款——B 公司   100 000
   贷：银行存款   100 000

(6) 借：银行存款   11 700
   贷：应收账款   11 700

记账凭证见表 6-1 至表 6-6（单位：元）。

表 6-1   **通用记账凭证**

证 42-1A   2013 年 7 月 2 日   凭证编号 记 1

摘要	借方科目		贷方科目		金额	记账符号
	总账科目	明细科目	总账科目	明细科目		
收到投资者投资	银行存款				500 000	
			实收资本		500 000	
附单据 张	合 计				500 000	

会计主管人员：   记账：   稽核：   制单：

表 6-2

通用记账凭证

证 42-1A

2013 年 7 月 6 日

凭证编号 __记 2__

摘要	借方科目		贷方科目		金额	记账符号
	总账科目	明细科目	总账科目	明细科目		
银行提现	库存现金				5 000	
			银行存款		5 000	
附单据　　张	合　　　　计				5 000	

会计主管人员：　　　　记账：　　　　稽核：　　　　制单：

表 6-3

通用记账凭证

证 42-1A

2013 年 7 月 11 日

凭证编号 __记 3__

摘要	借方科目		贷方科目		金额	记账符号
	总账科目	明细科目	总账科目	明细科目		
购买原材料	原材料	甲材料			30 000	
	应交税费	应交增值税（进项税额）			5 100	
			银行存款		35 100	
附单据　　张	合　　　　计				35 100	

会计主管人员：　　　　记账：　　　　稽核：　　　　制单：

表 6-4

通用记账凭证

证 42-1A

2013 年 7 月 15 日

凭证编号 __记 4__

摘要	借方科目		贷方科目		金额	记账符号
	总账科目	明细科目	总账科目	明细科目		
销售货物	银行存款				23 400	
			主营业务收入	A 产品	20 000	
			应交税费	应交增值税（销项税额）	3 400	
附单据　　张	合　　　　计				23 400	

会计主管人员：　　　　记账：　　　　稽核：　　　　制单：

表6-5   **通用记账凭证**

证42-1A   2013 年 7 月 20 日   凭证编号 ___记5___

摘要	借方科目		贷方科目		金额	记账符号
	总账科目	明细科目	总账科目	明细科目		
偿还货款	应付账款	B 公司			100 000	
			银行存款		100 000	
附单据 张	合 计				100 000	

会计主管人员：   记账：   稽核：   制单：

表6-6   **通用记账凭证**

证42-1A   2013 年 7 月 28 日   凭证编号 ___记6___

摘要	借方科目		贷方科目		金额	记账符号
	总账科目	明细科目	总账科目	明细科目		
收到前欠货款	银行存款				11 700	
			应收账款		11 700	
附单据 张	合 计				11 700	

会计主管人员：   记账：   稽核：   制单：

2. 假如采用专用记账凭证，应填制的记账凭证如下：

（1）收款凭证。（2）付款凭证。（3）付款凭证。（4）收款凭证。（5）付款凭证。（6）收款凭证。

第七章　会计账簿　自测题参考答案

一、单选题

1. B　2. B　3. D　4. D　5. C　6. B　7. A　8. C　9. D　10. B　11. B　12. C　13. D　14. C

二、多选题

1. ACD　2. ACD　3. ABCD　4. AB　5. AC　6. CD　7. ADE　8. CDE　9. ABCD　10. ACE　11. CE　12. ABCD　13. ACD

三、判断题

1. √　2. √　3. ×　4. √　5. ×　6. ×　7. ×　8. ×　9. √　10. ×　11. ×　12. ×　13. ×　14. ×

第八章　财产清查　自测题参考答案

一、单项选择题
1. A　2. B　3. B　4. B　5. A　6. A　7. C　8. C　9. D　10. B

二、多项选择题
1. AC　2. ABCD　3. ACD　4. ABD　5. ABCDE　6. CD　7. AC　8. ACD

三、判断题
1. ×　2. ×　3. ×　4. ×　5. ×　6. ×　7. ×　8. ×　9. ×　10. ×

四、业务题
1. 编制银行存款余额调节表（见表8-1）。

表8-1　　　　　　　　　　　银行存款余额调节表

2014 年 12 月 30 日　　　　　　　　　　　　　　　　单位：元

项　目	金额	项　目	金额
企业银行存款日记账余额	18 000	银行对账单余额	18 485
加：银行已收企业未收	815	加：企业已收银行未收	1 600
减：银行已付企业未付	30	减：企业已付银行未付	1 300
调节后的存款余额	18 785	调节后的存款余额	18 785

2. 有关的会计处理如下：

（1）

报经批准前的会计处理为：

借：待处理财产损溢——待处理流动资产损溢　　11 700

　　贷：原材料——甲材料　　10 000

　　　　应交税费——应交增值税（进项税额转出）　　1 700

批准后，分别不同情况处理：

①由经营人员赔偿 2 500 元。

借：其他应收款——经营人员　　2 500

　　贷：待处理财产损溢——待处理流动资产损溢　　2 500

②扣除过失人的赔款计入管理费用。

借：管理费用　　9 200

　　贷：待处理财产损溢——待处理流动资产损溢　　9 200

（2）

报经批准前的会计处理为：

借：库存商品——A 产品　　300

　　贷：待处理财产损溢——待处理流动资产损溢　　　　　300
报经批准后的会计处理为：
　　借：待处理财产损溢——待处理流动资产损溢　　　　300
　　　　贷：管理费用　　　　　　　　　　　　　　　　　　300
（3）
报经批准前的会计处理为：
　　借：待处理财产损溢——待处理流动资产损溢　　　526.5
　　　　贷：库存商品——B产品　　　　　　　　　　　　　450
　　　　　　应交税费——应交增值税（进项税额转出）　76.5
批准后的会计处理为：
　　借：其他应收款——保管员　　　　　　　　　　　526.5
　　　　贷：待处理财产损溢——待处理流动资产损溢　　526.5
（4）
报经批准前的会计处理为：
　　借：待处理财产损溢——待处理流动资产损溢　　11 700
　　　　贷：原材料——乙材料　　　　　　　　　　　10 000
　　　　　　应交税费——应交增值税（进项税额转出）　1 700
批准后，分别不同情况处理：
①残料入库价值1 250元。
　　借：原材料——乙材料　　　　　　　　　　　　1 250
　　　　贷：待处理财产损溢——待处理流动资产损溢　1 250
②由保险公司赔偿6 000元。
　　借：其他应收款——保险公司　　　　　　　　　6 000
　　　　贷：待处理财产损溢——待处理流动资产损溢　6 000
③对于非常损失的处理：
　　借：营业外支出　　　　　　　　　　　　　　　4 450
　　　　贷：待处理财产损溢——待处理流动资产损溢　4 450

第九章　财务报告　自测题参考答案

一、单选题
1. B　2. A　3. A　4. B　5. D　6. C　7. D　8. A　9. D　10. A　11. B
二、多选题
1. ABCDE　2. ABCD　3. ABCD　4. ABCD　5. AC　6. ABC　7. ABCD　8. ABCD
9. BCD　10. ABCD　11. ABD　12. ABCDE　13. ABCD
三、判断题
1. ×　2. √　3. √　4. √　5. ×　6. ×　7. √　8. ×　9. ×　10. ×

四、业务题

利 润 表

会企 02 表

编制单位：　　　　　　　　　　　　　2013 年　　　　　　　　　　　　单位：元

项　目	本月数	本年累计数
一、营业收入		1 250 000
减：营业成本		430 000
税金及附加		4 500
销售费用		8 000
管理费用		12 800
财务费用		240
资产减值损失		
加：公允价值变动收益（损失以"－"号填列）		
投资收益（损失以"－"号填列）		
其中：对联营企业和合营企业的投资收益		
二、营业利润（亏损以"－"号填列）		794 460
加：营业外收入		1 000
减：营业外支出		1 500
其中：非流动资产处置损失		
三、利润总额（亏损总额以"－"号填列）		793 960
减：所得税费用		1 600
四、净利润（净亏损以"－"号填列）		792 360
五、每股收益		
（一）基本每股收益		
（二）稀释每股收益		
六、综合收益		
（一）其他综合收益		
（二）综合收益总额		

第十章　会计核算组织程序　自测题参考答案

一、单选题

1. A　2. A　3. B　4. A　5. B　6. B　7. C　8. C

二、多选题

1. ABCDE　2. AB　3. AB　4. ABC　5. CDE

三、判断题

1. √　2. √　3. ×　4. √　5. √　6. √　7. √　8. ×

参考文献

［1］财政部. 企业会计准则 2006［M］. 北京：经济科学出版社，2006.

［2］财政部. 企业会计准则——应用指南 2006［M］. 北京：中国财政经济出版社，2006.

［3］陈国辉，迟旭升. 基础会计［M］. 大连：东北财经大学出版社，2015.

［4］财政部会计司编写组. 企业会计准则讲解 2010［M］. 北京：人民出版社，2010.

［5］陈文铭，陈艳. 基础会计习题与案例［M］. 大连：东北财经大学出版社，2015.